ちくま学芸文庫

草莽論

その精神史的自己検証

村上一郎

筑摩書房

はじめに

こころ弱く在る日、わたしを励ます歌のひとつに、

遅れても遅れてもなほ君たちに誓ひしことをわれ忘れめや

というのがある。高杉東行《とうぎょう》作と伝えられる。ふつうこの歌は、「遅れても遅れても」と誦されるが、十歳前後の日のわたしに、この歌を朗誦せしめた陸軍少佐氏原先生（磯部浅一らの体操教官。後に大佐にて予備役。太平洋戦争に応召。ニューギニアに兵たん司令官たり。苦戦せられて復員。病死）は、「君たちに」と教えられた。その後、わたしが海軍に入る頃日立市において先生に再会し、この点をただしたところ、宮部鼎蔵門下の渡辺何之助とかいう人の所記に「君たちに」と明記されているということだった。先生は肥後の士で、幼いわたしは剣道・体操・水泳・烹炊等を学んだ。また右の歌について戦中、国学院大学の人に聞いたところでは、佐賀の某士の所記にも「君たちに」とあったそうである。で、わたしはその後も「君たちに」と書いている。大学を出る時のアルバム

にも、そう記した。そして、今この歌をつぶやく時、「君たち」とは、わたしにとって、中江丑吉のいう「自覚ある大衆」の意である。草莽といってもよいであろう。

高杉東行その人についていうなら、わたしはこの人をあまり好きではない。師の吉田松陰に比して、ずっと嫌いである。この人が頑質だからではなくて、浮薄に見えるのだ。しかし、右の歌は、いやおうなくわたしのこころを励ますところがある。あまり勁い歌ではないからであろうか。君・僕という呼び合いが、会話に定着した頃のことも想うのである。奇兵隊その他で、士分の者がわが輩なんぞといっていたのを、僕輩と改めさせ、四民共通の自称にしたのは、高杉らの仕事であったと思う。君輩・僕輩は、すぐ君・僕になった。それ以前の漢学塾なんぞでの君・僕の呼称が、こうして新しく生きたのであった。言葉はたいせつである。

「民族性」とよくいうが、あれは「言語性」というほうがよいかもしれない。

＊

ここに草莽ということを考えるに当っても、思うに草莽という階級はない。では、草莽とはなにか。それを第一の章で考え、以下列伝風に、なるべく、いままで自分が書いてこなかった人びとをとりあげて書いてゆく。藤田幽谷・東湖については『非命の維新者』

（角川新書）に書いているのでやや重複するが、これは許してもらう。列伝風の書き方は、またしても、「論」としてはトルソに終ってしまう恐れがあるが、それはいまのわたしの力量上、やむをえない。笑う人は笑ってほしい。教えてくれる人は教えてほしい。

涙ただ流れてやまず勲七等青色桐葉章しかと抱《いだ》きて　　岡山・傷痍下士官　小野正人

なお、本書を読まれる上の凡例を示すと次のごとくである。

一、年次は安政・嘉永等日本年号を用い、カッコ内にキリスト紀元を示す。重複するところはカッコ内をはぶいたところもある。月日も旧暦である。

一、人名は、適宜「松陰は」とか「会沢は」とか氏・姓・通称・号にこだわらずに書いてある。なるべく親しみやすい呼び方をしたつもりである。年齢はことわりない場合、数え年である。

一、地名はかならずしも当時の字を当てていない。また現在の市町村にとらわれていない。

一、引用文は、和歌以外新カナに直した。漢文・候文は読み下しにした。わたしの訓によっているので間違いは多々あろう。正してほしい。なお一部、引用を正確にせずに要約または意訳した。これは、かぎカッコに入れず改行して――……云々、と示してある。

一、吉田松陰以降は、きわめて簡略にしたが、これには若干の理由がある。ひとつは枚数が足りないため。二には前記『非命の維新者』に藤田小四郎・真木和泉守・雲井竜雄・伴林光平・佐久良東雄などを書いているため。三には万延・文久以後は別に書きたい意図をもっているため。四には松陰の「草莽崛起」論に到り着いたゆくたてを明らかにすれば、ほぼ草莽論はピークに達すると思ったためである。

一、参考書目は、巻末に一括してあるので、文中には一々ことわらなかった。ことわってある部分もあるので、いくぶんちぐはぐではあるが、許されたい。そういうこともあって参考書目には眼を通してほしい。参考書目にあげてないけれども、次の諸書には特に注目されたい。

『折口信夫全集』(中央公論社)

『吉本隆明著作集』(勁草書房)

『保田與重郎選集』(講談社、第一出版センター)

橋孝三郎著『明治天皇論』他の天皇論五部作(発売、靖国会)および未刊の"The Ancient Religion of Japan: Or the SUMERA-MIKOTO Civilization of Japan"(早期出版を望むや切)

権藤成卿著『自治民範』(昭和二年、平凡社)

一、一般情勢については、各種年表や論文類にゆだね、あまり詳述しなかった。年表も敢えて作るとなると、非常に複雑になるのではぶいた。

一、仁義という言葉に誤解が生ずるかと思うので申し添えれば、わたしにとって仁とは人間のこころであり、義とは人間の路である。それが湊合せられて人道と成る。故にもっとも人間的なるを仁義の大本と現す。

目次

草莽論　その精神史的自己検証

四人のHと五人のMに――そして三人のTと、三人のSと、六人のYと、五人のAと、四人のKと、さいごに四人のUに。（内、生存者六人なり。）

著者より

第一の章　草莽とはなにか

たたかいの嵐と炎のうちに
王冠がことごとく玻璃《がらす》のように砕けるとき
人民が最後の「罪人」を裁くとき
そのとき　われらはふたたび相共に起きあがる
言葉で　剣で　ダニューブの流れに　ラインの岸べに
王冠を粉砕した人民のために
叛逆し追放されたわれらこそ
いつにかわらぬ心の友であるだろう
フライリヒラート「『新ライン新聞』訣別のことば」
（井上正蔵訳　世界古典文庫）

草莽とは、草莽の臣とは違う。『大言海』は「さうまう」「さうまうのしん」を別項として、この大辞典の編著上の見識を示している。

明治維新前夜、とくに力をこめて「草莽崛起《くっき》」を唱えたのは、吉田松陰であった。松陰は第二回目の野山獄中で、この言葉をさかんに用いるようになってから後、いくばくもなく東の方《かた》江戸に檻送せられ、あわただしく刑死したが、この松陰の一語が発せられてはじめて、狭くは長州一藩の、広くは日本全国の維新への胎動は鬱勃として定まったといわれる。

吉田松陰が、とくに「草莽崛起」の言葉を用い始めるのは安政六（一八五九）年二月からであるが、それについては、同年三月二十日附入江杉蔵への手紙に、

「焚書《ふんしょ》の第一にある魚を釣る喩《ゆ》にて僕一発明あり。是非事をやるには草莽でなければ人物なし。錦衣玉食美婦を擁し愛児を弄ぶが世《せ》禄士《ろくのし》の事業。尊攘どころではなし。（井底《せいてい》蛙とは是なり。）」

とある。ここに「焚書」というのは、この頃松陰がこころの励みとした『李氏焚書』のことである。明の李卓吾の著。その第一の「魚を釣る喩」といえば、おそらく「与焦弱侯」の一文である。これを略解してみると次のごとくである。（実はイロニッシで一部分よく判らない。）

――人は水のごとく、豪傑は巨魚のごときものである。巨魚を求めようとするなら、異水を用いねばならぬ。豪傑を求めようとするなら、異人を用いねばならぬ。井戸の水は清潔でもあり、甘美でもあり、日常の用に欠くことができないが、しかし、井戸水から三寸の魚も釣り出すことはできない。海の水は清潔でもなく、甘美でもない。しかも、海は万《ばん》斛《こく》の船に非ずんば入ることを得ない。海に生長した者にしてはじめて海をくつがえすことができるのである。けだしよく人を活《い》かすものは、またよく人を殺す。よく人を富ますも

のは、またよく人を貧しくする。それは、恃《たの》んで安きをなし、倚《よ》って常とすることのできないものである。しかしながら、そういう恐ろしい海にしてはじめて、鵾鵬《こんほう》（荘子のいうレヴァイアサン）ここに化し、蛟竜《こうりよう》ここに蔵《ぞう》することが可能なのである。……（中略）……海中に一山を見るがごとき大魚、ああ豪傑の士とは、かくのごときものである。今もし豪傑の士を、郷人《きようじん》の皆喜ぶような人間の中で求めようとするなら、それは井戸で魚を釣るようなものである。豪傑の士というものは、郷人の好むような者ではないのである。古今の聖賢もまた、豪傑であった。今、日夜汲々として、天下の豪傑と共に聖賢ならんとして、豪傑を郷人のうちに求めるならば、ただに豪傑を見失うのみならず、聖賢の道をも失却するであろう。これはいわゆる轅《えん》を北に向けて、轍《てつ》を南に動かそうとするたぐいである。云々。（増井経夫訳『焚書』に拠らず。）

ほぼ、このようなことが記してある。そして松陰はここを抄記した上に註して、「郷人・豪傑・聖賢、切に題目を差了するなかれ。立論・郷原・狂猥・聖人云々より来る」といっている。郷原《きようげん》は『論語』に出で『孟子』でも言及される、郷中にあって君子らしく見える偽善者。狂猥《きようけん》は狂狷と等しい。もって松陰の読み方を知るに足る。これは高杉東行・久坂玄瑞をさとしているのである。

だが、草莽とは、階級というような厳密なカテゴリではない。響きは強いが翳ぶかく、内容は気分的な、曖昧なもののただよう有羞・鬱屈・狷介の言葉である。松陰の当時の書簡などからは、無位無禄のインテリゲンチャを指して草莽といったようにとれる。だが、基本的には、松陰は『孟子』を読むこと深く、自から『講孟余話』の著述もあるくらいの人であるから、『孟子』にもとづいて草莽という言葉を使ったであろうと考えられる。

字義の上では、草莽の語は、古く『左伝』昭元年および同二十年に見えており草茅間の布衣に近いが、ついで『孟子』万章下篇に、「草莽の臣」を規定する、

「国に在るを市井《しせい》の臣といい、野《や》に在るを草莽の臣という。皆庶人《しょにん》なり」

という文章が出てくる。国とは国都《こくと》であり、野は地方である。したがって、国都に住いする庶士を市井の臣と称し、地方にひそむ庶士を草莽の臣と呼ぶというのである。孟子はなんでこのような定義をしているかというと、それは万章の問に答えて、諸侯たるものの庶士に対する遇し方を説いているのである。すなわち、庶人もその封土内に住んでいるからには、君に対して臣ではあるが、すでに仕えて位に在る臣とは同じでない。したがって、「臣は召すべけれども、士は召すべからず」、庶士は道をもって自から居り、徳をもって自から重んじ、その志は屈すべからざるものがあって、むやみと諸侯に見《まみ》えようとしないのが礼であり道である。庶人も、諸侯が召して公の役事に従わしめる時は、往って役に就く。自から分に応じて、労を惜しまず、おおやけのため、民政のために尽すが道だからである。

しかし諸侯が権力をもって召して見《まみ》えようとする時は、往かないのである。士もまた庶人であるから、庶民としては諸侯に属し、その命によって公的労役に就く。体制いかんにかかわらぬ。しかし、士としては、まさに諸侯の敬するところたるべきである。だから召されて、喜んで見《まみ》ゆるのは、自からを恥かしめるゆえんであり、義の当然でないというのである。したがって、諸侯が庶士の偉材なるを知って見《まみ》えようとするなら、侯より師礼を執《と》って厚く聘《へい》すべきである。天子といえども、賢士に就いてその説を聴こうとするなら、師礼を執るのが道であって、まして諸侯においてをや、というのが孟子の考えである。士を遇するに屈して致すべきではない、就いて師とすべきであるというこの考えを述べるに当って、市井の臣・草莽の臣の別をいったのである。思うに、『三国志』にいう劉備玄徳の諸葛亮孔明に対する三顧の知遇のごときは、天の命によって天子たるべきの君子人が、草莽に対する当然の礼である。

吉田松陰は嘉永元（一八四八）年の「左伝手抄」に、『左伝』の昭元年、および二十年の辺を読んで要点を抄録しているが、草莽の語の出てくるところは、とくに手記してはいない。『講孟余話』においては、草莽について追求しているところがある。*が、それは直接時務的ではない。にもかかわらず、松陰が最後の獄中で、あらゆる術策に失敗し、最後の最後に、今まで「俗論派」および周布《すう》政之助や長井雅楽《うた》の藩政府にこだわってきたのこそ一生の不覚であった、これからは「草莽崛起」あるのみであるという思想に駆られていったのは、深い意味をもっていると思う。その志は、ややあって後に松門の人びとに辛うじて伝わり、他国へも波及していった。

＊「この章、官職ある者の君命に趨《おもむ》くと、庶人敢えて諸侯に見《まみ》えざると、義自ずから別なるを論ず。但し、方今官職ある者の君命に趨かざるを患いず、庶人敢えて諸侯に見えざるの風断えてなきこと、廉恥なきの世間、深く憂うべし」(『講孟余話』)。文臣銭を愛し、武臣命を惜しみて君命に趨かず、庶士は公家・諸侯への売り込みにやっきになっている安政年間を思うべきである。「処士横議」までが、売り込みの手段となる。松陰の京洛「書生輩」に伍せざる所以である。

だがそれなら、草莽といわるべき日本全国の無名の人びとが、維新前後の歴史の舞台に、それぞれの志を抱いて登場し、縦横にその志を発揮して維新変革の事を遂行したのか、というならそれはひとつの仮定である。そうであったならばという願望をこめての仮説である。草莽とは、或る典型化を加えられて成った人間の像である。少なくも今のわたしにはそう考えられるのである。

だから、草莽そのものといったような人びとが、ほんとうにいたのか、それとも実はいなかったのかと問われるなら、ほとんどいなかったと考えるほうが、答は正しいと思われる。にもかかわらず、草莽の仁義・精神という理念は、これをぬぐい去ることができない。この精神とか志とかは、西洋流に考えるなら理念《イデー》とか観念《アイディア》といったものであろう。或る階級なり、或る階層なりの一群の人びとが、それを抱いて登場してくる時、一国の変革は成ると考えるのである。イギリスの先駆的革命ではその風がつよい。（しかもわたしは、仮に仁義・魂魄をメンシュリヒカイトの意におさえておきたい。）

では、草莽とは、いかなる人間像か。

草莽はまた草茅《そうぼう》といってもよい。ともに草野、草むらを意味する。そうして草ぶかい辺りに身をひそめ、たとえ家に一日の糧《かて》なくも、心は千古の憂いを懐くといった趣の、民間慷慨の処士こそ、明治維新期に考えられた草莽の典型であったろう。威武も屈する能わず、貧賤も彼を移すことはできない、精神の自立者で、彼は在る。

草莽は身分が低かろうと、貧しくあろうと、草賊のたぐいでもなければ、野伏せ、山伏せの類でもない。手足は労働*の土にまみれようとも、こころは天下の高士である。しかも、晴耕雨読ただこころを養うばかりではなく、ひとたび一世の動こうとする時に当っては、義侠の徒を組織して立ち、或いは百姓一揆を領導して、内乱を革命に転化せしめ得る力量の持主でなくてはならない。故に、草莽こそ、天知る地知る我知るのかくれた英雄であらねばならず、また文武両道のインテリゲンチャでなくてはならない。たとえば志を得ず、一生晴耕雨読に明け暮れるとも、なおこころ屈するところなく潔士としての生涯を終る決意こそ、草莽のものである。これは言うに易く行なうに難い道である。しかも、東洋何千年の文明の歴史は、まさしくかかる草莽によって担われてきたのであるという仮説が立てられるのであった。

＊　労働を切り売りする商品生産のための労働は明治維新前夜の草莽により、すでに人間的に行なわれはじめていた。いかに金をいやしんで、米・書物・刀その他で貰っても、やはり賃労働である。

草莽は、かく自から勤労し、自から勉学に努めねばならぬ。したがっていっさい自発の初一念に貫かれ、世人の評言に左右されるものであってはならない。と同時に、こころを柔軟に解放し、万人の言に耳を傾けるゆとりを持たねばならない。とりわけ、世にかくれた田夫野人、さては「部落」民にして志ある人ら、或いは宮番の女の行動・言語《げんによ》のなかから、どのような金言よりも得がたいものを採り容れることができる力こそ、在野草莽の士の面目であり取柄である。草莽にとっては、いたるところに知己が見出される。そしてそれらの友と、全身の気魄をもって交友するのである。己れを欺かず、人を欺かず、火花が散るような交友から、読書だけでは得られない多くのものが汲み取られる。「読書・尚友」

と対応していわれるのも、故あることである。尚友とは交友を大切にすることをいう。士は己れを知る者のために死し、女性は己れを愛する者のために化粧《かたちつ》くる。

封建制度のもとにあっては、自藩の内部、それも自藩の定めによる職制・身分の内部にしか交際を拡げられぬのがふつうであった。しかし、草莽は、よくその枠を破って藤田省三の注目したいわゆる「処士横議」を試み、他国の風を知り、地形地物を考え、天下に知友を求めた。かくして、藩の枠にとらわれない横の連絡が生れ、天下の世論が形成される緒口を得た。言路洞開、すなわち言論自由・下意上達を求める動きも、またこうした草莽の行動から生れるのである。それ、ついに「万機公論に決する」五カ条の誓文に至る過程である。

草莽は、世人に先んじて憂い、世人に後《おく》れて楽しむ者であるけれども、草ぶかい田舎に住もうと、牢舎につながれようと、自から楽しむことを知る者であり、また人に楽しみを分かつ者でなくてはならない。自ずと、すべての草莽が詩人である。専門の詩歌人の知らない屈折に富んだ調べがそこに生れ、また専門の音楽家の知らない鬱然たる調べがそこに成る。そのすべてがすぐれたものではむろんないが、志を汲むに足るものは多いのである。詩人にして、音楽家である彼らは、廟堂に座を占め改革の青写真を焼き上げる有司官僚には、まず向かない。

このように、草莽の人間像は、時に革命の指導者としてのたけだけしい姿をとるが、本質的に涙もろい詩人であって、高禄を受けて政治のテクニシャンとなり、権力の座に就くために研究を重ねた能吏やマキャベリストとは対立する。若き日に人の子に恋するように政治にこころを燃やしても、とど革命が成ろうが成るまいが、およそ権力からは極端に離れたところに位するのが草莽である。が、それなら草莽は、天下国家がどうひっくり返ろうとおよそ体制に関係なく（意識の上で）、日々の労働に従事し、家をなし子を作って死んでゆく、常民の生活のなかに密着しているのかというと、これまた逆である。草莽は、常民の生活のなかにも溶け込めない存在なのである。なぜならインテリゲンチャであり、一己の労は惜しまないが、兆民のために働いても常民は彼らを拒絶するからである。

草莽の、この社会体制（維新前では幕藩体制）と生れつつある資本主義体制の二つの側と、体制にかかわらぬ常民の悠久巨大の生活の側と、両方からの疎外によって成立している人間像が、草莽を自由にもし、苦しいものにもしているのである。この仮説としての草莽の二重の疎外を前提としないで、草莽のそれぞれの出自や活動・交流から、廻船問屋の商人資本とどう結びつくとか、藍玉マニュファクチュアとどう関係するとかいっても、それは真実の一面をうがつことでしかない。まして西国一般が産業的に進んでいたなぞということもない。むろん現実には、社会体制からも、常民の生活からもまったく疎外されている草莽の存在はあり得ない。すなわち、幕藩体制から官位・俸禄を受けていないにしても、侍・足軽であるという、或いは町医者であるという、或いは苗字帯刀御免であるという、或いは村役人・長《おさ》百姓であるという、或いは何々隊隊士であるという、身分・名称を保証されているからこそ（何々隊が自立的なものでも）草莽の士なのである。また一方、常民的な生活から、まったく疎外されてしまっていたなら、どんな草莽もおそらく食ってはゆけまい。彼らの衣食住は、どこかで常民の生活と結ばれ、その恩沢を受け、或いはそこに奉仕しているのである。そして体制もこれを認め賃金が出るのである。でなければ、初期資本制の立ちつつある世に、生活者としての草莽はあり得ない。しかし、精神とか思想とか仁義とかいう面で、草莽は右の両側から二重に疎外されていることと想定するのである。これが先に、草莽とは或る典型化された人間像であるといったことの意味である。かくて、草莽の立場のきわどさは言語に絶するものがある。彼はたちまち、草莽たるの思想上において死に見舞われかねないのである。

かくのごとく、草莽は、時の体制の内部からは疎《うと》んじられた存在であり、であればこそ体制の内部にある人士には行なえない事業を敢えて行ない得る者である。体制の内部に安住する者にとっては、国家型態、或いは国家装置、国家様式をはじめとして、村々に至るまでの社会万般の型態・様式・仕法《しほう》が第一の至上のものであり、これをもって永久のものと考えがちである。しかし、草莽の士にとっては、国家・社会の型態・様式は、本来二の次、三の次のものにすぎない。仕法に至ってはこれを固定観念として見ず、そこからぶっ崩してゆくテコとするのである。二宮尊徳の一面なぞここにある。

草莽の士にとって、抽象的・仁義的に、始計第一として重んずべきものは、天下・社稷のいとなみである。日本風にいっての天下、中国風にいっての社稷は、天子より（まして将軍や列侯より）上位に在る人間存在・生成の基本であり、至極である。松陰は、そのもっとも草莽的であった時、天子まず社稷に殉じたまい、われらもそれに続けば、天朝なんぞ再興せぬことがあろうか、という意味のことをいっている（『己未文稿』）。

昔の中国において尊ばれた社稷とは、社すなわち土の霊位、稷すなわちひえ・粟・陸稲等の主食の魂魄（夷人は corn spirit という）を意味する。つまりは社稷の二文字によって、天下万民の衣食住ならびに生殖・争闘のいとなみ全体を示したのであった。社は、処人の種蒔、収穫の宴舞を軸として発展する。したがって、「天下・社稷のために」ということは、とりもなおさず万民のごく日常に即して、そのもっとも大切な生存・化成のいとなみを守ることを意味する。生存・化成のいとなみを先決とせずして、どこに、人間の社会生活が成り立とう。社会生活のすべての基本は、社稷のいとなみの上に立っている。したがって、社稷のいとなみは、これを一日なりと廃することができない。国家型態・国家装置その他の諸社会の様式は、宿・村の制度に至るまでどんなに大切に見えても、社稷のいとなみの永久性に比べたならば、ごく一時の方便にすぎない。国家があろうとなかろうと、人民の衣食住ならびにセックス（時に争闘）のいとなみは連綿として永久につづくし、争闘はなくなっても、また他のいとなみは、つづかねばならないのである。であるからこそ、支那文化圏の人びとは、体制如何にかかわらず、抽象的には、国の上に在るものとしての社稷をいい、日本では諸国の上に在るものを天下と称した。この実に一日として廃することのできないいとなみを、斎《いつ》き祭る祭祀権は、本来古代共同体の首長のものであった。むろん日本のごとく、姫彦制があり、女巫これを主斎したかしれぬ。中国では、これを祭るに社稷壇を築き、四方に木を植《た》ててここを飾り（「田《でん》するに樹木を以てす」）。常時植えておくのか、その時立てるのか不詳）、首長は共同体全員とともに拝して宴舞し、社稷の長久を祈るのである。

周代、天下統一後は祭祀権は、天子のものとなり、現在存在するものについていうなら、天子は相撲の土俵を二つ重ねたような二段の社稷壇を築き、北は黒、南は赤、東は青、西は白、上面は黄に彩って、この壇を常設した。天下各地の土をあつめたのか？　登るには四方の大理石（！）の階をもってする。植える木も、柏・栗なぞだけでなくなったらしい。

といって、まさかぼたんを田したかしらぬが、壇は北面しており、したがって天子は北から南へ向ってこれを拝したのであろう。封建の制度が確立して後こうなったことは明らかである。（この想芸《デザイン》を最初に知らしてくれたのは日本の日露戦後の北支駐屯軍であった。）

かく、社稷が政治化すると、社の祭りは自己疎外し、稷つまりコーン・スピリットより上となり、天子は社稷を祭る権利を、公侯伯ら封建領主に分与・委任する例も見られたようである。かくして、周以降、政治化した社稷はしばしば時務的には（非〔反〕抽象的には）「国」とまぎらわしいものとなった。『礼記』には、社稷を右に、宗教を左に置くとある。右を左より尊しとする大陸のひと頃の風に依るなら、社稷はなお宗教より上ではあるが、一種の並存が見られなくもない。漢代になると、稷の宴舞が、社の祭りから除外される。コーン・スピリットなき土の神、つまり政治的領域の強大を誇りだしたのであろうか。ついには社稷を社といっても同じとなった。しかし、これは政治的組織化した国の祭りにおいてであって、常民はその郷村で社稷を祭ったろうし、たとえそれが中絶したとしても、抽象的には社稷のこころは生きつづける。

日本でも、しばしば社稷の語が、国家または藩国の意味に用いられるようになったことは知られている。いったいに、社稷壇に当るものが、日本に存在したかどうかも判らない。しかし、こころに社稷壇は存在したと思われる。それは三輪山伝承なぞによって知られると思う。或いは前方後円の古墳なぞにも考えられるかもしれない。にもかかわらず、明治維新前夜、社稷とは多く国家を指していわれた。だが、草莽はその仁義において、本来の社稷・天下のために尽身すべきものであった。抽象的にそうなのである。

維新の草莽にとっては、社稷を祭祀する者としての天子が尊ばれたのであり、それは、彼らの社稷観が、きわめて信仰的な社稷観であったことを示している。社稷を尊ぶ精神が、即自的に信仰心だったのである。尊王とは、社稷の中心に祭祀者としての古代の明《あか》く清く直き天皇を据える思想である。もはや祭祀を必要としないというラディカリズムは、いまだ草莽のものでなかった。このようなラディカリズムは、産業資本主義的なものであろうが、そのラディカリズムはまた、共和とか民主とかの擬制を生むのである。社稷から真に祭祀を揚棄できるのは、むしろ民主以後のわたしらの仕事であらねばならない。その仕事が完成するなら、もう社稷は社稷と呼ばれなくてもよいのであり、類としての人間の社会といわれればよいであろう。そうなれば、社会有機体説的なゲマインシャフトという理念ももう必要はあるまい。人類の社会はゲゼルシャフトという名でさしつかえないのである。しかし、人間が未来からの光を浴びて大いに飛躍することはいいのだが、歴史を飛びこえてはならぬ。歴史は人間の鏡である。それを克服するためにも、維新の復古調さえ革命的だったのを弁証せねばならぬ。

吉田松陰は「草莽崛起」を唱えた頃、恐れながら天朝も幕府もわが藩もいらぬ、ただわが六尺の微軀あるのみだと書いたことがある。この時の松陰は、もっとも草莽の精神に徹していたであろう。勤皇に囚われぬ尊王の精神は、こういう言葉を吐かすのである。尊王に形式的に囚われる時、草莽は社稷を重んじることを忘れて、国家様式や国家形態になずむ者となる。これは草莽としての堕落である。その姿は、明治になってから見られるとおりである。とくに教育の上でどうあったか、「参考書目」を参考されたい。

草莽の尊王精神を、明治維新の政治過程に当てはめて、建設すべきネーション・ステートのシンボルとしての天皇を尊んだのだとみなす考え方も有力である。結果論として見るとき、この考え方は一面の真をもっている。だが、それはイギリスの先駆的市民革命の過程に日本を当てはめて見る、考え方ではないかと思われる。草莽は、イギリス市民のごときブルジョア・ラディカリズムはもたなかったのではあるまいか。クロムウェル死後から名誉革命のロックに至る、或いは遡ってホッブズあたりの絶対王制内での仕事を考えれば判るであろう。

草莽が自からを草莽とみなすのは、だから、対人関係で決ることではない。誰に選ばれるのでも命ぜられるのでもなく、ただ自任あるのみであり、もし敢えていうなら、社稷がこれを任命するのである。或いは、天がこれを命ずるのである。天の声や社稷の声は、耳にこれを聴くことができない。だから、人はこの声なき声をこころに聴き、自から草莽をもって任ずるのである。自身にとってこれほど確かな任命はないのであって、それはあたかも、かのパウロが、神の召命の声を聴いて生涯を使徒として尽身しついにその任務に殉じたのと同じである。しかしこれは同時に、きわめて危うい立場である。一歩誤まてば、天下万民の敵となりかねないのである。その危うさに耐えるには、一片の勇気では足りず、よほどの明察が必要とされる。情勢的な利口さではなく、むしろその時々は愚に徹しようとも、遠い将来を見とおし得なくてはならない。

草莽は、もともとが自任しているのであるから、自からの根拠を常に確かめに確かめて歩んでゆかねばならない。そのためには万巻の書が必要であるし、それに直向う自覚が明晰でなければなるまい。自己分析、自己省察ができなければならぬのである。常に「天地に負《そむ》かず」という自己確証を要するのである。

主体的行動者としての草莽は、特立独行、ただ六尺の微軀を持つのみの裸の人間として常に断崖絶壁の上に立っているがごときものである。自ずと主観的たらざるを得ないが、だからとて論理を踏まなくてよいわけはない。その規準は己れ自からが立てるばかりである。草莽は、天下に危機を醸成しつつ、しかもどんなカオスの中にもロゴスのあるのを求めてゆく態度がなくてはならない。このロゴスを、東洋の古人は「道《ことば》」といったのである。すなわち、草莽は求道者であってはじめて、天下の危機を醸成し得るのである。でなければ、一時の策士に過ぎず、ついには策士策に倒れて終るのみであって、当今のセクトのごとく、真の救国済民のための策は立たないであろう。世の権謀術数は、とどむなしいものであるという思いが、常に草莽にはつきまとっていた。

そもそも「草莽崛起」といったとて、公式的に、下《しも》万民を組織して階級戦を戦う——というようにはなかなか解けないのであって、いわば草莽が天下万民になり代って、そのこころをこころとし、自から苦しみ、或いは敢えて自から万民の魂魄のうめきを一身に体現して、その苦労を救うべく立つという道である。これはあくまで道なのであって、人の好んで口にする何々主義や、イデオロギーではない。ロゴスか、パトスか、おそらくそれらいっさいを罩《こ》めて、くろぐろとしたもの、どろどろとしたものを身に帯びて、ただひとりのさぶしい戦いに立ってゆく草莽の道はひと筋、萩原朔太郎風にいうなら「直《ちょく》として通ずる」のみである。

戦いは、しばしばひとりのものであった。が、草莽は一方で幕藩体制からも、起りつつある新体制からも疎外され、一方で常民的な生活から疎外されているが故に歴史の弁証として、「我」の自覚と、新しい国民としての自覚とが結び合う点に位置していた。「我」の自覚なしには、国民的な自覚は生じない。しかし「我」の自覚を結集して国民的な自覚へもってゆくには、単なる組織力だけでは駄目であった。組織力のある者は、草莽以外にもいた。例えば、金や権力の力で人を組織する者もあり得たわけである。むろんイデオローグとして人びとを煽動する者も、いつの世にもいた。しかし凡夫の些々たる「我」の自覚を、振い立たしめて国民的なものへ結集せしめてゆくのは、草莽の至誠であった。労を惜しまず、身をいとわぬ草莽の戦いなしに、国民の国民としての自覚は結集しなかったのである。であるが故に、草莽のさぶしい戦いは、また大きな実りを結果しなかったとはいえない。「乞う百年の後を見よ!」これが北村透谷に至るまでの野の声であった。

明治維新の前夜、比較的早い時期に、士分以下の者を組織し、動員し得た者は、かの水戸の人士であった。が、彼らは「義民」として百姓・町人の群を扱った。己れをも彼らの群に含めて草莽とはいわなかったかしれない。水戸には、義公以来、米一粒も大事にしこれを生産する農民を「御百姓」として尊ぶ美風があったが、しかしそれはあくまで士分以上の者の、自からは生産をしない己れをいましめ、下々を大切にするといった謙遜の現れであって、士分の者も百姓・町人も、分けへだてなく一体となって国事に処するという考えにはまだ至らなかった。水戸天狗党の運動のなかには、討幕のため＊いわゆる未解放部落の民をも一般国民と同等に処遇しようとするほどの進んだ面があった。が、「四民平等」

へと突進む観念は、まだ熟さなかった。朱子学系統の経学が、わざわいしたのかもしれない。が、それだけでは討幕路線は出ない。水戸学——とりわけ後期の水戸学は、陽明学の風も、国学の風も採り容れようとするゆとりをもっていたし、その学統を支えたのはけっして代々の藩儒の家の者ではなく、藤田幽谷・東湖父子といい、会沢正志斎といい、多く草莽の間より出た「草莽の臣」たる人びとであった。にもかかわらず、水戸の人士はしばしば百姓・町人とともに事を起しつつ、一種の士族運動に終始した。むろん例外はあった。天狗党の一挙のなかには、田中愿蔵《げんぞう》隊のごとく四民平等の思想を現した部隊もあった。が、これは吉田松陰が「草莽崛起」を唱えた後であり、天下の形勢がもうその方向に動いてからのことである。大和の天忠組義挙にしてもまた同じであった。吉村寅太郎の、寺田屋事変以後、船牢にあって上書したなかに、

「当時の勢、何分干戈を以て動かさずば、天下一新致さず、然りといえども干戈の手初めは、諸侯方は決し難し、則ち基を開く者は浪人の任なり」

という言葉がある。これも、吉田松陰の「草莽崛起」論によって惹き起された状況に従っての発言であったといえよう。しかも、この言あって伴林光平のごとき詩人が蹶起した。

＊　天狗党の元治元年五月、討幕路線を打出した事実は関山豊正『元治元年』(中巻)に拠る。

かくのごとく、吉田松陰の存在は、草莽有志の運動のなかで重いのであるが、むろん、草莽の草莽たる自覚への前史は古い。草莽のこころを、日本の明治維新へなだれてくる太い一本の筋の流れの源に位して、自から体現した人びとをたどってゆくなら、高山彦九郎・蒲生君平・林子平のいわゆる寛政三奇人に出会うであろう。三人とも大した哲人ではないかしらぬが、それぞれ一預言者であり、荒野に叫ぶヨハネであった。

では、どこに草莽の運動の終焉があったのであろう。それは何時とははっきりはいえない。しかし、おそらく明治四年頃を一段階とし、二十年代のはじめ、国権《スターツゲバルト》全くして民権はじめて全しのスローガンの前に、私塾に対する弾圧（『東京の英学』参照）に伴い、また暴力をもって自由民権の起義がことごとく挫折せしめられ、明治帝国憲法と教育勅語とが他のすべてを蔽って聳立した頃を劃期に、草莽はもはや己れの志を伸ばす余地を喪ったのであったろう。いや、草莽自体が自己解体を遂げたといってもよいであろう。浪人は大陸へ行き、また財閥・有司官僚・政党に飼われる。常民もまた山の民となるか、白バケしてゆく。

国家は、帝国憲法をもって自らを飾った明治天皇制国家として永久に確立された形をとり、国都に在ると草野に在るとを問わず、庶士はすべて皇臣に編入せられた。とともに、草莽は社稷・天下のために尽身することを忘れ、国家の前に、社稷・天下の観念自体が喪失したのであった（これを警告したのが権藤成卿であった）。かくして、国家は勝利し、草莽はその国家の実現のために血を流したにもかかわらず、自から解体していったのである。神風連も雲井竜雄も前原一党もその最後の歌を果敢に唱い、自身は洋学をも学びつつ復古の神話へ赴いた。復古に赴かずになお、最後の草莽の歌を歌った者がいたとするなら、それは政治人ではなく草莽の文人である。

もし、草莽が草莽のこころを忘れず、社稷・天下のためにのみ尽身するのを第一義としたらば、どういうことが生じたであろうか。おそらく、草莽たちは明治天皇制国家に弓引かねばならず、不忠の汚名を満身に浴びたであろう。が、彼らの大部分はそこまでは心づかなかった。例えば、日本の現実に不満で、中国大陸の革命に参加していった宮崎滔天のような人びとはどうであったか。彼らは中国が、帝国主義諸国の蚕食するところとなるのを憂い、中国四億の民の独立と統一のために尽身した。もしこの戦いを徹底するならば、若き帝国主義国家の一つとして登場してきた祖国日本を第一の敵としなければならなかった筈である。が、まっ正直な宮崎滔天らはそこまでは十分に気づかなかった。実に、滔天を尊敬し、湖南の師範学校に滔天の講演を依頼さえした若き日の毛沢東は、滔天の祖国として誇りとした日本に敵対する勢力の首領として成長したのであった。一九三〇年代の毛沢東は、今なお輝ける軍事思想家として孫子、呉子、素行ら東洋兵学者および西洋のクラウゼヴィッツ、ルーデンドルフ、マハンらに次ぐ。その軍事思想は今日の陸上自衛隊『野外令』にも伝っている。

一時宮崎滔天らの同志であり、後に別の道を通って、同じく中国の独立のために戦おうとした北一輝はどうであったか。彼は、やはり日本国内での革命に絶望し、中国大陸に身を投じ主として民族派と提携しようとしたのであったが、上海の旅宿にごうごうたる排日の声にとりかこまれ、その複雑な命運に身もだえつつ、『日本改造法案大綱』を書いて日本に持ち帰ろうとするのであった。彼を迎えに行ったのが、大川周明であろうとは――。これは喜劇である。わたしは敵としての大川を高く買えない。

かくのごとくして、草莽は、草莽として自から歩む道を喪っていった。大正維新・昭和維新の叫びはひとたび起ったけれども、社稷・天下のために、国に不忠であってもよいと信ずる者は稀であった。国に不忠であることをもってイデオロギーとした共産主義者には、イデオロギーを信奉するから当然、仁義に乏しく、社稷・天下の観念はなかった。彼らは志において、草莽のこころをこころとすべき筈のものであったが、翻訳調の近代主義のために、仁や義をバカにし、暴力を道《ことば》にまで高め得ず、彼らの階級戦を真に祖国のものにすることはできなかった。彼らに、「財閥富を誇れども、社稷を念《おも》うこころなし」の歌はなく、「ドイツ人は愛す旗の光、フランス人はその歌歌う」であった。

第二次世界大戦の結果、国家型態・国家装置・国家様式といったものが、いかに破壊せられようが、いかに亡ぼうが、天下・社稷のいとなみは特攻帰りのヤミ屋のごとく、子を殺《と》られた父の杣夫《そまふ》のごとく、悠々としてつづくのであることは正《まさ》しく実証された。にもかかわらず、その時行なわれた「民主化」運動は、やはり戦前共産主義運動と大正リベラリズムの運動とを継いだ翻訳調のものであって、同じくイデオロギーを信奉したが故に、かつての草莽の仁義を忘れ去ったのであった。その結果は、今や、日本の天下・社稷それ自体が、その悠久の歩みを喪い、現象面では外国化され本質的には衣食住ならびに生殖・争闘の道義を失い尽そうとしている。わたしらは、これから克服すべき当の母国を喪おうとしているのである。わたしはいわゆるナショナリストでも、民族派でも、右翼でもないし、児玉某の『民族の歌』なぞ好かないが、極東の社稷のいとなみの崩壊しようとするありさまを坐視するにしのびない一人である。そういう思いをこめて、不十分は覚悟の上で、わたしなりの草莽の系譜をたどり直そうとする。

再びを征《ゆ》かしめ給へ天地《あめつち》を祈るこころは私ならず　東京清瀬傷痍軍人寮　南雲健二

われいまだ左手ありと言ひ切りき友の面《おもて》は輝きにけり　茨城療養所　白崎梯蔵

征くとは、再び征くとは、私ごとでよいと思うのだが、今日にとって何の謂いであろうか。社稷を求め呼ばわりながら、ついにむくいられずに、その答なき答を怒り死んだ人たちのこころをエンラージしつつ、社稷永久のいとなみの恢復を念じ、しかも来るべき人類社会の想念へ、そのいとなみをにじり寄せてゆくたたかいへの参入だとしか、わたしには考えられない。こころある人士の批判を仰ぎたいものである。（人類社会については、拙著『明治維新の精神過程』に収めた「体制論への視点」参照。これは当初は「体制論」という題であった。）

第二の章　預言者の出現——蒲生君平と高山彦九郎

時が変れば、鳥も変ろ！
鳥が変れば、歌も変ろ！
…………傾向傾向で腹を肥しやがって！

ハイネ『アッタ・トロル』
（井汲越次訳　世界古典文庫）

昭和三十一年七月五日、ソ連ラーダ収容所において、捕虜にして罪人たる日本下野国《しもつけのくに》出身者は、蒲生君平の忌日なるをもって、決死その祭りをいとなんだ。雨宮義人（ことわっておく。やや右寄りといわれるが、世にいう「反動」ではなく、田中正造の研究者であり、帰朝後は「民主化」された宇都宮高校教頭をつとめ、現、県教育研修所長）の祭文《さいもん》にいわく。

修静蒲先生を祭るの文

炎熱七月、惨然たる秋の気配に驚く。ところ何処と問へば、此処はるけし欧露の地、鉄の柵四方を閉せり。取佩く太刀の行方も知らず、行歩もま丶ならず、恥多き身の生き、生くる。そも去歳秋風裡慟哭の極み、世のきはまりの深淵を見しが故にあらずや。

時に七月五日、ゆくりなくも、修静蒲生秀実先生の遠忌にあたる。祭るにくさ〴〵の調へものなければ、壇も設けず、我等が先生を敬慕するまことを昭披し、この日の営みに代へむとす。

抑々我等の先生を追慕せる所以、先生のいのち国体護持の一途に懸り、これを行ずるに、狂を以てせるにあり。その故に、不絶不滅、天地の間に澎湃するものたゞ我等の、この道に生き、この道に死するの一途に於てのみ、《ママ》相嗣相承の実あれば、只今、我等の志願の不撓を誓ひ、同志同行の標的と仰ぐ。狂の一字はたゞ先生の大節を全《ママ》ふせし所以のもの、修静菴絶命の詞の熟境は、そのかみ、指を嚙み、血をそめて

孝子は終身の喪あり、忠臣は革命の時なし

と大書し、志願の臍をかためたる若年の狂気にあるか。狂とは末世乱世にありて正気を維持する所以、よく学びて到るところにもあらず、《ママ》先生の大忠を仰ぎ、たゞ恋ひ、たゞ慕ひ、相共に生き生きて到り得るものぞ。

しづかに瞑目すれば、そのかみ先生の朝夕仰ぎけむ野州の故里、海濤万里、白雲深く閉せども、黒髪の秀峰、気鮮にも嶮にやどり、鬼怒《きぬ》の清流せんけんと胸底を洗ひ、八潮《やしほ》花のくれなゐ思慕の郷に咲きみつ。時、ところ、故山を遠み、暦数僅かにこの日を示す。境涯たゞに懸絶せるのみならず、この日秋冷にも似つる風と雲と、悲しくも去歳の生

生しき感触を呼ぶ。あはれ満洲の山よ、原よ、かの歔欷の声、今に耳朶に存するるもの《ママ》、茲に再び新に念々激しく、そを先生孤高の姿に仰がむとすることの切なさよ。あゝ思慕の情《おも》ひ、ただに切なく、同じ血潮に生を享け、同じ山河に育《はぐ》くまれしもの、胸奥深くたぎりあふる、激しさの余り、思ふ同志集ひ先生を祭る。この夕べ、奔る情《おも》ひのまゝを陳べ、赤々しく冥見に供ふ。冀くは照覧を賜へ。

昭和三十一年七月五日　ソ連ラーダ収容所に於て　栃木県人八汐会一同

（仮名づかい敢えて原文のまま。蒲生神社刊「九志」第二〇号より。なお八汐は〝やしほつつじ〟。県花となる。大鳥圭介述『幕末実戦史』に美しい描写がある。）

昭和三十一年、日本人がもっとも三奇人を忘却していた日、ラーゲリにこの挙ありしを、いまどう意味づけるべきか。人びとは自からの胸に問え。

寛政時代（一七八九〜一八〇〇年）といえば、まだ徳川幕藩体制は大きくはゆらいでいず、多くの人びとは自分の住む藩領地を「国」と思い、「日本」のあることを意識しなかった。幕閣には松平定信（白河楽翁）のごときが在って、一応治世の功をあげた。世に「寛政の治」という。世界を見れば、十八世紀終了し、イギリス・フランスの哲学・文学は大きくピークに登り、ドイツはその観念論を開かんとする。軍事的にはナポレオンの大をなす直前である。が、日本人は多くそれを知らない。

寛政の三博士とは、尾藤二洲・柴野栗山・岡田寒泉を指していったが、後には岡田寒泉の代りに古賀精里が三博士に入った。幕末の古賀謹一郎の祖父である。いずれも国事を憂うることはあっても、敢えて幕政を批判するような人たちではなかった。尾藤二洲は、頼山陽の母方の叔父で、山陽には強い影響を与えた点もあったが、それも家塾的にであり、公的にはやはり太平の世の儒官である。寛政年間を通じて「処士横議」はまだまだ危険思想視され、実現していず、天下を蔽う支配的なイデオロギーは、幕府儒官の筆頭林大学頭を中心とする朱子学の名分による敬幕主義である。しかも、それは日本古代神話を十分批判できるだけに、精密かつ「科学的」に昇華を遂げつつある。

むろん、幕府にとって最大の危険思想が爆発しかけたことはすでにあった。その最大の例は、竹内式部を中心とする宝暦事件（一七五八年）、および、それに次ぐ山県大弐を中心とする明和事件（一七六七年）であった。とくに明和事件は、少数の学者やグループだけの謀策でなく、上州中心に関東一帯の士民の不満と結びつき、大衆の一揆とも関連をもちかけた広範な計画を伴っていた。しかし、両事件とも未然に弾圧され、反幕運動の萌芽にさえならずに終った。のみならず、幕府は機敏に事を処し、事件の計画の全貌は、今日もなおいまだ十分には判っていない。

寛政の三奇人と呼ばれた林子平・蒲生君平・高山彦九郎は、こういう思想状況のもとに輩出した。このうち仙台の林子平は、一種のインターナショナルな思想を内に蔵していたがために、戦後も或る程度の評価を受けてきた。主著『海国兵談』等も普及本になっている。しかし、蒲生・高山の二士のごときは、その功罪いずれも埋没せられて、ほとんど忘れかけられている。それでよいかどうかは、考え直されねばなるまい。先に八汐会の祭文をかかげた所以である。

蒲生君平は、高山彦九郎に比べてさえ、とくに忘れられている存在である。地味な、敢えて水準も高くない古制研究の著作しか残していないのも、その原因であろう。徳富蘇峰は御同様の忠義の士だったが、しかも君平先生を学者としては遇していない。ところがここに、蒲生君平の作ではないかと疑われたひとつの非合法文書がある。題して『幕罪略』という。

「一、慶長年中、家康将軍より大坂追討の院宣を《ママ》　後陽成天皇へ願い奉りしに、御免許なく、其の子細は秀頼事　天朝に対し奉り聊かの罪なし、又秀頼と家康とは主従の儀、且つ縁辺の中なれば、左様の筋なき企は、宜しからざる旨仰せられけるに家康将軍殊の外怒りて仙洞には秀頼に御心を寄せ玉うなれば、大望の妨とならむ。先ず大坂の前に仙洞を隠岐国に移し奉らんと、いよいよ評議一決に及ばんとせし所、南光坊など諌めて、此事止みぬ。此れ、北条足利の例を行うては、子孫の断滅せむことを恐れてなり。

一、此の後家康将軍参内して禁中諸法度と云う条目を定めたり。朝廷には素より式令格律の御定めあるを、武臣の身として、朝憲を乱し、朝威を軽しめ、臣権を重うせんが為に三公は親王を下にするの条を立て、己は世々大臣の任に居ることに定めたり。且つ豊公は天下を一統にせられたる功あり。其の実は皇胤の人なるに依りて、関白職に任ぜられたり。去れば此時頼朝以来押領せし天下を、悉く　朝廷へ返納し奉り、叡慮を伺い《ママ》大坂を執られたる也。然るに、家康将軍の言に、秀吉卑賤より出て関白に任じたるは、武威にほこりてなり、などと云う事を口実としたると、自ら卑賤より出て親王関白の上に居り、天下に何の功もなく、　天朝より御任有りしにも非ざるに、天下を押領し、私に諸侯陪臣等に領地を与えしは何事ぞや。豊公の皇胤にして其の任に在りて其の任を行えると、家康将軍の其の任にあらずして天下を私し、諸人を欺きしと、何れを以て是なりとし何れを以て非なりとせん。有志の人弁知せずんば有るべからず。

此の将軍の駿河に於て古書を集めしも、　朝政再興の為にはあらず、自ら　朝廷の事をせんとの企なる事、前後を考えて知るべし。

一、家康将軍死して後は、天下古今無双の廟を立て、剰え　勅使を申下し、御代々の御陵をば麁略にし奉る事。
一、皇胤を滅せんとして、親王諸王方を法体になし奉る事。
一、官家をば領地に任ぜず、且つ皇側を守護し奉るは武器あらずして叶わざるを、官家の兵器を廃し、朝廷を弱らしめ奉る事。
一、官位は重き事なるに、武家の五位は堂上の大納言に准じなどと、其の外も其の振合いに定めたる不埒の事。
一、狭少なる禁中に、天皇を禁錮し奉り、一二百年行幸もこれなき事。
一、関白職を関東にて定むるも同様の事。
一、伝奏御役仰せを蒙らるるの日、朝廷の機密は関東へ洩らし、関東の事件は朝廷へ洩らすまじき誓文を請取る事。
一、秀忠将軍の女東福門院を、強いて後水尾天皇の御后に奉りし事。
一、後水尾天皇は皇子数多くおわしませしに、強いて東福門院の生み奉りし皇女、明正天皇を御位に即け奉りし事。
一、親王一柱を人質にして、東叡山に置き奉る事。
一、東照宮権現の祠を、仙洞御所へ建てたる事。
一、後光明天皇逆鱗ましまし、破却したまえるを不快に思い、承応三年献毒して弑し奉りし事。
一、寛永年中、秀忠将軍家光将軍上京の節、堂上方を吾が臣下の如く扱い　天顔を拝するに至って、自ら親王関白大臣の上座に有りて、天盃を賜りし時、天酌を願い、不埒の事。
一、正徳年中、皇女八十宮を家継将軍へ配せむ事を暴願せり。勢止むる事を得ず、勅許ありしが、皇神許したまわず、東下したまわざる内に将軍卒せり。
一、代々上京もせず、居ながら官位を蒙る事。
一、天下の政事は、御旧典に因循して、叡慮を伺い取計らうべき事なるに、私に取計らう事。
一、頼朝尊氏が如き賊も、皇女を申し下して、妻とせんとの望はなかりしを、徳川氏に於て既にかくの如き事。
一、寛永年中、天草一揆の節、阿蘭陀人を頼み、海手より攻めさせたる事、不埒の事。
一、神国の御民を胡仏の宗門に墜し入れ、仏国同様に成したる事。
右二十ヵ条は、幕罪中の千が一を挙げたるのみ。其の詳しき事は幕罪録、及び夢物語等によりて、以て見るべし。
文化五年　於京師東山寓居慣記

「下野国草莽無名氏」

幕府が足利・北条と等しなみにされ、あまつさえ、これは誤りだろうが、後光明天皇を毒殺したなんぞというのであるから、万一事実であるならゆゆしきことである。が、右二十カ条のうち大半は事実である。天草の事ありし時、オランダ人を頼んだことの指摘なぞ正しい。右の結語にいう、もっとくわしい『幕罪録』や『夢物語』というものは、伝わっていないようである。夢物語といった形をとる形式の非合法文書は、ずいぶん世に流布されたが、これに該当するようなものは、見たことがない。知っている方は、教示を乞う。

右の『幕罪略』を、蒲生君平の作ではないかと睨んだ幕吏は、詰問これ努めたが何ら証拠もなく、冤罪であったらしい。しかし、この文書の署名が「下野国草莽無名氏」となっているのは、はたして偶然のことであろうか。下野国草莽、或いは関東布衣なんぞというのは、蒲生君平の好んで用いた称である。わたしには、やはり火のないところに煙は立たないといった諺が思われてならない。もしこれが、彼の作でないとしても、これは価値ある非合法文書である。とくに、家康を筆頭として「幕罪」を並べているところは、文化五年の段階としては珍しいことである。下って二十九年目、天保八年の大塩平八郎さえ、その檄文に、家康は神君として扱っている。多くの反幕文書が、祖先の東照神君は正しかったのにその後が悪いというように作られている。そういうなかで、この『幕罪略』は出色であり、そうとうの人物がものしたものと思われる。（後述するように、三上卓はこれを、高山彦九郎の示唆により君平が書いたと断定している。）

蒲生君平はもと福田姓で、本名は秀実、一名夷吾、字《あざな》は君蔵、通称は伊三郎、君平はその号である。明和四（一七六七）年、下野国宇都宮の半農半商の家に生れた。商売のほうは油屋である。いま、彼の誕生の地である宇都宮市の大通りと日光街道の分岐点に近いところには、誕生の地の碑が立っているが、その昭和初年石田仁太郎市長らによって建てられた碑は、さる不動産屋の広告にさえぎられて、行人の目にふれない。写真もとれない。もし、戦後の市民にとって、蒲生君平が抹殺すべき存在であるなら、碑を取り去ってしまえばよいのだが、そうもせずに、中途半端に扱われている。これはどうも見識のない話だと思う。（後註。最近やっとこの弊は改められたと仄聞する。）一方、同市泉町の延命院（智山派の古寺。住職小針孝哉）には、わたしの知人らの手で新たに蒲生君平修学の寺の碑が建った。また同市八幡山にある蒲生神社も、戦前・戦中ほど盛んではないが、やや立直り、桂林寺にある墓（もと墓は東京・谷中の臨江寺）も、香花がそなえられている。こうしたちぐはぐな扱いを、地下の蒲生君平はどう見ているであろうか。おそらく五十年や百年の間の人心の変化なんぞ、さして気にしてはいないであろう。蒲生君平は大度の人であったようである。

さて、君平は十九歳くらいから、本姓の福田氏を蒲生氏に改めてしまったようであるが、それにはいわれがある。君平がまだ幼く、貧困のうちにあって読書にはげんでいた頃、祖母なる人が、よく勉強をして偉い子だとほめ、実はお前の血には蒲生秀郷公以来の名族の血がまじっているのだ、しっかりやりなさいと話して聞かせた。その話をわたしなりにまとめると、昔、会津百万石蒲生氏郷の時代、その一族に蒲生帯刀という三千石どりの侍がおり、氏郷が石田三成らに殺され、継嗣が会津の大鎮から宇都宮の中藩として転封（左遷）された時、主君に従ってきて、福田氏の娘を妾とした、ところが妾が妊娠中、蒲生家は再び会津へ転封（名誉恢復）されたため、帯刀と妾は別れねばならなくなった、帯刀がその時妾福田氏にいうには、生れる子が男であったなら会津へよこしなさい、女の子であったらお前がここで育てるがよいと、ところが生れた子は男であった、が、母なる人はこの子がかわいくてならず、会津へは女の子が生れたと嘘をいってやり、そのまま福田家で育ててしまった、それがこの家の先祖である、――というのである。君平はこの話を聴いて、憤然志を立て、先祖の名にそむくまいと誓った。先祖の偉いのを知って奮起、大志を抱くというのは、今はすたれたが、悪い風ともいえまい。

後に君平十九歳、会津に遊歴し、先祖とその君侯蒲生氏郷の墓を拝して作った詩に、

廟古りて悲風落暉に対《むか》うや

白楊蕭索として葉初めて飛ぶ
　山川顧望す前封の地
　涙下《なんだ》る関東の一布衣

というのがある。「前封の地」というのは、かつて蒲生氏郷の封ぜられた会津のこと、この頃はむろん蒲生一族は亡び、会津は松平氏のものである。「布衣」は、先にもいったように、君平が常に自から好んで用いた無位無官の者の自称で、彼の用い方では「草莽」というのに近い。ただし、草莽が、既述のごとく内乱の頭領をつとめるに足る在野のインテリゲンチャの意味をつよくもっているのに対し、布衣は、頼山陽が松平定信に向って、「布衣頼襄《らいのぼる》謹んで再拝し、少将楽翁公閣下に曰《もう》す」と書いたように、官位のある人に対して己れを無位無官の者としていう謙辞である。山陽も、この場合は君平同様、草莽といってもよいのであるが（これにつづく文中、草莽の間《かん》に在りといっている）、一般的には布衣と草莽とは違う。例えば、七卿落ちで官位を奪われた三条実美らは、布衣になり下ったわけであるが、けっして草莽になったのではないし、本来が草莽にはなれないのである。

　さて蒲生君平の好学は、幼時市中で大火があった時、彼の姿が見えないので、家中大騒ぎをして探したところ、屋根に上って火事の光で書物を読んでいたというエピソードにも示されている。延命院の小坊主となって修業した後、さつきの土で知られる鹿沼《かぬま》の人・鈴木石橋について学んだ。時に石橋二十八歳、君平十四歳。まことに「蒲の花鹿沼の土でよく育ち」(川柳)。しかしこの少年、章句を修めようとせずに、しきりと国史・旧記を渉猟し、しだいに古学を興し、古代の制度・律令を研究しようと志すようになった模様である。師の石橋も、昌平黌の秀才だったがついに仕官しなかったといわれる、度量のある慈悲ぶかい草莽の文人で、君平の好みにまかせて多読せしめたらしい。石橋はしばしば民のわずらいを救い、社会奉仕を唱えた人でもあった。

そのうち、福田の家を継いでいた兄がなくなったが、君平は遺産として与えられることになっていた田畑もことごとく兄の遺子にゆずり、自からはまったく一介の書生として世に処してゆく道を選んだ。

注目しておくべきことは、君平がまだ十代の頃から、水戸学の巨頭となる藤田幽谷・会沢正志斎らと交流をもった事実である。幽谷は君平より六歳下。君平に兄事した。両者の交流は、宇都宮と水戸が距離的にもさして遠くなく、似たような風土に属していることによるのであろうが、これは互いに意義深い交流であった。この交流を端緒にして、共にロシアの南下を憂い、対策を立て、また幽谷らの後期水戸学は蒲生君平・高山彦九郎らの思想と学問を採《と》り容れるようになる。蒲生君平のほうへは、熊沢蕃山―藤田幽谷の農政学的な思想が採り容れられたように思う。それは例えば、君平の『今書』なぞのなかに出てくる「均民」という、素朴だが基本的な考え方に現れてくる。古制・律令の研究家としての君平は、当然大化の改新の班田収授の法に注目するわけであるが、その法が崩壊してくるところに、「兼併の族」が興ってきて、古制の尊んだ「均民」の制は亡ぶとするのである。いわゆる荘園制による農民の収奪がこれで、土地は少数の貴族に独占される。君平にいわせると「兼併遊惰の奸」が天下の田園を占め、朝廷の高官に就き、「私門を営なむ」のである。以来、「均民」の制は復古せず、「今それ二百年の治平を以て、しかもよくこれを救う能わず」、徳川の政治も古代の仁政にしかない、と述べて、君平は最後に、「臣、ひそかに深くこれを惜しむ。臣、ひそかに深くこれを恥ず」と記している。当路の治世よろしきを得ず、「均民」の行なわれないのを、わがこととして深く恥じるというのは、いっさいを已れの責任と感ずる態度であり、後にいう藤田東湖や吉田松陰なぞと共通する考え方である。いったいに、君平のこういう思想は、藤田幽谷の『勧農或問《わくもん》』なぞと相通うところがある。が、むろん君平は、専門の農政学者ではないから、それ以上のことはいっていない。彼はむしろ幽谷とともに「文、化して武となり、神、変じて鬼となる。これ兵変の兆《きざ》し。天下の大事」と憂憤したのである。

君平の一生の志は、「名分」を正し、「正閏《せいじゅん》」を明らかにするところにあった。彼の死後、藤田幽谷の書いたその墓表のなかに、次のようなくだりがある。

「（君平）常にその友にいう。……古《いにしえ》の善政、天下安しといえども、おもんぱかるべきところは、夷狄《いてき》・盗賊にして、名分を正し、もって民の志を定め、左道《さどう》を禁じ、もって乱源を塞《ふさ》ぐ。わが説の行なわるるを護らしめば、すなわち宴安の鴆毒《ちんどく》に遠ざかり、戎狄の豺狼を駆って、ただに一時の摧陥廓清の功を致すのみならず、斯民《しみん》をして永く被髪《ひはつ》左衽《じん》の患いなからしむるなり。これわが志なり。志願かくのごとし。悠々の徒、なんぞ共に談ずるに足らんや、と。」「君蔵（君平の字）またいわく、仲尼《ちゅうじ》称す、わが志春秋にあり、と。春秋、経世の志、名分をいう。周公の遺法存せり。故に政を為すは、名を正すなり。……今世の俗儒、文を以て名を乱り、俗吏、権に因《よ》って法を乱る。法を乱る者は、罪其の身に止るも、名を乱る者は、その言《げん》簡冊（書物）に載せて、毒を後世に流す。それ神洲は、天地の正気なり。陰陽の和する所、まことに中国たり。中和、穀に見《あらわ》れて、甘美豊饒なり。文教の及ぶところ、其の養以て給り。精英鉄に発して堅剛鋭利なり。武威加わるところ、其の功もって成る。限るに天地を以てし、外寇の患あることなし。……君臣上下の分、厳乎として紊《みだ》ることなし。」（原文は漢文。村上の訓による。）すなわち、君平平常の言によると、権力によって法を乱すような者は、むろん悪いには違いないが、その者一身の罪に止まる、ところが俗儒の名分を乱すに及んでは、その罪一身一世に止まらず、後世に毒を流す、よって名分を乱すことはもっとも恐ろしい、というのであった。

しかしここに君平のいう名分とは、江戸幕府の御用学者の尊んだ名分ではなかった。君平が俗儒とののしっている相手こそ、彼らとその亜流であった。君平の正そうとする名分は、もっと革正的なものであった。であればこそ、彼はその足跡ほとんど天下に半ばするといわれたくらい各地を遊歴し「横議」しながら、ついにどこの誰にも仕官しなかった。主人を持てば、その主人を尊ばねばならず、ために名分を乱す恐れがあるからであった。彼は、江戸や宇都宮の都会に住んでも、山林樸茂の気を失わなかった。だから、江戸に出て、林家の門人となることはあったが、それは師の鈴木石橋同様、幕府の御用学問に臣従する所以ではなかった。林家の門下では、狂妄・迂闊の徒としてののしり笑われて平気であった。彼は、どのように「奇人」呼ばわりをされても、ものの数ともせず、自から任ずるところ高くあったのである。これを知っていた心友に一歳ちがいの滝沢馬琴がおり、君平歿後、霊前に『蒲の花かつみ』を献じている。

君平が『九志』の編述を思い立ったのは、三十歳前後の頃であったと思われる。時に寛政七、八年、君平はロシアの南下を聞き、立って東北を探査し、ついで上洛し山陵を調べる。『九志』とは、『山陵志』『職官志』『神祇志』『姓族志』『服章志』『兵志』『民志』『刑志』『礼義志《ママ》』の九つの「志」である。彼の考えでは、昔は儒官が天朝の故実に通じ、名分を正しくすることに努めたのに、今の俗儒は古朝廷の故実を知らず、ために名を乱り言を紊るもの二百年に近い、今にしてそれを正さねばならぬ、というところから、九つの分野にわたって古制を明らかにしようとしたのである。彼の『九志序』によると、この九つの分野の本来の在り方を明らかにすることによって、倫理を明白にし、名教を生ぜしめ、刑政を備え、風俗を正すといった、人間本来の在り方を探り、もって日本の日本たるゆえんを鮮明にしようと考えたのであった。『山陵志』と『職官志』以外はついに完成しなかったが、残る七つの「志」も、そのうち四「志」の序文だけは書いている。例えば、その『神祇志』の序文は、

「天子の職、祭より大なるはなし。それ祭は、仁孝の至りにして誠敬の尽なり。而して礼の由って本づくところなり。是を以て政を邦に為して邦治まる。是を以て教を民に施して民化す。是を以て軍を治めて軍聴く。是を以て夷を征して夷服す。其れ道を弘むるなり。亦盛んならずや。……」（村上の訓による。）

というように始まる。「弘道」は水戸学に通じている。文武にわたる道である。

完成した二「志」のうち『職官志』は、祭政いまだ十分に分れなかった時代の宮廷の職官について考証したもので、ごく地味な仕事である。わたしらが『令義解《りようのぎげ》』なんぞ見て

たいくつする、そんな本である。またとくにすぐれた処も少ない。しかしそれも今になっての話である。君平を有名にした『山陵志』は、彼が歴代の山陵の荒廃をいたみ、当路に告げてその修復を計ったが実行されず、ついに自から小沢蘆庵の援助と励ましにより山陵を踏査し、或いは古図・旧記を参考にして、神武以来の山陵の場所や形について記したものであるが、やはりごく地味な書物である。今日に至っては格別な貴重のものではないが、当時としては誰も行なわなかったところを敢えて行なった劃期的なものであった。白峯陵の記事なぞも含まれる。呪の陵である。君平はこの調査のため、おそらく数回にわたって大和・山城はじめ畿内各地を歩き廻り（判っているのは二回の踏査のみ）、遠く佐渡にも渡って順徳院の葬場の跡を調べ、そのまったく荒蕪と化しているさまを悲しんだのであった。旅中、前出のように小沢蘆庵が中心となり、京都周辺の山陵調査に協力し、金のない君平のために宿を貸した。また、本居宣長も、君平の訪問を受け意見を述べたことがあるようで、その後『山陵志』の序文が成った時、君平はその稿を宣長に送って批評を乞うている。ただし、それに対する宣長の評の如何については、わたしは知らない。

『山陵志』は、出来上ってもなかなか上木できず、やっと数年後に友人たちの出資によって百冊ばかりを刷り、京都・江戸の当路ならびに知己に配本した。が、その結果は幕吏の手で捕えられそうになったのであった。要するに因循な官僚にとっては、処士がかかる書物を作るとは宜しくないというのであった。君平は律文を引き、故事来歴を誦して、一々答弁し、恐れるところがなかった。役人はその態度が不遜であるというので、あわや重罪に処しそうになったが、もと林家の門人だというので、一応林大学頭に意見を聴いた。大学頭は、君平の言分を聴取した上で、「草野に危言あるは国家の福なり」とて、君平を救ったことになっている。儒員の頭として、旧林家門人から罪人を出したくはなかったろう。そうとすれば、『幕罪略』なるものの筆者ではないかと取調べられたのも、この時であったとかいう。

文化五(一八〇八)年のことである。その前年、ロシアが北辺を犯し、横暴を極めているとの報があり、君平は水戸に走って藤田幽谷とも意見をたたかわせ、ついに意を決して『左伝』に名を借り『不恤緯《ふじゅつい》』五篇(治要、変萌、虜情、刑名、兵資)を草して幕閣に提出した。序文に「国老に上《たてまつ》りて北辺の事を言うの書」とあり、結語には「君のため国のため報ずる所あらんと欲し、敢えて万死をおかし、自ら顧るの暇あらず。……昧死して以て申す」という。林子平の『海国兵談』による投獄を思ってのことであった。この時も処士にして不穏の事を為すというので、調べを受けている。この上書のなかで、君平は林子平を先覚者としてたたえ、こういっている。

「林子平という者あり、慷慨の士なり。北虜を憂い、ひそかにその著すところの兵談を持し、人と語る。……而して林子平を幽死せしむるの冤、天下忠義何とか謂わん。それ宜しくその墓を祭りてその霊を謝し、これに授くるに勲位をもってし、以て微《すこ》しく天下忠義を慰め、その言を用うべし。……」

いったいに、寛政の三奇人は互に仲が悪かったという説があるが、かならずしもそうでなかったひとつの証拠であろう。かつ、右の数行だけでも、当時としては危言である。君平の山陵調査につづいて、伴信友およびその弟子である伴林光平らによって、山陵調査がなされたのは、意味の深いことである。しかも、君平の生れた町の藩主である戸田侯一族は同じ調査・修復に努力するに至る。現在の考古学や民族学の基本となる山陵の調査が、むろん方法も目的も別だが、尊王の処士の手によって始められたのは、歴史の弁証というものであろうか。タブーはとことんまで破られねばならず、その上でこそはじめて忠義の尊王のという理念もほんとうに破り得るのであるが、その端緒がかえって忠義・尊王の士によって手がけられ、それを防ごうとしたのがタブーを墨守する権門有司であったのは妙というべきか。君平の「名分を正す」という理念が、旧いタブーを守ろうとする名分論とはまったく異質のものであるか、少なくも自覚的に異質のものを含んでいたことを意味しよう。

君平は、かくのごとく世に容れられることなく、主として江戸駒込の吉祥寺《きつしょうじ》の長屋に住み、酒をくらっては国の行く末を慨嘆していた。水戸に行くと藤田幽谷の家に泊り、やはりよく酒を呑み、朝夕線香を立てて慟哭しているので、幽谷の子供たち東湖らは君平を狂生と呼んだという。しかし君平は、こころにはそのような慷慨を恥じ、精神を静めるようがにと、己が居を修静庵と呼び、『修静庵記』を作って、

「その意、常に富岳より高からざるを憂いてこれを封ぜんと欲し、淡海より潔からざるを悲しみてこれを清めんと欲す」

と書いている。滝沢馬琴との交友も、君平のこころを静めたか、昂ぶらせたか、その辺は微妙であろう。

『山陵志』上木後、平田篤胤にも一本を贈って親しく往来する仲となったが、両人の談じ合うところ、しばしば危険思想がほとばしり、とくに文化十（一八一三）年、君平が死病となる痢を病んでからは、篤胤が見舞うごとに「古道未だ明らかならず」と慷慨し合うこと激しかったという。君平は、自からの病気を死病とさとり、『修静庵大人墓碑銘』を草し、「大人の正気は天地の正気なり」と自負し誇号した。しかし、死後になって友人の藤田幽谷・会沢正志斎らがこれを検討し、文面があまりにもおだやかでないと断じて、そのまま文字に刻むのはやめた。代りに、先にその一部を引いた藤田幽谷の墓表と、会沢正志斎の墓誌とが臨江寺の墓辺の石に刻まれている。七月五日の忌日には墓前の祭りがいとなまれる。

さて、次に蒲生君平と相似た立場に立ちつつ、学者として終始した君平とはやや別の道を歩んで、ついに自刃した高山彦九郎について述べたいと思う。

彼の評伝の類のうち、もっとも面白く、かつ徹底しているのは三上卓（井上農夫協力）『高山彦九郎』（昭和十五年、平凡社）であろう。

この書物がどう面白いかといえば、いわゆる三奇人の間の同志的関係を詳説し、高山彦九郎の九州久留米における自刃を、薩摩藩を動かして討幕の兵を挙げんとして企図貫徹せず、連累の同志・公卿ひいては皇室にわざわいの及ぶのを恐れ自から犠牲死し、門人・同志相次いで死んだと断定している点である。なおこの書物では前掲の『幕罪略』も京洛にあって彦九郎の影響下に蒲生君平自から執筆したものとしている。主としてこの書を参考にしつつ、彦九郎の一生と事蹟とを記してみよう。この人がとど何もできなかったのに、陰然天下の預言者だったのが一妙であろう。

彦九郎は宝暦元（一七五一）年、将軍吉宗が死んだ年に五歳であった。すなわち、延享四（一七四七）年の生れである。生国は旗本筒井左膳の領地・上州（群馬県）新田郡細谷村で、その父母についてはあまりくわしいことは、判っていない。ただ、父正教は新田義貞の一党高山遠江守重遠の血をひく郷士、母繁子は武州播羅郡台村の剣持氏の娘と伝えられている。両親は彦九郎幼年の時死に、もっぱら祖母りん子によって育てられたというのが頼山陽以来何人もの高山彦九郎の伝を書く人の通説であるが、井上農夫の調べではそうでない。父正教は彦九郎成人の後に横死をとげ、彦九郎は一時その復讐を計っていたというのである。しかも、その横死は明和事件（山県大弐らの刑死を中心とする勤王派の弾圧）にかかわっていたものではないか、というのが三上卓『高山彦九郎』の推論である。明和事件で大問題を起した上州小幡藩（藩主・織田信邦）は細谷村に近い。だから、正教が同藩の山県派と通じ、ために自己の領主・代官に害せられたかもしれぬということはいえる。もしそうであるなら、彦九郎が二十台のはじめ、父の横死をいきどおり復讐を計り、その手段を細井平洲に問いに行ってなだめられ、学問専心に転じたというのも、単なる個人的な憤怒に発したものではなく、孝即忠であり、彦九郎の一生の行動と無関係ではない。

彦九郎は名を正之、字を仲縄といい、彦九郎はその通称である。十三歳にして『太平記』を読み遠祖・高山遠江守の忠節を知り、慨然として大志を抱いた。十五にして学に志し、江戸に出て大部の書物を買入れ、喜びの余り、昼飯も忘れて二十余里の道を歩いて帰国したという。明和元（一七六四）年、満年齢わずか十七で、はじめて遠路京へ上り、三条の大橋に皇居を拝し、東山に登ってこう歌った。

東山に上りて見ればあはれなり手のひらほどの大宮どころ

まるで歌になっていない少年の感想である。現在の三条大橋の像は爺むさくていけない。

この後二、三年京都を中心に畿内諸国を遊歴し、頼山陽の父・春水《しゅんすい》らとも交わりを結んだ。前記の明和事件が起り、山県大弐・藤井右門が刑死し、竹内式部も再度処罰せられて八丈島へ送られ、途中三宅島において病死したのは、彦九郎が帰国した年である（一七六七年、彦九郎数え年二十一歳）。当時、天災相次ぎ、物価は高騰、社会騒然として、各地に一揆の蜂起あり、いわゆる宝暦・明和二事件も、かならずしも一部インテリや武士層・公卿連の陰謀だけに止まるものではなく、深い社会関係をもっていた。だからこそまた、田沼意次《おきつぐ》ら幕閣の官僚は厳罰をもってこれに臨み、宮廷とその周辺を萎縮せしめたのである。彦九郎の帰国も、一応の修業を終ったというような満足感をもってのそれではなく、挫折と憤怒の感情にみちたものであったろう。しかも帰国後いくばくもなく父の横死に会い、江戸に出て細井平洲の門を叩いて復仇の事を問い、説得せられてその弟子となり、折衷学派の学説を学ぶようになるのである。しかし、この遊学について詳しいことは判らない。ただ、遊学両三年には及んだ模様である。ちなみに平洲は江戸時代後期の代表的な儒家の一人、米沢侯・尾張侯に聘《へい》せられた高士である。

彦九郎は、安永三、四年再び各地を遊歴し、京都にも入った。第二回の上洛である。この遊歴ということは、明治維新をもたらす全国「処士横議」の基本であるとともに、各地の仁義・地形・地物・人文・風俗等を知るための草莽の任として大切のことである。くわしくは、吉田松陰の遊歴についても併せ考えてみたい。大衆小説に欠かせぬ旅・道中のエレメントは、ただに人の好奇に投ずるだけのものではない。根拠あってのことである。任俠の徒の多い上州育ちの彦九郎にとって、とくに仁と義はメンシュリヒに把握される。ヘーゲルのメンシュリヒカイトを「義」と訳そうとした中江丑吉に、さらに仁を加えておきたい。

彦九郎はいったん国に帰ったが、遊歴はなおつづき、安永年間だけでもその足跡は、近畿はもちろん、加賀・越中・越後・信濃・相模・上総・武蔵・甲斐、その他に及んでいる。各地に残したエピソードもまた多い。西暦でいうと一七七二〜八一年あたりのことである。イギリスはすでに産業革命を終え、フランスは大革命にかかる。安永末年、彦九郎は江戸に出、以後天明元年、二年、三年と江戸に在り、とくに大事なのは水戸の人、長久保赤水と相識ったことである。赤水は地理学にくわしく、北辺の開発・防備に熱心であった。彦九郎は眼を開かれること多大であったようであるが、しかも依然として、国防の解決には国家の統一が前提であること、水戸系の学問のいう尊王は討幕が前提であることを持論としたと考えられる。天明元(一七八一)年、同志と語らい、折からの上州・武州の大一揆の機運をつかみ、中国・四国・九州の有志をこぞって事を挙げる計画に入ったが、これは時機なお早く、未然に挫折したという。あたかも関東各地に騒擾がつづき、天災また加って、これぞ挙兵の機と思えたのであったろう。蒲生君平の師・鈴木石橋が、民のために働いた年である。

翌天明二年、彦九郎は三度目の上洛によって、いよいよ公家・皇室と結び、岩倉少将家《いえ》具《とも》、伏原二位宣條《のぶえだ》らと親交を重ねた。天明三（一七八三）年一月からは『京日記』が残っていて、その行動や思想が判然としている。十七歳の日、遠く三条大橋から宮闕《きゅうけつ》を拝した彦九郎は、いまや三十台の半ばを過ぎ、草莽とはいえ高位の人と交流する上品の紳士である。仙洞《せんとう》御所の門前に稽座《けいざ》し、「天壌無窮」を祈念し、「皇統綿々宝祚《ほうそ》長久のしるし」を喜ぶ記事が『京日記』には残っている。そして岩倉・伏原らの公卿（山崎闇斎門の垂加《すいか》神道学を学び、宝暦事件・明和事件に関係しつつ辛うじて処罰をまぬがれた志がある人たち）との交流は、やがてそれらの公卿の意を帯し、全国有志の結集を計企することになる。以後、彼彦九郎の生涯は十年とつづかないのだが、男士の一生、もはやその前途暉然として決定していたのである。

前記三上卓『高山彦九郎』より一年おくれて昭和十九年山一書房より出版された『高山朽葉集』（矢島行康編集、福井久蔵校註）は、問題の『日豊肥旅中日記』（寛政四年、すなわち高山彦九郎自尽の年）を附しており、この出版により三上卓の書にいう信州に遺されている日記というものの全貌は半ば明らかになった。むろん忠臣彦九郎が、討幕謀企の全容を明記しているわけはない。しかし、これを眼光紙背に徹して読みぬく時、浮び上ってくる定かならぬ像があることは確かである。少なくも高山彦九郎四十六年の生涯をかけて最後の旅行を敢行し、その旅中ついに自尽して果てたのは風狂の沙汰ではなかった。

これより先、幕府は林大学頭の名をもって「異学の禁」を発布し、朱子学なる御用学問以外の一切を禁じたが、この起案には高山彦九郎の知友たりし岡田寒泉・柴野栗山らが係わっていた。彦九郎としては文士・儒生のふがいなさに痛嘆する他なかった。

最後の上京を前に、上州の妾や子供の始末をつけ、親籍へもそれとなく永訣の情をほの見せている。時に寛政二年冬。京師に着したのは十二月十日であった。宿は時々変えてはいたが、岩倉少将具選の邸に起臥したことが日記によって判る。彦九郎はこの公卿を通じて、時の天皇光格帝に建白するところあった模様であるが、その内容はつぶさには判らない。が、天子はその建白に感じるところあって彼に拝謁の栄を賜い、親しく西下について の意見を沙汰されたのではないか、ともいう。さらに寛政三年正月、再び御所に召された記事が日記にある。この時は伏原二位宣條が手引きしたごとくである。

われをわれとしろしめすかやすめらぎの玉の御声のかかる嬉しさ

という一首が彦九郎の感激を語っている。吉田松陰が、自己の献策二、三が乙夜の覧に入り、感動しているのを思えば、もっと光栄だった筈である。

岩倉・伏原ら、宝暦事件以来の尾を曳《ひ》く公卿たちとは、つねに腐れ儒者の悪口に明け暮れていた模様で、その間いかなる謀計がめぐらされたかは十分には汲みとれない。彦九郎が琵琶湖でとれた珍しい緑毛の亀を見つけて買いとり、これを仙洞御所へ叡覧に入れついで光格の目にも入れたのはこの年三月のことである。「亀に毛有るは文治の兆」というのが、彦九郎の宣伝文句であった。こういう事に託して新しい同志と「横議」し、また幕吏の目をかすめて朝廷諸公卿と交流したものであろう。薩摩藩校造士館の助教であった赤崎海門と会ったのもこういう状況のもとであり、これは彦九郎の薩摩入りを助けようとする謀士であったと察せられる。竹内式部と深い係わりのある唐崎常陸介（士愛）と交際したのも同じ頃である。唐崎は宝暦事件に連座し、実に三十一年間故郷の芸州領内から出ることを許されなかったが、実はひそかに潜行をつづけ江戸・京都・四国・中国と同志間を歩き廻り、東国の高山彦九郎とともに、主として西国の草莽の間に重んぜられていた人である。が、彼の行く末も暗い。

寛政三年七月、彦九郎は京都に別れ西へ旅立ったが、親しくした公卿たちの送別の詩歌に、「高山氏薩州に赴くを送る」といったような文句が二、三見えているのは、この旅のついの目標が薩摩であり、このいまだその底力の世に現れていない大藩を動かして天下のために立たせようとするにあったことを暗示している。

さて、彦九郎は、七月十九日京都を発し、播州竜野・同赤穂・備前岡山・備後福山・安芸広島等、山陽道の旧友・同志を訪ねて西下してゆく。右のうち、福山には有名な菅茶山がおり、後に彼はその随筆『筆の須佐飛《すさび》』に友人・彦九郎の像をなつかしげに書き止めている。広島は頼春水・山陽らの故郷であるが、春水は当時江戸に在り、彦九郎とは旧い知己ではあるが、相まみえることを得なかった。なお、子の山陽には『高山彦九郎伝』がある。会沢正志斎の『高山彦九郎伝』とともに、人びとに尊ばれ、わたしらは幼時漢文で読んだものである。

かくして彦九郎は九州に入り、豊前小倉・同中津（友人の蘭学者、前野良沢がいた）、筑後久留米を経て、長崎・延岡・阿蘇・熊本等を廻り、鹿児島に入らんとした模様である。前にいう『日豊肥旅中日記』は、延岡より熊本に入って富田大淵、高本紫溟ら肥後の同志と語らったいきさつをくわしく記しているが、前後が欠落しているのが惜しまれる。おそらく自尽に当って、他人の迷惑を恐れ、破棄してしまった結果こうなったのであろう。くわしくその旅程を述べてもいられないが、その熊本における同志についていうなら、富田大淵は、また大鳳ともいい、徂徠学のうち済世救民に役立つ風を採り、支那崇拝を排した。尊王斥覇の志を抱き、彦九郎来訪の頃は三十歳前後。やりとりした詩歌類は、前記

『旅中日記』にも見えている。医師でありながら村正の銘刀を帯び、南朝の忠臣菊池武時らを遠祖としている身を誇ってもいたという。高本紫溟は、時習館教授。皇典学を熊本に植えつけた人で、本居宣長門とも交流があった。その詩・歌は厖大なもので、いまは皆活字になっている。他に境野凌雲、斎藤芝山ら門人何百を擁するような大家が彦九郎と交流した。とくに斎藤芝山は京の伏原宣條卿の知己でもあったし、その門下には剣客も揃っていた。いったいに肥後の人たちは関東者と妙に気が合うのである。

彦九郎が薩摩に向ったのは寛政四年一月二十四日のこと、もう当時としては高齢五十五歳の高本紫溟が、これを長六橋に送ったと自からの日記に記している。富田大淵は、その前に彦九郎と密謀するところあって『楠廷尉（正成）剣城に拠て諸州に檄する文に擬す』という文章をつくり、暗に車駕（天皇の車）を九州に奉じて挙兵する志を述べ、また彦九郎を送る文を作り、「豈《あ》に敢て関東の人に後《おく》れんや」と、自からも島津・細川等の大藩を動かさんとする志向を述べ、危いと思ったのか「然りといえども、今や昇平右文、用武の秋《とき》に非ず、則ち昔の争や武、今の争や文なり」と但し書をつけている。文明革正亦よろしからずや、である。

彦九郎は水俣を経て野間《のま》の関（薩州へ入る関門）にかかったが、この関門は近くは肥後からの侵入に備えて厳重であり、容易に入薩を許されなかった。

薩摩人いかにやいかに苅萱の関もとざさぬ御代と知らずや　彦九郎
苅萱の関もとざさぬ御代なれど君がかための関と知らずや　関守の士

この歌問答が残っている。彦九郎はついにここからは入薩できなかったという謬説もあるが、関吏と鹿児島との連絡の末、ようやく入国を許されたように見える。しかし、当時の島津藩はお由羅事件、近思録崩れで有名な島津重豪（在江戸）の隠居政治にわずらわされて、志ある者は次々と「崩れ」をやむなくされ、西郷隆盛のような雄傑はまだ顔を出していなかった。藩校造士館の赤崎海門のごとき有志の計らいはあったが、彦九郎にできることは僅かであった。造士館内にも赤崎の上にいる教授山本秋水（正誼）のごとき佐幕思想に凝り固った者が多かったのである。彦九郎もその藩内事情を察して、事を発動する機を見るべく、悠然と同志・反対派共に交流し、始計、百余日を薩摩に送ったが、ついに四国に渡るといって鹿児島を出発した。この間耐え難きを耐え、努めて回天の思想の移植に尽力したことは、その後輩出する西郷隆盛・有馬新七らに与えた彦九郎の影響から窺うことができる。反対派の山本秋水さえ、敢えて喧嘩はせず、表面おとなしく交際したらしく、たぶん政府への密告を事としたのだろう。

四国に赴くと称して鹿児島を後にした彦九郎は、再び日向に入り延岡を経て現大分県の竹田城下を訪ねた。島津の当主を動かしての義挙が失敗した後、なお一部草莽のみで事を挙げようとする意図があったらしい。竹田城下は、明治維新に久留米に応じて多くの志士を輩出し、また滝廉太郎や広瀬武夫をも生んだところであり、とくに竹田は久留米との関係が深かったから彦九郎の基地のひとつとなる。竹田から再び肥後熊本へ。先の富田大淵や高本紫溟らとの交遊が記録されているが、お互にとりかわす詩歌は、思いなしか深い憂色に蔽われている。幕吏の手は、彦九郎の身辺を窺って執拗に追跡を止めなかったのであろう。なおも島津侯の参勤途上を擁して、肥後の同志の手で事を挙げ、島津をも捲き込もうという策（要駕策）を立てたが、これもついに成らなかった。ただ後人への戦訓は残した。時あたかも京都—江戸の間では、いわゆる尊号問題が激化し、公卿のみならず公卿たちと姻縁の諸侯にまでわざわいが及ぶのである。尊号問題とは、時の天子が実父たる閑院一品宮《いっぽんのみや》に対し太上天皇の尊号を宣下したいと思い立ち、公卿間の同意を得たのに、幕閣（その中心は松平定信）が、これをこばみ、反幕的な公卿を処分した事件である。当時の朝廷・公卿は、もうこのような父子感情上の問題で幕閣に楯つく位がせきの山で、それにさえ失敗したのである。

彦九郎はこうした状況のうちに、中津・日田・福岡等を遊歴した末、久留米に入った。久留米には三度目の来訪で、ここには同志の人びとも多かった。時に寛政五年六月、森嘉善の邸に泊った。嘉善の手記によれば、容貌常と異なり、指をもって歯を鳴らし、或いは歯を切り、所持の遊記・書簡・詩歌類を水に浸してもみ破り、狂気のごとくであったという。嘉善らがいろいろと問うても聞かず、ついに二十七日切腹した。医師の診断書によると、疵口およそ五寸、大小腸・膀胱露出し、凄絶であったが、なお意識は確かで、主人嘉善を呼び、日頃忠と思い義と思ってしたことはすべて不忠不義であったと語った。検死の役人が来たのに対しては、狂気してこの挙に及んだと自から述べている。しかし、嘉善はよく彦九郎を知る同志である。幕吏に追われ、ことごとくの証拠を破棄し、狭くは久留米藩有馬主膳以下の、広くは朝廷はじめ全国同志に類を及ぼさぬため自尽したのは十分判っていたのであろうが、世をはばかって、右のような点のみを手記に残している。彦九郎、薩摩の赤崎海門に寄せた辞世にいう。

あふ事のおぼつかなみの別れ路はいとど名残の惜しむとぞ知れ

その他、辞世・自刃記なんぞ残っている。

ところが、この事件はこれだけですまなかった。先に言及した安芸の人・唐崎常陸介は彦九郎の死後二年、久留米に来て同じように自刃。その他同志五人が、次々と自殺している。彦九郎の謀計がそうとうの規模をもち、かつ単なる夢想的なものでなく現実に世を動かしつつあった事実を示すものであろう。しかも同志よく事の真相を秘し、身をもって漏洩を防いだのであった。なおこの終熄の地久留米が、真木和泉守らを生み、維新の一発源地となったことは知られている。真木和泉、ならびにその同志平野国臣ら、みな高山彦九郎を祭り、或いは祭文を記し、或いは建碑し灯籠を建てている。もって彦九郎の与えた影響を窺うに足る。

高山彦九郎には、歌や日記の他に著作らしいものはなく、その思想もその行動も、推察する他ないところが多い。かつ、三奇人のなかでも、もっとも頭の旧い単なる恋闕家にすぎなかったように見る人も多い。しかし、蘭学者の前野良沢や、地理学者の長久保赤水なぞとの交流を見ても、頼春水・菅茶山らとの交わりを見ても、旧弊一点ばりの人だったとは思えない。その他、彼と交友のあった人や、彼の死を悼《いた》んで詩文を作った人を見るに、当時のすぐれた人物が多い。おそらく、単なる慷慨の浪人にすぎなかったのではあるまい。その行なおうとした事蹟も、徳富蘇峰が『近世日本国民史』でいっているようなまったく根拠のないものであるとは思えない。蘇峰は「彼は決して実行家ではなかった。其の事業の痕跡は一もなかった」と断定しているが、彦九郎の日記なぞから推察するならば、やはり何らかの根拠を持ち、計画を持って最後の西国行をなしたと思えるし、その自刃も単なる狂気とは考えられない。おそらく、自刃によって事の漏洩を防がなければ、承久の乱のごとき事態に立ち到り、京都の朝廷はまったく危地に陥ると考えられたのであったろう。或いはまた、幕府・諸藩も努めてこの事件の内容を湮滅してしまったのであったろう。虚実、あざなう縄の如きか。

寛政の三奇人が互いに仲がよくなかったという説は根拠がないと思われるが、さりとて三人が一種の同志関係にあったという程には考えられない。例えば、先に述べたように、蒲生君平は幕府に向って堂々と、林子平を先覚者として顕賞せよと論じている。また、彼は高山彦九郎に対しては、彦九郎が東北に旅立ったと聞いて後を追い、ついに会えずに帰ったという関係がある。また、彦九郎が奥州塩釜の祠官藤塚知明に宛てた手紙には、君平を同志と呼び、その山陵修復の志を賞揚している。この手紙の宛先である藤塚知明は、林子平が『海国兵談』を出版するに当って資金を出し、また子平の幽囚中もしばしば慰問した人であるが、手紙のなかで彦九郎は、林子平の仕事に感服し、「天下の進士と申すは他にこれなく、海内無双の先生にこれあり候」と激賞している。彦九郎は、江戸でも仙台でも林子平に会っており、子平は彦九郎に歌一首を贈っている。年齢からいうと、林子平がもっとも年長で、高山彦九郎はそれより九歳若く、蒲生君平はさらに彦九郎より二十一歳下であるから、林子平とは三十も齢が違う。彦九郎が右の手紙で君平をほめたのは謙虚というべきだろう。寛政の三奇人といっても、寛政年間に活動したのは林・高山の二人であり、蒲生君平はまだ一青年であるうちに、林子平は寛政三(一七九一)年、版木をこわされて禁錮を命じられ、有名な、父母もなく妻なし子なし版木なし銭もなけれど死にたくもなしの歌を作り、その翌々年には高山彦九郎が自刃してしまうのである。世の人が三人に贈った「奇人」の称には、時未だくして志を伸ばし得なかった三人の気持を哀れむ風が見られる。維新草莽の前史をなしたのが、彼らの面目であった。

かく記してきて、蒲生・高山二士が、ほんとうに何もしていないのに一驚する。しかも、キリストも釈迦も孔子も、預言者という人たちは一揆も戦争もしなかったことにおいて、スターリンやヒットラーの花々しさと違うのである。それこそ預言者らしい仁義というものではないのか。

第三の章　在野文人の自立と進取の人びと――文化・文政の時代から

此の地　中秋を福天と作《な》す
舩歌海の如く　酒泉の如し

（静軒居士「十五夜」）

草莽の処士が天下を遊歴・横議する風は、寛政時代の蒲生君平・高山彦九郎らを先蹤とし、しだいに多数・無名の人士によって行なわれるようになる。一方、文化（一八〇四～一七年）・文政（一八一八～二九年）の交《こう》となると、国民大衆はしだいに文字を知り、全国で厖大な写本が行なわれ、文字を通じて己れの国のありさま、その歴史と現実とを知るようになってくる。写本はかならずしもまとまった書籍を写すのではなく、諸道の聞き書、街道筋の公文書、夢物語・狂歌・落首のたぐいを写して八方に頒布するという一種の文明革命の緒口をなしてゆく。草莽の士と自任する者たちは、文武の道に励みつつ、こうした民族の動静の中核をなし、彼らの回心の自覚を促進する存在となっていったのであった。かくて意識勁《つよ》く自覚ある大衆《マッセ》は、陰然天下の一敵国の如くに生れてゆく。

この時代に活動し、天保三（一八三二）年五十三歳で死んだ頼山陽（通称久太郎、字は子成・子賛）は、思想の胎動の上で、代表的な草莽の処士であった。彼は、剛直といわれた父の春水が、日本の通史をものせんものと苦心し『大日本史』を写本しながら、ついに果せなかったのは外様たる芸州藩浅野侯の儒官であったがため、幕府の眼の束縛をうけた結果であると思い、頼一家といえば、平民の出ながら、江戸幕府の聖堂に召し出されてもおかしくない学問の名家流であるにもかかわらず、一生を通じて処士として生き、『日本外史』『日本政記』その他を書きつづけた。民間・在野の史家であり詩人であることこそ、彼のプライドであり、かつまたその故にこそ『日本外史』ならびに厖大な数に上る彼の詩は、草莽たちのこころを養い気を振う、一大国柱となったのである。史家たる彼の詩も、多くが詠史であり、まことに歴史とは民族の姿の鏡であるとの言葉を肯かしめる（むろん一方地誌・紀行等も見逃せないが）。

『日本外史』は、今日でこそ通読する人が少なくなったが、戦前の中学三年程度の学力があれば自分の力で読むことができる、いわば国民的史書であり、源平二氏が出現してこもごも覇を唱えた時代に筆を起し、王道に対する覇道の正しからざるを痛烈に批判し、陰に陽に、幕政の非を批判する思想を、堂々と展開したものである。これは、官途に在る儒生・文士には絶対できぬ事業であり、彼山陽が好んで自から外史（正史に対する野史といった意味）と称した趣が髣髴と現れている。先に水戸藩においては光圀以来の大事業として『大日本史』の編纂が行なわれてきたし、その思想の核は尊王敬幕であったが、その公刊されたのは御一新以後であり、文化・文政の交《こう》にはまだひとつの『史稿』でしかなかった。かつそれは三百九十余巻という厖大なもので、とても庶士・庶民に容易に読み切れるものでない。そこへ行くと『日本外史』は史実の上で多少の誤伝や誇張があろうとも、音吐朗々とよどみなく朗誦するに適し、腹から力の出るような名文である。この風を嫌う人もあるが、ともかく国の姿を模索していた国民中の有志に、これが強くアピールしたのも故なしとしない。実に『日本外史』は、著者山陽が自から任じた以上の力をもって、読者を御一新へと駆り立てたのであった。山陽、この書に労苦を傾けること実に二十年、想定《そう》まって机に向うと、かの『史記』「項羽本紀」を朗読し、その勢いで文体をととのえ、一気呵成、筆の尽きんとするところを知らず、ために彼の左肘の当るところの机はへこんで穴をなし、肘はすりむけて血だらけであったと伝えられる。躁鬱の性向（たぶん病気《クランクハイト》）のあった山陽らしい仕事ぶりである。ゲーテの場合は、躁から鬱に傾く時によく書けたというが、山陽の病蹟は高峰博論文について看よ。

先にもいうとおり、山陽は、儒者たるべく江戸に遊学しながら、ついに父春水の歩んだ道をとらなかった。母と叔父の杏坪の庇護はあったがそれだけで自由になれはしない。自由であるためには、藩の儒官の嫡子でありながら家を嗣《つ》がないようにするほかないが、それは難しかった。やむなく、本当に狂って、山陽、二十一歳の寛政十二年九月、父が江戸詰であった折に、さんざんの放蕩の末、十六歳の新妻を捨て、大叔父の弔問にとて家を出、香典を着服し乞食と衣を替え、京坂に向って出奔した。(彼の病気は八歳からといわれるが。)出奔の結果、当然廃嫡されたが、当時は重かった脱藩の罪人として連れもどされ、不名誉にも、座敷牢にとじこめられてしまった。別居中の妻も離婚である。狂的なところ、彼の子三樹三郎《みきさぶろう》にも通じる。ともあれ、処士として生き、一生を修史の事業に当ろうとしたのが、大好きな剣菱も呑めず、筆硯を用いるのさえ許されぬ身となったのである。むろん、頼一族の私《わたくし》の処断で行なわれた処分ではなく、藩命を、やっと和らげてのことである。叔父杏坪がよく山陽をなだめ励した。が、藩を亡命した罪は重い。翌年、ようやく筆をとることが許され、いよいよ『日本外史』の執筆にとりかかることができた。しかし、狭い牢の中にとざされ、自由に書物を買いあさることさえできない。解放後、鬱屈のあまりまた放蕩をはじめ、今度は、高山彦九郎の友でもあった福山の藩儒たる詩人・菅茶山に、その私塾の「代講」という名で預けられた。茶山は鋳型にはまった人物ではなく、人間のころの奔りを知る人ではあった。しかし何分六十台を越える大儒、一方山陽は三十になるかならずの血気に燃える男児である。茶山のすすめる仕官なぞ、山陽には気に入らない。一年後、ついに茶山のもとを飛び出し、茶山もそれを追認する。三十を二つ越えて山陽はやっと自由になれたのである。文化十（一八一三）年には、一生の恋人となる江馬細香に出会い、彼女の師ともなる。

山陽は、彼のいう山紫水明の地京都に帷を垂れ、妾・りえを納《い》れ、学者としての門を開く。が、この狂蕩児（しだいに昇華して風流人になったともいうが）を相手にする者もいない京坂の地で、しだいに斯界に頭をもたげ得たのは、わずかに大坂の学者篠崎三島《さんとう》・小《しょう》竹《ちく》父子の世話になれたおかげであった。篠崎小竹は以後山陽の大親友となり、大塩中斎（平八郎）らとの交際も小竹を介してはじまる。山陽の大塩との交流については『非命の維新者』に記したとおりである。いったいに文章や詩歌を売って生活を立てるということは、一部の画人や俳人にはあり得たかもしれぬが、学者と呼ばれる人びとの間にはなかったことである。が、山陽は詩文も字も立派であったのでそれができた。まことに新しい時代の新しい生き方を開いたものといえよう。異常体質も旅行で和らげ、齢《とし》とともにやや安定したらしい。

かくして『日本外史』の稿に幾度となく推敲を加え、ついに文政十（一八二七）年これを完成した。文辞は謹んで筆を抑え、討幕・反幕的ではない。しかし、余韻を残して読者をして再三首をひねらせるような言辞はしばしばある。それ故、山陽はこれが公刊のために、すでに隠居していたとはいえ幕閣に一大勢力を有する白河楽翁（松平定信）に知遇を受くべく運動し、これに成功した。
今日、『日本外史』巻頭に楽翁公に上《たてまつ》るの書が附せられているのは、このためである。しかもその一文は、けっして権力者に取り入るといった卑しいものではなく、謙辞を用いつつも相手にこびへつらおうとはしていない。

「布衣頼襄《のぼる》（山陽の名）、謹んで再拝し、少将楽翁公閣下に曰す。襄かつて宋の蘇轍《そてつ》が韓魏公《かんぎこう》に上《たてまつ》るの書を読みてこれを喜ぶ。おもえらく、昔より言を当世の王侯に進むる者は、大抵《たいてい》求むるありて自ら售《う》る。識者の醜とする所なり。独り、轍は魏公の人物を偉とし、之を名山・大川に比し、その言貌に接して以て己れの作文の気を養わんと欲す。言《げん》、狂に近しといえども、その澹泊《たんぱく》求むるなきこと知るべきなり。然りといえども、魏公は是の時なお当路権をとれり。人まさに轍の求むる有るを疑わんとす。閣下は今代の魏公なり。而して勇退高踏、久しく閑地に処《お》る。襄をして轍の為す所を学ばしむるも、以て嫌うことなかるべし。」

と始まる大文章である。自から求むるところなしといいつつ、実は相手から求めさせ、丁重なあいさつを受けて正に公刊の承認の印をもらってしまったのである。以後『日本外史』は公然と転写されるようになって、山陽の歿後ではあるが、天保七、八年頃に江戸で木版活字本が出るようになった。以来売行きがよいのでいろいろ異本が出、偽版もまた行なわれた。とくに、弘化・嘉永と時代が大きくゆれる時に会い、ベスト・セラーとなり、異本百種に及ぶといわれる。これは『日本外史』が歴史として正しいのどうのより、何よりもすぐれた叙事詩であった証拠であろう。時代が大きく動こうとする時、一国の国民は雄大なる民族的叙事詩をこころに求めるのである。

まことに山陽は生来の詩人であり、しかもむずかしい詩ではなく、素人に判る詩を多く作った。少年の剣舞といえば今日でも、かの

鞭声粛々夜河を過《わた》る
暁に見る千軍の大牙を擁するを
遺恨なり　十年一剣を磨《みが》き
流星光底　長蛇を逸す

が行なわれるのも、山陽詩の面目を示すものであろう。『日本外史』でも、楠氏、新田氏らにかかわる叙述がもっとも名文であるが、彼の詩においても南北朝時代に係わる詠史にすぐれたものが多い。わたしは幼年の頃から「筑後河を下り菊地正観公の戦いし処を過ぎ感じて作あり」という七言長詩をもっとも愛誦してきた。「河流滔々去って還《かえ》らず、遥かに望む　肥嶺の南雲に向うを」というしらべは、低誦微吟してこれあるかなと思う。江馬細香とのやりとりなんぞもよいものがあるが、これは朗々たるしらべのものと裏腹であろ

う。

露葉烟条　淡粧を想う
人に誇る幾度か行嚢眩し
京洛の絳帳　閨秀多し
最も愛すべきは　風流　馬細香

芸者より彼女のほうがよっぽどよいとか、あのひとに詩の添削を求められたが、むしろ彼女の「全身」を添削したいとか、えらいものである。とくに、旅中北行する細香に別れるといった詩がよい。細香の答は『湘夢遺稿』という彼女の死後出版された詩文集に残っている。山陽の絶命詩ともいうべき七言長詩については、『明治維新の精神過程』で触れておいた。

山陽の詩才はその子三樹三郎（安政六年の大獄に刑死）にも伝わった。その作をひとつ挙げると、

簾を捲けば　嵐翠　杯卮《はいし》に落つ
山水は人とともに皆旧知
飄蕩として孤り斟《く》む異郷の酒
七年の風月　天涯に在りし

京都を去って七年（少しく誇張か）奥羽・蝦夷地《えぞち》（北海道）をめぐり、また江戸に滞在してようやく京に帰り、知友と相会して蝦夷地談に花を咲かせた時の詩である。北海道をテーマとした詩では長尾秋水の次によいと、『北海詩談』の著者はいっている。

蝦夷地といえば、この時代に「蝦夷《えぞ》の三蔵《さんぞう》」もしくは「文化の三蔵」と呼ばれた人びとが、いずれも比較的身分の低い家から生れて、さして立身せず、先覚者としての任を果している。三蔵とは、平山行蔵、近藤重蔵、間宮林蔵である。

この三人のうち、平山行蔵については知っている人が少ないであろうが、江戸の人で、家は幕臣とはいうもののごく身分の低い階級に属した。名は潜《せん》、字は子竜《しりゅう》、号を兵原《へいげん》という、行蔵はその通称である。ふつう兵原先生として知られる。身分こそ低かったが、少年時代からの好学を認められ、昌平黌に入学を許され、修学の後、軽い役にも就いたことがあるが、本来小役人なぞには向かない性格の人で、病気を理由に役目を辞し、一生を無官の侍として送った。しかし、兵学者・剣客としてしだいにその名が現れ、数十人の門弟が彼の四谷《よつや》の邸に集まってきた。一時、頼山陽も門下にいた。妻も子もない独身の行蔵はこれらの門人とともに武を磨き、泰平の世にそむいて、古武士のような鍛錬をくりかえした。たとえば行蔵は、夜眠るのにも床をしかず、机によりかかってうたた寝をすれば足りるとした。また食事も、つねに戦陣に在る覚悟でというので、玄米飯に塩をかけたものばかり食べていた。朝は午前四時（七つ時、寅の刻）に門人とともに飛び起き、木刀を振り、木の板に「突き」をくれるので、世間ではその「カッ、カッ」という音を聞いて、それ兵原先生の七つ時計だといいあったと伝えられる。この種のエピソードは種の尽きないほど多く、年をとっても元気は少しもおとろえなかった。外へ出る時は、長い大刀《だいとう》をたばさむのはもちろん、重さ四貫目といわれる鉄の棒を杖について、わらじばきで歩いたという。

学問は、兵法・兵学を中心に、政治・経済・産業・地理・土木などに及び、専門の兵学書は一千余冊を蔵し、地図・武具図・城郭図の類も四百余幅所有していたといわれる。とくに北海道については深い関心をもち、文化四（一八〇七）年にロシア人が蝦夷地へ来て乱暴を働いたという報を聞くと、すぐ幕府に上書し、江戸市中のならず者や、牢に入っている罪人のような命知らずの者を率いて直ちに蝦夷に赴き、北門の守りに就きたいと願い出たのであった。この時、彼の考えた屯田兵のような方法はまだ行なわれずに終ったが、それはおそらく幕府が寛政十二（一八〇〇）年の春、八王子の千人同心組頭・原半左衛門兄弟に百三十人の部下を附けて白糠・勇払《ゆうふつ》の二個所に入植せしめ、気候風土に慣れぬため犠牲者続出し、ついに数年後引揚げざるを得なかった、その失敗にかんがみてのことであったろう。

ところが、行蔵が考えた方法には相当に理にかなうところがあり、寛政三博士の第一にあげられる柴野栗山が、もう年とってから行蔵を呼んでその計画を聴取し、「実は自分も、かつて君とともに蝦夷地に赴き、土民たちに武術を教え、共に強露に当ろうと考えたのだ」といった話が伝えられている。行蔵は、その後、文政十一（一八二八）年、七十歳で死んだが、その子孫は行蔵の志をついで、蝦夷地に立派な仕事を残したのであった。すなわち、先にいう八王子千人同心の入植失敗の後、同じ千人同心組頭の石坂武兵衛がほとんど自力で函館北方の七重《ななえ》村に入植し、とくに武兵衛の母が住民に養蚕・機《はた》織りの法を教えたのは大きな進歩であった。この石坂家の入植を基礎に、安政年間（一八五四～五九年頃）に千人同心の子弟に農夫を附して、屯田兵式に入植せしめる方法が確立したのであったが、この間、平山行蔵の愛弟子であった夏目信平が松前奉行となって蝦夷地開発に尽力した。その後、行蔵の跡を嗣《つ》いだ平山鋭二郎は、八王子千人隊の入植した七重（七飯）の地に自からも入植し、そこに峠下塾を開いて、千人同心の子弟に文武の教育をほどこした。幕末・維新になると、その養子平山金十郎が、千人同心の一党、馬場政照・保坂順隆・花輪五郎らと計り、新政府が派遣していた清水谷知事を奪って一揆の衆とともに事を挙げようとして失敗。ついで榎本武揚らの来るを頼んで再び事を計り、失敗して敗走し、一時関東にかくれ、戊辰戦争落着後、また峠下に戻って塾を開いたのであった。この金十郎らの姿は、やや史実とは異なっているが、久保栄の戯曲『五稜郭血書』に描かれて何度も上演されている。平山一族のごときは、草莽のうちより出て北海道開発のために挺身した先覚者であり、その度々事を起したのも、一身の栄達のためでも一時の功名心からでもなく、真に苦労して勤労し、北門を守っている人びとのためを思ってのことであった。平山一族と小樽の漁夫たちの活動も無関係ではない。もっとも平山や漁夫・農兵と対立した函館の問屋たちも、先覚者ではあった。

さて、蝦夷の三蔵のもう一人、近藤重蔵は、名を守重、号を正斎といい、やはり江戸の人で、家は代々幕府の与力であった。与力という役は上のほうになると相当に賄賂が入ったりして富裕であるが、下のほうの与力は同心に毛のはえたくらいの小役人（いやしんでいうのでない）にすぎない。同心がお巡りさんなら、与力の下のほうは警部補くらいである。しかも、与力には徳川二百年の泰平に馴れ、向上心もなく、べんべんと日を送っている者が多かった。重蔵はそういう環境に育ちつつ、勉学と武術に努め、二十歳で与力職を継いだものの、一与力で終る気はなく、なお昌平黌において勉強の上、二十四歳で学問の試験を受けたところ、成績抜群で係の役人を驚かせたという。

蝦夷地についての関心はこれより先に強まり、ようやく伊能忠敬によって蝦夷地のうちごく南の部分だけが地図になったというような時代に、進んで現地を探検したいという志望を抱くにいたっていた。二十七歳の時、すでにロシア人が千島方面に入りこみ、家を建てて住んだり、土人と交易したりしている状況について、幕府が調査すらろくにしていないことを嘆き、上書して基礎的な調査と対策の必要を述べたのであった。幕府もやっと重い腰を上げ、翌年、重蔵二十八歳の時、はじめて現地出張の命令が下った。といっても、重蔵が派遣隊の隊長を命じられたのではない。わずかに、大河内政寿《おおこうちまさとし》という上役のアシスタントとしての出張である。が、重蔵の喜びはこの上なく、勇躍して蝦夷地に赴いた。蝦夷地といっても、その当時様子の知れているのは松前附近だけであり、重蔵らはほとんど和人未踏といってもよい北海道南海岸を東進し、ついで千島列島のうちクナシリ・エトロフ両島を調べるのであった。

松前方面から東蝦夷へ入ると、当時は道もなく、いたしかたなく海岸に沿って行こうとすると、いまの十勝の海岸なぞ、方々に巌石がそそり立っており、そこに梯子や縄をかけてよじ登ったり、または潮の引くのを見さだめてちょうど越後の親不知《おやしらず》の海岸のように、走っては岩にかくれ、また走るというようなことをしなければならなかった。重蔵らはこうした苦難を経て北海道の東部、現在の根室方面へ出、それから千島に渡ったのである。こうした体験によって、重蔵は上役の大河内政寿を経て、幕府に、東蝦夷への道を開くよう上書している。このようなひとつびとつのことが、現在にまで至る北海道開拓の尊い歴史の基礎となったのである。

重蔵は、その後も北海道・千島方面への探検に従事し、その下役に附いていた村上島之丞（またの名秦檍丸《はたあわきまる》）、最上徳内、協力した高田屋嘉兵衛らとともに、不朽の業績を残した。村上島之丞は、もと伊勢の神官の家の出で、非常に足がつよく、得意の製図と絵画で、北海道の地理とアイヌの生態を世に紹介した。彼は寛政十（一七九八）年の近藤重蔵の東蝦夷探検に従ったほか、同十二年には西蝦夷の探検を行なったが、不幸にも文化五（一八〇八）年に若くして死んだ。その遺稿『蝦夷生計図説』は、蝦夷（アイヌ）の祭祀や動植物の採取のありさまを、実に生き生きと描き、また説明して、アイヌの現在では亡んだ生態をこまごまと紹介している。いまは『日本庶民生活史料集成』（三一書房）のなかに収められ、アイヌ研究の基礎資料のひとつとなっている。最上徳内は、実は近藤重蔵よりも早くクナシリ・エトロフに渡ったことのある人で、『渡島筆記』と『蝦夷国風俗人情之沙汰』は、同じく『日本庶民生活史料集成』に入っている。徳内は出羽の村山郡で煙草刻みを生業とする百姓の家に生れ、天明元（一七八一）年に江戸へ出て、実用の学をもって聞こえた本多利明の門に入り、天文・数学を学んだ。その後、江戸牛込の音羽に塾を開き、数学・天文・地理・測量等を教えていたが、北辺を思う心やみがたく、幕府の北地調査に加わったものである。一方、高田屋嘉兵衛は、兵庫の商人。早くから北方の交易に従事し、近藤重蔵らのエトロフ海峡渡航に、持ち船を提供し、その荒い潮流を乗り切って、自身もともに千島へ渡った。一商人であるのみならず、早くからロシアの南下を憂いて国のために尽した硬骨漢であった。

近藤重蔵はこのようなすぐれた人たちを指揮して東蝦夷・千島を探検し、エトロフの島にロシア人の建てておいた十字架を仆し、「大日本恵土呂府《エトロフ》」と書いた木標を建て、ここが日本の領土であることを明らかにした。その後、北海道内陸をしらべ、とくに現在の札幌や小樽の地を今後開発すべき北海道の中心として幕府に報告している。いまそれらの地が、重蔵の思ったように北海道の政治・経済・交通等の中心になっているのを見ると、その先覚者としての着眼の正しさが証明されたもののように思える。

重蔵はこのように北海道開発につくしたが、やがて江戸城内の紅葉山文庫という書庫を預る御書物奉行に任ぜられ、北辺の地からは遠ざかることになった。この任にあること十二年。重蔵は、書誌学者として重んぜられることになった。しかし、学者としてまた探検家として知られた重蔵の晩年は暗かった。倅の富蔵という人が一時の怒りで他人《ママ》を斬り、そのため親子とも罪を受けて、重蔵は大溝藩（滋賀県）へお預けとなったのである。それでも幽囚中に『江州本草』という近江の国（滋賀県）の薬草に関する書物を書いている。かくて不幸のうちに文政十二（一八二九）年、重蔵は五十九歳で死んだ。かつて、甲冑に身をかためてエトロフに上陸し、土人を慴伏せしめ、ロシア人を恐怖させた偉人をして、ついに志を遂げしめなかったのは、幕府がもう衰亡に近づいていた証拠であったかもしれない。

さて、三蔵のさいごの一人、間宮林蔵とはどういう人であったろうか。樺太（サハリン）が、北海道の北にあり南北に細長い島であることは誰も知っている。しかし、今から百五、六十年も前の人びとは、林子平や近藤重蔵でさえ、いや世界中のどんな人びとも、樺太をアジア大陸につづく半島だとばかり信じていたのであった。これを一個の島であると証明し、世界に「間宮海峡」の名を知らしめたのは、間宮林蔵であった。彼は、樺太を前後二回までも探検した上、黒竜江上、満洲にまで渡った最初の日本人であった。そしてそのことを世界に紹介したのは、あの鳴滝塾の師・シーボルトその人であった。

林蔵は、常陸国筑波郡の小村に住む、貧しい百姓庄兵衛という人の子で、名を倫宗《りんそう》といった。小坊主にでもなったのだろうか。家は百姓だけでは暮しが立てられず、桶のタガを作って暮していたが、林蔵は幼い時から才子として知られ、街道筋へ出張してきた幕府役人の土木工事の誤りを指摘して有名になったという。

十八歳の年に、林蔵は取り立てられて幕府のごく低い役人となった。これが、林蔵の樺太探検のチャンスをつかむきっかけとなった。むろん当時のことで、貧しい百姓の子の林蔵の功名心・出世欲も強かったであろう。が、異常な探求心・冒険心がなくて、できることではない。

寛政十二（一八〇〇）年、林蔵は二十五歳で蝦夷地御用雇という役になり、北海道・千島の測量に従事した。クナシリ・エトロフにも渡ったのであり、前記の村上島之丞なぞとも行を共にし、それが後年、島之丞の若くして死んで後、その草稿を林蔵が補記して『蝦夷生計図説』として完成するえにしともなった。林蔵は測量術を伊能忠敬に学んだが、この時の測量の結果は、忠敬の『蝦夷地図』のもととなっている。忠敬は、自身行なった測量からの類推と、林蔵の測量とを考え合せて、地図を作ったのである。

文化五（一八〇八）年の夏、林蔵ははじめての樺太探検に出発した。松田伝十郎という人の部下として、二人で行ったのである。これは、それより二年ほど前、ロシア人が樺太へ来て乱暴を働き、日本人を捕虜として連れ帰ったというような事件があったことから、とにもかくにも樺太の様子を知らねばならぬという幕府の対策の一環として行なわれた調査・探検であった。この上役の（といっても低い役人であるが）松田伝十郎は、その功が忘れられているが、先覚者の一人として記憶さるべき人である。この人はもと越後の国、中頸城《なかくびき》郡柿崎の生れで、幼名を浅見幸太郎といい、やはり庶民の出である。たまたま住村の附近米山峠に幕府の工事があり、人夫に混って働いていたところ、工事監督として出張してきた松田伝十郎という人に見出され、伴われて江戸に出、やがてその名を継いだのである。とはいっても、出世してやっと小人目付。お巡りさんより下の役であった。寛政十一（一七九九）年、蝦夷地取締御用掛という制度上の職名ができると、その部下に任ぜられ、はじめて北地に赴任し、西蝦夷から東蝦夷に至る道路の開通、航路の探検に当った。享和三（一八〇三）年には、箱館奉行所支配調役下役となり、エトロフ島に在勤したが、この地で越年した最初の日本人は松田伝十郎であった。ロシアは十八世紀前半から千島や樺太に足跡を印し、北海道をもうかがっていたが、日本がこの北辺の防備に気づいたのはそれより半世紀ほども遅れていたのである。

さて、松田伝十郎と間宮林蔵とは、宗谷を根拠地として樺太探検に手をつけ、はじめ樺太南端のシラヌシ（白主）まで二人で行き、そこから伝十郎は西海岸を、林蔵は東海岸を北上することとなった。林蔵は文化五年四月十七日、シラヌシを発って北上しシレトコ岬（知床岬、「知床旅情」のではない）まで行ったものの、そこから先は波が高く、土人を雇っての丸木舟ではとても進めない。いたしかたなく北上を断念し、途中アマヌイまで引返し、樺太で一番せまい地峡をなしているアマヌイから、西海岸のクシュンナイに、八里半の山越えをした。ところが、もうすでに半月前、伝十郎の一行がここを北上していったことを知った。

一方、伝十郎はアイヌを従えて五月二日シラヌシを発ち、六月十九日は樺太の肩のあたりに当るラッカまで到達した。ここからシベリア大陸は四里ほどの指呼の間にあり、そこから奥は海幅が広く、遠く北方に黒竜江の河口らしきあたりが望見される。樺太が大陸とつづいてはいず、単独の島であることは、ほぼ確認された。だが、ラッカから先は浅瀬でアイヌ船も通行しにくく、沿岸も泥沼で歩行できない。伝十郎は大体の使命を終えたものと考えて南下し、ノテトまで戻ると、そこへ東海岸からやって来た林蔵が来合せて両者再会した。このあたりの事情を、早稲田大学教授洞富雄はこう書いている。

「事情を聞いた林蔵の胸中はいかばかりであったろうか。林蔵の性格を呑みこんでいるものには、彼が人一倍気性が烈しく、お国の大事にかかわりあっているという自負心に支えられて、むきだしの功名心に燃えたっていたにちがいないことは察しがつくところで、伝十郎におくれをとった林蔵の焦燥はおしはかるまでもない。おくればせながら林蔵は、ここまで来たからには自分もラッカに赴いて国境を確認し、さらには北限をも見きわめたいと考えた。おそらくは伝十郎も、林蔵の胸中を思いやることはできたのであろう。伝十郎は林蔵を案内して再びラッカまでやって来るや、「此処を国境と見極めしゆえ、是より奥の方へ一里なりと参るならば、林蔵の手柄なり、何とぞ参り申すべし」と激励ともあわれみともつかぬ言葉を残して自分はさっさと引揚げてしまった」(『日本庶民生活史料集成』編集のしおり、第四巻附録)。

伝十郎は、その後も長く北門の守りに勤務し、さすがに北越百姓の出だけあって世事に通じ、見聞をつづって『北夷談』という貴重な著作を著した。当時の松前蝦夷地のありさまは、この一冊で手にとるように判るのである。

一方、ひとり残った林蔵は、ラッカからしばらく北方へ分け入ったが、伝十郎のいうとおり、とても進むことはできないので断念せざるを得ず、ソウヤに帰って、次のように幕府に報告している。(この文体の非役人的な庶民性を見よ。)

「陸地一体平地にて海岸より余程引上り候ても、海草または塵芥打ち寄せ、腐り居り候て、如何にも踏込み、わずかの荷物背負いても歩行相成り難く、尚また、海上は前文の通り浅瀬多く、此地を相からみ候ては乗りがたし。マンジー(満洲)地方にからみ乗り申さず候ては、東の方乗り抜き出で申すこと相成り難く存じ候えば、異国の地方を乗候を如何に存じ候間、手段に困り、云々。」

かくて、その年は林蔵ひとりでの北進は断念しなくてはならなかった。そこで彼は第二回の探検の許しを得て、翌年五月、また出発してノテト方面に進み、そこから山靼船を駆って北進し、樺太北端に近いナニオーまで押し渡った。そこからガオト岬を廻って東海岸に出ようとしたが、案内の土人が危険だからといって承知しない。やむなくナニオーに帰り、そこで、単身機会をうかがった。ヨーロッパの探検家が大船を乗り入れても確認できなかった樺太北端を、わずか五人のアイヌと一人のギリヤーク人ガイドを従えただけで踏査してのけた林蔵は、今度はさらに韃靼《ダッタン》とよばれている満洲・シベリア方面を探ろうというのである。

機会はついにやってきた。ノテトのギリヤーク人酋長《しゆうちよう》のコーニが、進貢と交易のために、黒竜江上流にある満洲仮府、すなわち満洲官吏の出張所（ここにはまた交易の市《いち》が立つ）へ赴くことを知り、たって同行を頼んだのである。この冒険旅行を、林蔵は『東韃地方紀行』という一書にくわしく描いている。行程のあらましは、七月二日ラッカ岬を出発し、翌日デカストリ湾の北、タバ湾のムシホーに着き、なんと船もろとも峠を越してキジ湖に出、十一日満洲仮府のある黒竜江上流のデレンに着いた。そこで仮府の役人に会い、交易の模様も見、若干上流まで遡り、十七日にデレンを発して、こんどは黒竜江本流を下り、八月二日河口のブロンゲ岬に出、そこから大陸の海岸ぞいに南下し、海峡のもっとも狭いところを渡ってワゲーの地に着き、八月八日ノテトに帰り着き、九月二十八日無事ソウヤ（宗谷）に戻ったのであった。はじめ宗谷を発った時から数えると一年近くにわたる長期の探検であり、これによって間宮林蔵は、後年、いわば人類的大英雄と目されるようになったのである。

幕府は、しかし、林蔵を遇するに、松前奉行調役下役格（三十俵三人扶持）という小吏に任じたにすぎなかった。だが、それでも百姓上りの林蔵が、三十七歳にしてとにかく幕府の一人前の官吏に成り上ったのであった。以後、文政五（一八二二）年、蝦夷地が幕府直轄でなくなり、松前奉行が廃止されて、松前藩所轄となるまで、林蔵は伊能忠敬に委嘱された蝦夷全地の沿岸測量という大仕事をはじめ、北海道開発の仕事に挺身したのであった。

江戸へ帰った後の林蔵は、勘定奉行に属する普請役に任ぜられたが、表向きの仕事以外に、諸藩の動向を探索する役目もひきうけさせられた。いわば幕府の隠密といった役である。時に林蔵四十八歳。老いたりとはいえ何をやっても有能で、職務に忠実なのが、この人の身上である。世にいうシーボルト事件の摘発にも、林蔵が一枚加わっていたといわれる。この事件は、当時もっとも有力な科学者であった天文方の高橋作左衛門景保が、シーボルトからクルーゼンシュテルンの『世界周航記』なぞ大切な資料を手に入れたいため、国禁を犯して、伊能忠敬の作製した地図や、幕府から頂いた紋附の羽織なぞを渡したという事件で、高橋景保——この人も親の代に同心の子から登用せられた——は、幽囚中病死したほか、鳴滝塾関係の多くの人びとが難に逢った。林蔵の密告によったとするなら、林蔵としては国家に忠実であろうとする一念でやったことであろう。しかし、このために、

「進歩」派のインテリたちからは、林蔵は保守反動の手先として陥《おと》しめられる結果となった。彼の名を世界に知らせたのがシーボルトその人であったことを思うと、因果はどうめぐるものとも計られぬことである。間宮海峡の名も、長年世界の地図にその名が書かれていたが、日本が樺太を失うとともに、いつかタタール海峡とソ連方式の名で呼ばれるようになってしまった。そして、ソ連は原子力を利用してこの海峡を埋め立て、樺太を大陸につなげてしまおうとしているという。マミヤの名はいよいよ忘れられてゆくかもしれない。林蔵が死んだのは弘化元（一八四四）年。七十歳であったが一生妻をめとらず、子もなかった。

以上、文化の三蔵を中心に、北辺の開発や防備の先覚者たちについて述べてきたが、それら多くの人びとは草莽より出て、志を立て、国を憂いて北門の守りのために働いたのであった。身分の高い人のなかにも、水戸の徳川斉昭《なりあきら》のように――藤田東湖や長久保門下の入れ智恵もあってだが――早くから北海道経営を幕府に申し出た人たちもいたが、実際の開発は庶民・庶士の出の人の手で行なわれたのであり、これも文化・文政の交《こう》あたりを一劃期として、ひろく国民の国民としての自覚が高まってきた結果であったといえるであろう。

この時代に、読み・書き・ソロバンは、全国の主《おも》だった町村のいとなみの中核となる家々の子女に広く普及した。なかんずく、国語・国文を読み、かつ書く力が普及したことは、どれほど国民の国民としての自覚を高めたか判らない。一方の漢学や蘭学が、また庶民の出身の子たちによって行なわれるようになったのも、その基礎に国語・国文の力の普及あってのことであったといえよう。もっと低い階層の人びとの間にも、子女が郷里を離れて出稼ぎをし、或いは小僧・番頭となって奉公し、また悲惨な遊女として売られていったりしたあと、わが子・わが兄妹と消息を交《かわ》したい一心で、読み書きを習う人が多くなり、またそれを教える郷《ごう》先生もふえていた。こうした浪人や町医者くずれの郷先生が、多く庶民の味方として大衆小説なぞに描かれるのも偶然ではない。

また、身命を賭して国の守りを計り、或いは探検を試みた人びとも文化の三蔵およびその周辺の人たちだけではない。南方の諸島についても、多くの無名だった人たちの探検があり、それらの国が日本の一部として自覚せられていったのであった。

文化・文政の時代といえば、江戸の文化は爛熟し、浮世絵に読物類に歌舞伎芝居に、その粋が発揮せられた時代である。そうした頽唐の風の裡にあって、草莽の志は静かに養われていったのである。いや、そうした風をもまた草莽の文人が担《にな》い、硬風とも交錯した。

蘭学が、初期のういういしい情熱をたたえて台頭したのは、高山彦九郎なぞとも交友のあった前野良沢の時代であった。杉田玄白・桂川甫周らがそのグループの中心であった。そして彼らはみな医者であったから、蘭学を学ぶこともわずかに許されていたのである。しかし、官府の学でなく、まったく公けの庇護のないところから起ったこの学問は、師弟の間でかろうじて伝授されるばかりで、学校といった公的機関で教授せられるものではなかったから、その普及は範囲も狭く、伝承の速度も遅々たるものであった。

しかし、文化・文政から天保の時代にかけて、蘭学は第二の時代を迎えようとしていた。すなわち、シーボルトの来朝をひとつの契機として、表面は医学を中心としたものではあれ、その根本において哲学・物理・化学・政治・経済・軍事その他の基礎学が併せて学ばれるようになったのであった。そしてまたその故に、幕府はシーボルト事件、ならびにその後の蕃社の獄をもって、この有用の学を弾圧したのであった。蘭学が、医術というごく狭小な技術——しかもそれは低い身分の医員のものであった——に限られている間は、まだしも幕府の弾圧の口実は少なかった。蘭方医もまた、体制の内部に仕えて安全であった。だが、高野長英・渡辺崋山・小関三英ら尚歯会のグループは、医術だけに目を狭めてはいなかった。誰もがまだ知らなかった、シーボルト直伝《じきでん》の広く深い基礎をもった学問へと、彼らは巣立とうとしていたのである。それがもし健全に成長していたとしたならば、当然幕藩体制に対する批判を展開していったであろう。幕府は、事前にその芽を摘み取ってしまったのである。

この弾圧によって犠牲となった尚歯会メンバーのうちでも、高野長英はとくに志峻《けわし》く剛直な人柄であったように思われる。彼は奥州水沢の産。幼名を後藤悦三郎といったが、幼くして父が死に、母方の伯父高野玄斎に養われてその後嗣となった。高野家は水沢の殿さまの家に仕えたが、玄斎は早くから蘭方医を志し、杉田玄白の門に入り、ひと通りの学成って奥州に帰った人であり、文政十年に死んだ大槻玄沢《げんたく》と並び奥州筋に蘭方医を唱えた先覚の士であった。長英が、若くして蘭学を志したのもこの義父の感化あってのことであろう。しかし、典医とはいえ水沢は小藩（仙台支藩）であり、長英が江戸や長崎へ遊学するだけの費用は容易に出ようがない。十七歳の長英が、幸いにしてその機会をつかんだのは、玄斎が加入していた無尽講に、たまたま長英が代理で出向き、十五両の大金を当てたからであった。長英は、引き留められるのを恐れ、その場から家出して、江戸へ走ろうとしたが、仲に入る人があり、養父もその願いを許して、公然と江戸へ遊学する身となった。たまたま実兄の後藤湛斎が遊学することになっていたので、両人は打ち揃ってはじめての江戸へと志した。

しかし、この遊学は、たのしいものではなかった。兄の湛斎は、業なかばにして病死した。弟の長英も、さまざまな手段で衣食の資を得なくてはならず、時にはアンマをし、また時には仲間奉公に住み込むというありさまであった。が、長英は絶望を知らぬ資質の男子であった。はじめ、蘭方医といえば主として外科（内科よりいやしい）であったが、内科の蘭医として名声をあげた人に、吉田長叔という先生がいた。長英はその門下に学び、また日光・筑波山その他へ薬草を採取に行く旅行にも加わった。ようやく一人前の医者として世に立てそうになった頃、郷里の養父の病気、自分の病気、先生の死等の不幸がかさなったが、彼はそれにめげず、逆に発奮して長崎へ、シーボルトの鳴滝学舎へと、目を向け、足を伸ばしていった。当時の長崎といえば、奥州育ちの長英にとってはシナや朝鮮ほど遠いところである。しかし、長英は二十二歳の文政八（一八二五）年、念願かなって鳴滝学舎に学ぶ身となり、ヨーロッパ流の臨床医学というのがどういうものかを身をもって体験すると同時に、化学その他の基礎へも目を開かされていった。シーボルトが長英にドクトル論文として与えたテーマは、わが国における漁法ならびに捕鯨についての研究であった。日本近海とくに常州沖あたりでの捕鯨は当時英人その他の目をつけたところで、捕鯨により化学や薬学も進んだ。もって、シーボルトの広い考え方の一端を知ることができよう。長英は長崎におること足かけ四年。その間、『分離術』（化学書）を翻訳し、また和文を蘭訳し、或いは平戸侯松浦家のために採薬の旅に出るなぞ、充実した日を送った。平戸は後に吉田松陰の学ぶ進取の地である。シーボルト事件が起って、門下の者たちへ弾圧が加わったのは、彼が長崎を離れて間もなくのことであったが、彼は熊本・日田・広島・尾道等を転々として見聞を広め、また臨床講義を行なっていて、直接事件にまき込まれることはなかった。その後も、京都・名古屋なぞを経て、江戸へ帰ったのは天保元（一八三〇）年、吉田松陰の生れた年であった。時に長英二十七歳。以後三十六歳で下獄するまでの八年間ばかりが、いわゆる尚歯会時代で、長英の名声大いに揚り、『医原枢要』等の著述も多く、彼としては着々と理想に向って進む得意の時代であった。当時、シーボルト直伝の蘭方医学をおさめた者は、内科の伊東玄朴・竹内玄同、外科の戸塚静海が有名で、江戸蘭方医林の三大家といわれ、いずれも幕府に仕えて法印《ほういん》に叙せられていた。戸塚静海は橋本左内に関係する人である。が、長英は医術をほどこすだけで満足せず、広く西洋の新文明を研究して、世を救い民を利する実をあげようとし、渡辺崋山・小関三英・鈴木春山・遠藤勝助らと交わり、山ノ手組といわれ、在野に徹し、玄朴らと伍して幕府の寵を得ようとはしなかった。

渡辺崋山は、この山ノ手組でも比較的年長であり、三河の小藩・田原藩三宅侯の重臣となった（といっても小藩ゆえ貧しい）。彼は、直接蘭書を読むことはあまりしなかったが、田原藩の若隠居・三宅友信をいただいてグループの中心とし、自分は幹事長のような地位にあって、研究の成果をとりまとめた。研究は秘密裡に行なわれ、西洋の政治・教育・軍事・地理・歴史・宗教等万般にわたるものであった。

折から、天保四〜八年の饑饉がつづいた。山ノ手組を中心とする人びとは、佐藤信淵のごとき農政にくわしい人も加えて尚歯会の名で会合を開き、饑饉を救う道を研究し、その成果を広く諸国の人士に公開した。その結果、渡辺崋山の田原藩をはじめ、饑饉から救われる国が多く、尚歯会の名はとどろいた。それがきっかけとなり、尚歯会はしだいに一定期日を設けて、志ある天下の士を会同し、泰西文物を研究しながら、わが国の政治・経済・国防等に欠くべからざるさまざまの資料を検討する常設の一団体となっていった。これはもはや秘密研究の会合ではなく、堂々たる済世利民の一運動体であり、そこには江川太郎左衛門英竜や水戸の立原杏所《きょうしょ》のような名士も加わってきていた。

時はあたかも、饑饉に加うるに、物価高騰し、また外国船四方より迫る等の風説が聞こえ、大坂に大塩平八郎の起義あり、一方関東では二宮尊徳が百姓の子から出て小田原の大久保侯に見出され治民の実を挙げるなぞ、世の移り変りの激しさがひしひしと知られる時代であった。

折から、アメリカの船モリソン号なるものが、日本人漂流民を連れて来航するという風説書が、オランダの capitão から幕府に呈出された。幕府は、先に出されていた外国船打払令によって、もしモリソン号なるものが来れば打払うという方針を定めたが、これは秘密にして人民には知らしめなかった。ところが、尚歯会メンバーには、幕府の役人になっている者もいたので、右の風説書の内容も、幕閣内での評議も、あらまし知ることができたのである。そこで、幕府の旧弊の考え方を憂い、日本の危機を人びとに知らせるため、高野長英は『夢物語』を、渡辺崋山は『慎機論』を執筆するに至った。

『夢物語』は、一夜勉強に疲れてうとうとまどろむうちに、夢ともうつつともなく、或る方《かた》へ招かれ、広い座敷に学問のある紳士たちが数十人集会しているところへ行った、というしつらえで、そこで甲の人、乙の人の間に、モリソンなる人は何者か、イギリスとはいかなる国かの問答が交されるという形式をもって、わが国の人びとの無知識を警告した短篇である（モリソンは、イギリスの東洋学者とされたが、実は船名だった）。長英は別にこれを一般に公表すべきものとも考えず、二、三の心ある人に示しただけで、署名もせずにおいたのであるが、この二、三の人からしだいに写し廻され、ついに幕府上層にも知られることになった。人びとはモリソンとは船の名とのみ知っていたのに、それが人名であり、かつ東洋学にくわしい総督で、数多くの部下を率いて広東に駐在していることを知り、一驚したのであったが（先述のごとくこれは誤り）、これが後に長英断罪の唯一の証拠となったのである。ちなみにモリソン号は、各地で打払いの危険にさらされ、ついに日本に接岸できず、日本人漂流民も上陸できなかった。

『夢物語』はごく啓蒙的にイギリスの国力の恐るべきことを記しただけのものであるが、つづいて無名の人士が『続夢物語』その他これに類する文書を書いて世に公けにするというようなありさまとなり、それに刺戟されて、江川太郎左衛門英竜・川路左衛門尉聖謨・八王子同心組頭松本斗機蔵らが、相次いで外船打払いの不可なることを上書するに至った。

当時、幕閣には水野越前守忠邦が老中首座として権を奮っていたが、賄賂をほしいままにし、その下に大目付として鳥居耀蔵なる人が勢力をもっていた。鳥居は、儒官の頭である林述斎の次男で、甲斐守に任ぜられ三千石を食《は》んでいたが、偏狭の人で進歩的な学問や言動を嫌い、早くから尚歯会メンバーに嫌疑の眼を光らせていた。とくに、鳥居が浦賀方面の測量を命ぜられ、江川太郎左衛門と競争の形になった時、江川が尚歯会メンバーの後援によって一段も二段も立派な地図を作り上げたことから、進歩派に対する鳥居の側の猜忌ははなはだしくつのっていった。目付の上に立つべき閣老は鼻もと思案に明け暮れている。

折から、江戸は下町方面の旦那衆や、御家人の無役の者なぞの間に、八丈島の南の無人島を開拓して大いに海外に雄飛しようという夢のような計画を語る者があり、あたかもこれを尚歯会メンバーの教唆に出るものであるかのようにいう者がいた。鳥居派の人びとのうち、小笠原貢蔵という下役がこれを聞き込み、絶好の機会とばかりに、尚歯会メンバーが国禁を犯そうとしているという事件をでっち上げることに成功した。鳥居を信頼していた老中水野忠邦は一も二もなくこれを信じこみ、蘭学者たちの逮捕へ踏み切ったのであった。渡辺崋山は時に四十七歳、高野長英は三十六歳であった。仲間のうちでも有力なメンバーだった小関三英は、もし捕われたなら五十三歳でしかも蒲柳の質である自分は獄中生活に耐えられないだろうと思い、ついに崋山・長英らとの往復文書、その他草稿類を焼き捨て、武士の刀にも当る三稜針を左腕の脈に刺して自殺した。

事件の審議は、無人島渡航一件と長英や崋山はまったく結びつきがないので一時頓挫したが、長英についてはついに『夢物語』の著述を主罪として、終身禁獄の判決が下った。崋山もまた、むりに罪を着せられ、蟄居ということになった。崋山がこの幽居中、ついに藩侯や親たちに類の及ぶことを恐れ、切歯しつつ「不忠不孝」と書いて自刃したのは、人も知るところである。杉浦明平の大作『小説・渡辺崋山』は悠閑たる文体で、よくその心情と当時のありさまを知らしてくれる。

一方長英は、剛気の人であるから牢内のつらい月日もどうにかすごし、とうとう牢名主となって入獄以来五カ年に及んだ。牢名主ともなると、獄中生活も大分楽であるが、もちろん長英の志してきた学問ができるものではない。折から弘化元（一八四四）年六月、獄舎に火が出て、牢内にも燃え移りそうになった。当時の制度でこういう時には、牢を開いて囚人を逃がし、三日以内にかならず戻ってくるように定めてあった。長英はこれを奇貨おくべしとし、ついに牢に戻らず、脱獄してしまった。後には、劇薬で己が顔を焼き、人相書をあざむいて地に潜んでいたと伝えられる。その後約六年の潜伏生活中、長英は沢三伯その他の偽名を用い、捕吏の眼をくらまし、一時は奥州水沢の郷里に戻って母に会うなぞのことをしつつ、多く天文・兵学等の翻訳に日を送り、転々かくれ家《が》を変えていったのであった。江戸にあって知人の家にかくれていた時は、昼は大きな長持の中に身をかくし、日の暮れを待って起き出で、著述に努めたという。

嘉永元（一八四八）年、『共産党宣言』が書かれる革命の年、まだ、産業革命にもほど遠い暗い日本に、長英は捕吏の眼をくらましていたが、ついに四国宇和島へ逃走した。宇和島侯は英明の聞こえあった伊達宗城《むねなり》である。以前から長英を知っていて、ひそかに招聘したものといわれる。宇和島領内には、シーボルト門下として長英と親交のあった二宮敬作もおり、宇和島入りを助けたものと思われる。かくしておたずね者の身でありながら、長英は十万石の領主の庇護のもとに、宇和島領内の子弟に蘭学を教授し、『砲家必読』等の翻訳を行ない、その上、宇和島藩外に築かれる台場（砲台）の検分までしたのであった。伊達宗城は、表向き長英と会うことはできないので、狩りに事よせてひそかに山中で会うこと数回に及んだといわれる。五岳堂主人の仮名で藩の子弟に蘭学を教えた「学則」が、今日に伝えられているが、その教授法はまことにきびしいものであった。

ところが翌嘉永二年春、すでに幕吏は長英が宇和島にひそむと知って捕吏を派遣するという飛脚が到着した。かくては他人に迷惑をかけると、長英はただちに旅装をととのえ、門人や知友には行く先も告げずに、金比羅神社を経て広島方面へ去った。宇和島にいたのは前後一年余であったらしい。しかし、広島にも長くはいられなかった。ここはかつてシーボルトに学んで後、一時滞在して臨床講義など行なったところであるが、宇和島のように藩主の庇護があるわけではない。長英は間もなく広島を去って、薩摩に潜行し、ひそかに島津斉彬《なりあきら》にたよるに至った。

島津斉彬は人も知る当時もっとも開明的な殿様で、自から洋学を学び、写真・製鉄・造船・洋式軍学等々を実施し、また幕政の改革に志して、大いに為すところあらんとした人物である。長英は、ここに潜んで、『兵制全書』等を翻訳し、斉彬の好意に応《こた》えたが、長くはいられなかった。ひとつには、斉彬と異母弟久光との相続争いが起っていたからであるといわれる。

このようにして、追われる身でありながら、長英は行く先々で立派な仕事をし、いささかも気力衰亡することなく、一日一日をたたかいつづけていった。鹿児島にいられなくなると、また四国へ渡り、さらに名古屋へ移り、嘉永二（一八四九）年八月頃は、その顔を変えた姿でひそかに江戸に潜入した。翌嘉永三年には、一時江戸を逃れて下総の香取郡に潜伏したが、間もなくまた江戸へ帰り、青山に居を卜《ぼく》し、沢三伯または佐伯三伯の名で医術をほどこし、かたわら、またまたあまたの兵書を翻訳した。軍事学上、主として戦術《タキチーク》面に役立つものであり、南北戦争後の福沢諭吉の米式兵学導入まで生きつづけた。青山隠宅は人の入りにくいように路地を細くし、庭には枯葉をしきつめて捕吏のうかがうのを警戒していたという。

しかし、ついに捕吏はここに眼をつけた。そしてかつて長英と同囚であった罪人を手引きにしてその面《めん》どおしを行ない、嘉永三（一八五〇）年十月末、突如長英の家をとりまいたのである。剛気の長英は、小刀をもって捕吏の一人を刺し、さらに一人の顔を打って、彼らのひるむ間に自から咽喉を切って自刃した。その死の壮烈なること、常人のできることではない。嘉永三年といえば、もう黒船騒ぎの直前であり、幕府も有能な人士を待っていた時である。そういう時期に、ついに長英が、このような死をとげねばならなかったのは、日本の不幸であった。しかし、そのえいえいと翻訳しつづけた『三兵タキチーク』（戦術論）のごときは、長く勉学の士を鼓舞し、洛陽の紙価を高からしめたのであった。

大鳥圭介は、大山弥助（巌）、黒田了介（清隆）らと共にこれを学び幕府最後の兵馬の事に従う。

このように、洋学に志してついに挫折していった先覚者も、多くは草莽の間より出て、しかも幕藩体制が因循をきわめている時に、まったく独力で学問の世界に新しい道を開拓し、弾圧せられても屈せず、己れの道をつらぬく邁進の気を忘れなかったのであって、その志は自ずと国民のうちの自覚ある分子に伝えられたのであった。北南辺を探求した草莽も、学問に身を打込み詩文に志を吐露した草莽も、こころは同じであった。

第四の章　水戸学の人びと――藤田一門と会沢正志斎を中心に

ふるさとの空をし行かばたらちねに
身のあらましを告げよかりがね

（蓮田市五郎辞世）

「弘道とは何ぞ。人能《よ》く道を弘むるなり。道とは何ぞ。天地の大経にして生民の須臾も離るべからざるもの也。」

このようにはじまる『弘道館記』は、後期水戸学の各派共有の真髄であった。その後段、

「忠孝二無く、文武岐《わか》たず、学問・事業、其の効を殊《こと》にせず」

といっているところは、水戸学のあくまで実践を中心とし、学問の運用を尊んだ現れである。『弘道館記』は、徳川斉昭《なりあきら》（烈公）の作ったものとなっているが、実際には斉昭の命によって藤田東湖が書いたものである。君公に代ってその代作をするのは、文人最高の栄誉。東湖はこれを不朽の大文章とする覚悟で、漢文でわずか五百字ほどの短い文章に心血をそそいだ。当時、彼が会沢正志斎に贈った手紙にも、

「神州の一大文字にも相成るべき儀、心体任せず、慙愧此の上なく存じ奉り候」

といっている。東湖はさらに、この文章が、斉昭の裁可を経て、弘道館にかかげられた後、

『弘道館記述義』一冊を著して、『弘道館記』の詳細な解説をほどこしている。藩学弘道館を設立して、道を弘め、大義の上に文武を奨励しようとしたのは、烈公以下の大事業で、かつて藩の祖先義公（光圀）が『大日本史』編纂を開始した志を継ぎ、水戸学を再び振起しようとする挙であった。その大義とは、東湖の観点をもってするなら「生民の須臾も離るべからざる」「天地の大経」として、認識されたものである。すなわち、社稷・天下の悠久のいとなみこそが、大義そのものの根源であって、幕藩体制の秩序なんぞというものは、大事とはいえ、これに比すれば二の次、三の次なのである。そして東湖によるならば、この「天地の大経」を悠久に維持するのが「天地正大の気」、ちぢめていうなら「正気」なのであった。「天地正大の気」は、ただに士分の者のいわゆる士道とか武士道とかに止まるものではない。自然をも人間をも包含して、ゆたかならしめ崇高ならしめる「気」こそ、「正気」なのである。

こういう観点は、幕藩体制の内部に長く安住していた者には思ってもみられないものであったろう。眼中「大日本」なぞないそれらのものにとっての正義とか大義とかは、ただ幕府と藩との秩序の維持だけをしか意味しない。東湖は、一大勇猛心をもって、そういうケチな名分・秩序を破ろうとしたのである。それは、東湖ならびに他の後期水戸学を支えた人びとが、門閥の家に生れた者でなく、草莽の間に出た人士であったことと深いかかわりをもっていた。(もっとも門閥家・儒員中心の諸生党も、再評価すべき点は多々あるが。)

東湖の父は、いうまでもなく藤田幽谷である。幽谷は、水戸城下に古着屋をいとなんでいた与右衛門の子として生れた。母もまた、商家の出である。与右衛門は、先の代まで常陸国那珂郡飯田村の百姓であったが、けっして大百姓でなかったのは、一家が水戸に出て後、故郷に一片の土地も所有していなかったらしいことでも判る。幽谷は幼名午之助、後に熊之介といったが、兄の喜兵衛が父の商売を継いだ。妹が一人いたがこの人については不明である。名門ではないから、判らなくなってしまったのか。母は幽谷十歳の時死亡し継母が来た。そういう境遇にありながら、幽谷は幼くして学問・詩文をよくし、十二、三歳の時は、すでに大儒・立原翠軒に学んでいた。同門には後に立派な学者となり行政にもたずさわる小宮山楓軒や青山延于がいる。幽谷はまた、青山侃斎・鈴木玄栄なぞの医家にも学び、また小川勘介には運筆を学んだらしい。彼、後年の筆はのびのびとして、しかも、誠実である。

幽谷の才能が早くから顕われていたありさまは師の立原翠軒の天明六(一七八六)年の手紙に示されている。その書簡で翠軒は、「藤田屋と申す古着屋の次男、熊之介と申す小童《わつぱ》、当年十三歳」が詩の上手であることをほめ、友人にその作った詩を披露している。地理学者として知られた長久保赤水（多賀郡赤浜村郷士の出）が、幽谷を指導したことも、その文面に見えている。この年、赤水は七十歳になって祝いをしたが、その時十三歳の幽谷は「余未だ先生の門に趨り、而してその矍鑠《かくしやく》の容を拝せずといえども……」という序を附して詩を作り、赤水に呈した。この序で、幽谷は神童といわれ、赤水の指導も受けるようになったのである。ともかく詩文のたくみな少年がいるという評判は大変なもので、江戸はもちろん遠く長崎に来ているシナ人にさえその名を知られたというのであるから、もってその才能を窺うに足りよう。いったいに日本の漢詩文は、中村真一郎の行なうごとく再検さるべきである。

この年、師の立原翠軒は、水戸藩の歴史編纂所である彰考館の総裁となった。二年後、十五歳になった幽谷は、翠軒の推挙で彰考館に入り、二口の俸給をもらうようになった。とにかくも侍の待遇を受ける身となったのである。はじめは、写字生のような仕事しかさせてもらえなかったが、しかし彰考館には、貧賤の出ですぐれた頭脳の同輩・先輩が多く、交友から受けるよい感化にみちていた。幽谷が、先に記したように蒲生君平・高山彦九郎らに知られるに至ったのも、この史館にいた関係である。その他友人・先輩としては、木村子虚・僧実原・高橋広備・青山延于・小宮山楓軒らがいた。木村子虚は久慈郡の人、名を謙次といい、若くして医学を学び、また北辺に志あって、近藤重蔵に従い、蝦夷・エトロフ・樺太に行き『北辺紀聞』『北聘記事』『北遊日記』等を著し、文化八（一八一一）年に死んだ。僧実原は、もと相馬の人で、やはり北門の事にくわしく、また農政に長じ、黒《くろ》羽藩《ばね》（現在の栃木県那須郡）の執政鈴木武助（為蝶軒）と交わりがあり、鈴木を大将にして北夷征伐をしようといったこともある奇人である。高橋広備は、坦室ともいい、長久保赤水門下で、文化三（一八〇六）年に彰考館総裁に進んだが、立原翠軒と合わず、右筆に転じた。後に記すように、藤田派・立原派が分立して、長い党争に入ったについて、いろいろの責任のあった人であるが、学問はできた。青山延于は、瑶渓の子で、家は代々名誉ある学者人の門、『皇朝史略』その他の著書があり、現在の山川菊栄夫人の先祖に当る。小宮山楓軒は、名を昌秀といい、水戸学に強い影響を残した栗山潜峰の外孫。明和三（一七六六）年に彰考館に入り、後に寛政十一（一七九九）年、郡奉行となった。幽谷はこの時、詩を作って「喜びて寝ねず」と序している。正義感の強い人材であった。蔵書また厖大である。

いったいに水戸学には、大義名分＝尊皇、国体擁護＝攘夷という原則のほかに、忘れてはならぬ柱として、社会正義＝農本思想という原理がある。そして、この第三の柱である社会正義は、仁をもって立つという考えであり、小宮山楓軒から藤田幽谷・東湖・小四郎をつらぬく思想である。小四郎は別だが、他の三人とも郡奉行をつとめて、自から農本主義的な正義を実行に移そうとした人びとであるが、三人とも熊沢蕃山の思想に影響を受けている点も見逃せない。黒羽の鈴木為蝶軒もまた相似た思想の持主で、黒羽は偉い藩であった。

先にも寸言したが、水戸学のよいところのひとつは、さまざまの学派の優れた点を湊合しようとしたところにある。光圀時代にすでに亡命の人・朱舜水による朱子学派の考えを中心として、安積澹泊・今井弘済らの考えを踏まえ、そこに安積らと交際のあった室鳩巣や新井白石の思想も入ってきた。しかし、朱子学だけで水戸学が固まったのではない。大井広による伊藤仁斎門の考え方が入った。また、立原翠軒以来、徂徠派(護園学派)の考えが入った。さらに、栗山潜峰・三宅観瀾・鵜飼金平らの山崎闇斎系(崎門派)の思想が入った。ここで、水戸は幕府を越えて朝廷の公卿激派ともつながる。討幕はかくて水戸の思想となる。

また水戸学が、非常に早くから北辺の守りについて注目し、勉強をしたのみでなく実践的に北辺の踏査に乗り出していたことも、実学としての水戸学の気力を示すものである。すなわち、すでに貞享三(一六八六)年、水戸藩は長さ二十七間、幅九間、櫓六十挺、帆柱十七間という当時としては巨大な船を造り、快風丸と名づけた。船具は長崎で調達し、船の建造は奥州南部で行なわれた。この船をもって、石狩川を河口より四十里上り、土人に酒など与えて附近を調査し、また沿海州の近くまで行っている。樺太にも着眼したが、松前藩から横槍が入って拒まれたという。後に、烈公徳川斉昭が、北門の守りを松前志摩守のような商人まがいの大名にまかせてはおけないと述べたのもこのようないきさつがあったからである。快風丸はまた、北方だけでなく、南海の探検・調査にも用いられるつもりであったという。が、小笠原は幕府海軍が乗り入れ、沖縄は薩摩にゆだねられ、しかも詳細は草莽の手にまかされる。水戸学に影響を与えること大きかった熊沢蕃山も『大学或《わく》問《もん》』で北狄への警戒を述べているが、林子平の『海国兵談』や、やはり仙台出の医者工藤平助の『赤蝦夷風説考』も水戸学派の人びとに影響を与えた。かくて、水戸学の歴史とともに北辺への関心は旧く、その伝統に立って長久保赤水のような人も出たし、斉昭・東湖の君臣がともに北海道開発の希望を抱いたのも故あることといわねばならぬ。この伝統は、明治に至って、最後の殿様である徳川昭武が北海道開拓を願い出るまでつづいた。

さて幽谷のことに話を戻すと、彼は師たる立原翠軒の引き立てによって史館に職を得、しだいに頭を出していったのであるが、寛政年間、いつしか師の立原たちの派と対立するようになった。立原翠軒は徂徠学を尊び、また本多利明の学風にも影響された人であるが、その結果、翠軒の考えはきわめてプラグマティックな実学趣味のものとなり、政治・経済上の実利を求め、それが幽谷らのアイディアリズムとぶつかったのではないかと考える人もある。

しかし、対立はまず『大日本史』の編纂の方法上の問題として起った。まず第一に、それは、『大日本史』に表・志を附するか否か、の問題として現れた。立原翠軒らは、もう編纂に長い年月をついやしていることであるし、そろそろ『大日本史』を完結し義公百年祭までに上梓したいと考えた。これに対して、まず小宮山楓軒が反対し、『大日本史』が編年体で書かれたのであるなら表・志は不要だが、紀伝体で書かれているのだから表・志は必要欠くべからざるものであるという意味の意見を呈出した。表とは年表や世系・祖系図のごときもの、志とは蒲生君平の『九志』のごとく、神祇志・氏族志・兵制志・刑法志・国郡志・音楽志・仏事志、食貨志といったような各項目ごとのまとめである。これを附するか否かによって、史館たる彰考館が廃止されるかどうかが決まるので、それは直ちに館に勤務する者の馘首につながる。そういったところがからみ、貧しく身分の低い出身の館員は多く史館廃止反対のほうに廻り、表・志を附する側に立った。小宮山楓軒は、この問題のため郡奉行に転出せしめられたのだともいう。幽谷は、はじめ小宮山が表・志を附する意見を出した時は、まだ年少でもあり行動を共にしていないが、寛政十一(一七九九)年、紀伝約八十巻が成り、史館廃止が、翠軒によって日程に上せられた時、ついに師に向って反対し、「歴史の骨は志類にあり」といった。

第二の問題は、『大日本史』の題号の問題であった。これは、蒲生君平が幽谷らに忠告したところであり、『大日本史』というからには、編纂終了して朝廷に奉り、その上で、題号として『大日本史』と呼ばしていただく手続をふまねばならず、それまでは、単に『史稿』と呼ぶべきであるというのである。幽谷はすでに寛政九（一七九七）年、江戸から水戸の史館宛に手紙を書き（史館は江戸と水戸と両方にあった）、「大日本」というのは国号としてもおかしいといっている。水戸といえば華夷の弁で有名だが、こういうところもあったのである。

第三は、論賛の問題で、安積澹泊の執筆した論讃（歴史に対しての批評）の部分に不穏当なところがあるというのが幽谷の考えで、この部分を削除すべきであると唱えた。これは当時、史館の仮総裁であった高橋広備も支持した意見である。

これらの問題が錯綜して紛糾をかさね、人事の問題もからみ、さらに幽谷の上表に不敬の言辞があったというので閉居三年の罰を受ける（寛政九年。同十一年許さる）など、立原派と藤田派の対立はしだいに激しくなり、これがついに後の天狗党と諸生党の対立にも発展してゆくのである。そして藤田派（後の天狗党）には、比較的非門閥、反門閥の者が多かった。幽谷の直接の弟子としては、会沢正志斎（伯民）、豊田天功（彦次郎）など、いずれも草莽より出た秀才がおり、藤田派の中核をなしていた。当時の殿様は水戸徳川家六代目の文公（治保《はるもり》）であって、水戸学再興のため努力した君侯であったが、ここに生じた派閥をいかんともできず、享和二（一八〇二）年に、立原翠軒を出しぬいて、幽谷と高橋広備とを小石川邸に呼び出し、意見を聴き、どちらかというと幽谷らの派に有利なように意見を傾けた。その結果、翌年文公の意志として、『大日本史』には表・志あるべく、これが義公光圀の志であるという決定がなされその表・志の補修は幽谷が司《つかさど》ることとなった。一説によると高橋広備が、長久保赤水の婢と密かに通じ、子供を生ましたことから立原翠軒に詫び状をとられており、それが原因で翠軒をうらみ、幽谷の言を利用して翠軒を失脚せしめようとしたのが事の真相であるともいう。もっとも、長久保赤水は、やはり藤田派を推したのであった。

結局、立原翠軒はいっさいの職を辞して、別に修史をはじめ、小宮山楓軒はこれに協力することになった。楓軒ははじめ理論上は翠軒に反対であったが、幽谷が師を押しのけるのを見て翠軒についたのであり、幽谷のかつての友人木村子虚もまた小宮山楓軒と同じく翠軒に協力した。この修史事業は、文公の死（文化二年）によって跡目をついだ武公（徳川治紀）が、翠軒と楓軒とに命じて行なわせた形になり、結果は天保十（一八三九）年『垂統大紀』七十二巻として成った。徳川の祖家康の事蹟を詳説したものである。この事業は、武公の歿後に烈公斉昭が支持したというので、水戸藩佐幕派の思想的源泉となり弘道館に拠る諸生党によって大いに尊ばれた。
『大日本史』は、文化三年、同五年の両度、幕府から早く献納せよと命ぜられたが、ようやく文化六(一八〇九)年の末、神武より天武までの紀伝二十六巻を献じた。また同じ年、題号の問題も幽谷の意見どおり解決をみた。すなわち、当座『史稿』と称することとなったのである。

こうして二つの派が後期水戸学派に生ずるに至り、中間派の人びとも自ずと生じ、その代表的な人物である川口長孺は、何とかして両派を和解させようと武公治紀に言上に及んだが、立原派・藤田派ともに頑として和解しなかった。立原翠軒は、大場弥右衛門への手紙に幽谷を「心術不正」の「奸人」であるといってけなしている。かつて幽谷を神童として世に紹介してくれた師が、今やこのように対立する立場となったのである。これは、しかし悪いことではない。師弟が「述而不作」の関係では思想の廓清はない。

幽谷の側は、翠軒の拠って立つ徂徠学を批判し、徂徠が李攀竜の古文辞にならったのを排し、こういっている。

「徂徠即ち門人をして、専ら文章を習わしむ。其れ時已むを得ざるといえども、其教え文章を先にして経術を後にしたれば、……皆辞に蔽われて、其実を知らず。」

幽谷は徂徠学派では太宰春台のみをほめたが、これもまた「徳足らず」といっている。

幽谷の弟子会沢正志斎は、『及門遺範』に、

「荻生氏、……英雄人を欺き、経を説いて索強多し。道を以て先王の造作する所と為し、君臣の名、華夷の分を知らず」

と説べている。読者は既に丸山真男と吉本隆明のそれぞれ対立する荻生徂徠論をもっている。考うべきところであろう。会沢正志斎は新井白石についても、

「君臣の名分に至りては、即ち大いにその義を失う」

といっているが、これらはみな、幽谷の言葉をそのまま書いているのである。反対に幽谷が非常にほめたのは熊沢蕃山で、その『熊沢伯継伝』には、次のように記している。

「士君子の学は常に文武兼ね資《と》り、これを事業に施し、以て天職に供すべし。吾は寧ろ一介の武夫たるも、儒家者流たることを願わず。」

熊沢蕃山流の文武不岐の実践的思想は、幽谷のもって範としたところであり、この儒者風であるまいとする志は、会沢正志斎にも子の東湖にも引き継がれた。会沢正志斎は『下学邇言《じげん》』（邇言とは誰にでも判る言葉の意）でこういっている。

「我が先師（幽谷のこと）、学古今を貫穿し、遠く洙泗《しゆし》（魯国にある川。孔子がこの辺で弟子に教えた）の源に遡り、諸家の善を取る。而して其れを折衷す。聖門徳を成し、材に達するの道、見るべし。学問事業を合せ、これを一にし、儒家流たるに甘んずるを恥

ず。」

かくて、幽谷から会沢正志斎をつらぬくのは、実際に天下を動かし民を救ってゆく経世思想であるが、幽谷は、その根本に「仁」をおいた。「仁は人の安宅なり」というのは幽谷の好んだ言葉であり、寛政二（一七九〇）年の『安民論』で、仁の徹底が民を安んずることであるといっている。堯舜が、彼の理想であり、彼らの「己れ推して之を構中に内《い》るるが若《ごと》し」（すべてを自己の責任とし、他人の不幸を心痛する）という点を尊しとするのであった。すべてを人間・己れが責任として世を憂うる haecceity は、よいのではあるまいか。

寛政九(一七九七)年の『封事』では、藩政府に対し、牧民官に人なきを憂うといい、水戸藩の農政の頽廃を心配している。幽谷は、この弊の根本を、土地の兼併と収斂のきつさにあるとなし、それというのも、大坂商人に借金して国を立てているからで、その利子を払うために農民からの収斂におもむかざるをえない悪循環の根本を絶たねばならぬといっている。これはできないことではなく、現に黒田侯（福岡）や細川侯（熊本）は大坂商人にたよらずに国を立てているというのである。幽谷は、この際、思い切って大坂商人と絶縁し、今までの借金は年賦で返済し、不足は自国内の商人に借りたらよいと考えるのであった。

こうした考え方が、後に『勤農或問《わくもん》』に結集し、集大成される。この著述のなかで幽谷は、かつて水戸藩のみならず天下をゆるがせた宝暦一揆を、もっともな一揆であって、罪は藩政府の側にあると断言している。この一揆は江戸幕府も介入し、松並勘十郎一派の私曲を罰することでケリがついていたのであるが、幽谷は、その松並らを重用して用水工事その他に失敗し、収斂を強めた藩こそが悪かったのだと名分を正し、一揆を評価している。これは幽谷の農本主義的な社会正義感をよく示している著作である。

幽谷の考えでは、夫役は国家的な事業なのであるから、平等にこれを行なうべきであって、百姓以外の者がまぬがれているのははなはだおかしいとする。郷村のあぶれ者や罪ある者をいたずらに閉戸・禁獄・追放なぞの刑に処する代りに、徒罪の服を着せて、荒地開拓・駅場夫役等をやらせよというのも、幽谷の、当時としてはユニークな着想であり、これはその頃では細川銀台公が試みたのみで誰も考えなかったことなのである。

土地の兼併については、幽谷は一種の自作農創設運動を試みようとし、貧富ともに安んずる調節論を立てている。これは、同じ時代では佐藤信淵がくわしく立論しているところであるが、幽谷が御三家の藩にあってここまで考えたのは、大化改新の井田法《せいでん》への着目から来ている。いったいに水戸学派の農本主義＝社会正義といった考え方は、民主主義や社会主義に通ずるよりは、むしろいわゆる右翼的な農本ファシズムに受け継がれるものであるが、さりとて蔑視することはできない。また農本思想にも反ファシズム的な考え方もある。

文化四（一八〇七）年、幽谷は第二回の『封事』を、武公に奉った。ここで彼は、国産を起すといって、商工業者にのみ金を貸すのは本末の顚倒であり、「真実国の利にはまかりならず」といい、農村をこそ第一に救済すべきであると上申している。むやみと開墾して、昔の良田が耕せぬくらい農業人口が減っていては駄目であり、戸口を増すために、やたら分家させたり、他郷から入植せしめても役には立たず、またいたずらに遊惰をいましめても、そんな精神主義だけでは、商人のほうに利があるのだからやはり駄目であると、幽谷は考えるのであった。行きつくところ、幽谷の考えは、社会政策的な、土地兼併排除におもむく他なかった。ドイツ流の社会政策のその後の在り方（第二次大戦中なぞ）を考えさせられる。

この『封事』を呈出した翌年、彼自身が浜田郡の郡奉行に任ぜられて、田見小路の官宅に入った。水戸藩の郡奉行は簡素化されて人数が減った時もあるが、この頃はまだ各郡の郡奉行がいたのであった。幽谷としては、はじめて日頃の理論を実践化すべき時が来たのである。かつて小宮山楓軒が郡奉行となったとき、これを祝って、夜も寝られぬくらいうれしいと述べたことも想起して、自ら勉励を誓ったことでもあろう。が、実際は、うまくいくことは少なかった。

願くは恵政《けいせい》を施《ほどこ》して窮民を救わん
輿《こし》を下《お》りて閑歩す　田園の路
幾たびか見る　村翁の送迎頻《しき》りなるを

このように詩を賦しつつ、藩命により預った村々を巡回するのであるが、自分の抱懐するような社会政策は、一郡奉行の権限ではまったく行ない難い。ああ、自分の理想は、せめてこの大藩の執政ででもなければ行なうことができないのか、——幽谷の歎きは、自嘲と化し、翌文化六（一八〇九）年の元旦には、次のように歌っている。

菲才未だ尽さず近臣の規《のり》
外《そと》　補民《ほみん》に臨み字《あざ》を撫するの時
伏櫪《ふくれき》（たおれたクヌギ）何ぞ驥足《きそく》を展《の》ぶべき
割鶏焉《こ》れ用い牛刀に施《およ》ぶ
春を迎え　酒　自ら眉寿を介《たす》く
多病の身徒《いたず》らに臥治を慙《は》ず
更に憶《おも》う春耕の期遠からざるを
陪游して為に賦す君を畜《たくわ》うの詩

修史の上で、あれほど活動した幽谷が、自分の出自したと同じ農村に臨み、民政の事に当ってみると、結局ろくなことはできないのである。文化八（一八一一）年の『封事』で、彼は嘆くように、藩の大吟味役（いわゆる目付役）の指揮がうるさくて、郡奉行には何もできないと訴えている。この年元旦の詩には、

承平昔より姑息多し
済世は従来変通《へんつう》を尊ぶ

と歌っている。この「変通」が、いっこう行なわれず、平常抱懐してきた済世救民の事はついに緒につかぬままに、年を重ねてゆくというのであった。ついに足かけ五年の郡奉行職は、成功とはいえないまま、幽谷はまた修史事業に復帰し、彰考館総裁となる。

幽懐　共に語るなし
春日　愁を奈何《いかん》せん
孤苦　悽愴として切なり
愚忠　感激多し
歳華空《むな》しく荏苒《じんぜん》
世路　蹉《さ》蛇《た》たり易し
安《いず》んぞ滄浪の水を得ん
濁流青波を揚ぐ

これまた失意の詩である。しだいに年をとり、さして出世もできず、尊敬してきた熊沢蕃山が岡山の池田侯に召されて経世家として腕をふるったようにもゆかない。自嘲し、たわむれに歌った詩に、

幽谷先生　貧《ひん》骨に到る
猶《な》お能《よ》く酒を沽《か》うて書堂に飲む
春風酔を勧《すす》む梅花の下
騰馥人を霑す万斛の香

文政六（一八二三）年、幽谷五十歳の時、師でありまた敵であった立原翠軒が八十の高齢で江戸小石川に逝った。そしてその後三年を経て、幽谷自身も水戸で死んだ。息子の東湖が、武芸修行のため江戸に出ている時で、東湖はついに父の死目に会えなかった。東湖は、幽谷三十三歳の時の子だが、長男熊太郎が夭折したので、たのみとするたったひとりの男の子であった。他に五女があったが、一人は水戸学派の中で知られた桑原幾太郎信毅の夫人となり、一人は御殿づとめの後、いったん嫁して出戻りし、後に久木直次郎夫人となった。久木は後年、鎮派として藤田小四郎らと対立するに至る。

藤田幽谷は死ぬ二年前、文政七（一八二四）年、水戸藩領内大津村に、外国船が入津し、

外人が上陸したとの報を聞くや、ただちに子の東湖（名は彪）に命じ、決死これに向って斬り込めといった。東湖は命のままに、死を決して大津村に向ったが、外人はすでに去った後であった。イギリスの漁船であった。これが、東湖の一生に三度死を決した第一回である。幽谷の門人会沢正志斎らはこの時、藩命によって外人取調べに当った。常陸沖は、捕鯨に適するため、外国漁船がよく来ていたのである。この事件の時、東湖は齢わずか十九歳であった。幽谷が本気で夷人斬るべしと信じたのか、芝居だったのかは判らない。

ついで、東湖は武芸の修行を目的に江戸に上る。師は岡田十松であった。二十一歳の時、伯父が重病であるとの知らせを受け、急ぎ帰郷したところ、父の幽谷に、「文武の研精には、時を失ってはならぬ」と叱られ、また江戸へ戻った。文政九（一八二六）年の末のことで、その数日後、幽谷は中風のため倒れて再び立たなかった。

かくのごとく、幽谷は東湖にとってきびしい父であった。平素、文天祥の『正気之歌』を朗誦して聞かせ、これが、後に東湖自身の『正気之歌』が生れる淵源となる。

さて、東湖は父の功により、禄高二百石をそのままおそい、文政十（一八二七）年一月、進物番を命ぜられ、史館（彰考館）入りをする。父の葬儀から、この跡名をつぐあたりの日記が残っているが、感激に耐えず、命を畏んで城を下ったと記している。その年三月になると、もう御次講釈をつとめ、『小学』を講じた。会沢正志斎（久慈郡諸沢村出身）なんぞが、史館に入ったとはいえ、長く写字生のようなことばかりさせられていたのと比べてみるなら、東湖の出世は早い。

正志斎は、この前文政八（一八二五）年三月、名著『新論』を完成し、恩師幽谷の手を経て、これを哀公（徳川斉修《なりのぶ》）に献じたのであるが、内容があまりに激烈で、忌諱に触れる点が多いという理由で、公刊することは許されなかった。東湖はその後これを見て、しきりと公刊をすすめたが、正志斎ははばかって、承知しなかった。その後、烈公の代となり、公が幕府のとがめを受けて謹慎を命ぜられ、正志斎もこれに連坐して四年間の幽囚生活を送っている間に、門下の者がこっそり『新論』を公刊した。それまで、ほんのわずかの者がこれを筆写して回覧していたのが、ひと度公刊されると大変な勢いで、羽の生えたように全国に飛んだ。いやしくも志士にしてこれを懐にしていない者はない、とまでいわれたのである。阿部伊勢守・川路左衛門尉らのごとき幕閣の「開明派」から、九州の真木和泉守・平野国臣なぞ、いずれも、『新論』を熱心に読んだ最初の人たちである。『新論』の内容は、一言にして尽せば尊皇攘夷にほかならない。これを上下二巻に分かち、第一章に当る「国体」では、建国前から天祖が大忠・大孝の精神を示し、「政治は教化なり」という真理を、祭政一致の上に具体化したことを述べ、建国の大本からして平和維持のための尚武が国体の精華であったことに言及し、ついで経済の倫理化・道徳化の淵源に触れている。第二の章「形勢」では、世界の大勢を論じている。次の章「虜情」では、欧米人の東洋侵略の意図について詳論し、その外夷の情実を明らかにしようとしている。第四の章「守禦」では、いかにしてこうした外国の攻略に対抗して日本を富強ならしむるかの国策を論じている。そして最後の「長計」では、祭政一致の国是の大本に立ち帰ることを主張し、万民を正しく教化するのは神道による他ないことをいっている。万民の教化こそ、正志斎にとっての政治の一切であった。そして、仏教・キリスト教の弊を排する正志斎の神道中心主義は、後の排仏運動の思想的根源となったのである。（正志斎の晩年については、山口宗之の論がある。「参考書目」によって知られたい。）

次に述べておかねばならぬのは、烈公擁立の大運動についてである。事件は、文政十二（一八二九）年、哀公（斉修）の死によって起った。幕府は、哀公に嗣子がいなかったのを奇貨として将軍家の血縁から養子を押しつけようとした。これは幕府の大藩を支配する常套手段で、一度こうと決められたら、それをはねのけることは、ほとんど不可能とされていた。また、将軍家の庶子を養子とすれば藩にも有利なことがあるので、藩からも内々それを願うことが多かった。しかし、水戸藩正義の士はこの不可能を可能としようとした。藤田東湖はその急先鋒として、会沢正志斎らはもちろん、反対派たる立原派もまきこみ、さらに士分以上の者のみでなく、いわゆる「義民」すなわち領内各地の庄屋・村役人・郷士・神官等を組織し、大挙して南上したのである。南上とは江戸に向ってデモンストレーションを行なうことをいい、この後、水戸一藩に事あるごとに義民をこぞっての南上が試みられた。これが第一回である。東湖はこの一挙、敬三郎君《ぎみ》擁立に死を決していた。彼の第二回の決死である。

南上した士民一体の正義党は、小石川藩邸に訴え、また水戸三連枝《さんれんし》（水戸藩主より分れた三兄弟藩）の守山侯に面会して敬三郎君擁立を迫り、ついに世論を動かし、幕府を動揺せしめて、敬三郎君を藩主とするのに成功した。これぞ、烈公斉昭《なりあきら》である。

当時、立原家の当主は、渡辺崋山らの友人で、学者・文人・画家として有名な立原杏《きょう》所《しょ》（甚太郎）であり、烈公擁立には藤田派と行動を共にした。東湖は杏所に向って、父幽谷がかつて立原翠軒のおかげで大成し、立身もした恩を述べ、藤田・立原二派の対立を何とか解消したいと申し入れた。しかし、東湖・杏所の代には、ついに対立は激化する一方であった。皮肉なことに、両人の子の代に、水戸・那珂湊の戦いの日、両家は協力する瞬間をもった。

政治の上で、東湖の敵となったのは、名門の子として早くから若年寄となった結城《ゆうき》寅寿《とらじゅ》である。藤田派は彼の一派を奸党と呼んだ。東湖の幽谷から引き継いだ農本主義的な社会政策に、結城派はことごとく反対で、烈公斉昭が藤田派を重く用いるのに対抗して、幕閣の鳥居甲斐守・林大学頭・榊原主計頭《かずえのかみ》らと組んで、斉昭―東湖の線をおとしいれ、自分らの養育した世子慶篤《よしあつ》を立てようと計ったといわれる。鳥居甲斐守は蕃社の獄弾圧の張本人である。

一方、終始東湖とともに政治行動を共にしたのは、烈公の重臣では戸田銀次郎であった。この人は東湖ほど激しい気象ではなく、機会を見て烈公に献策するといった柔軟な性格だったようである。東湖が戸田とともに献策して実行に移したことは多々あるが、もっとも実りのあったのは、やはり弘道館を起し、他に各地の郷校《きょうこう》も設け、文武の普及を計ったことであったろう。弘道館についてはすでに触れた。郷校は、玉造《たまつくり》・小川・野口その他領内の要地に設けられ、学生としては士分以下の郷士・百姓・神官の子弟などを集め、主として学生の自治的運営によって文武を演練せしめるものであった。後の藤田小四郎を頭領とする天狗党は、これら郷校を中心に結集し、天狗党の幹部は多く郷校の塾頭たちであった。かくして、草莽の志ある者を学校に結集し、有事の時に役立てようとした東湖らの志は、後には天狗党という激派の形で天下を動かしたのであった。(弘道館は諸生の拠点となる。)

幕府は常に、烈公が東湖らを用いて武備を強化し、さまざまな改革に手をつけ、他藩にさきがけて海防の事を計りなぞするのをこころよく思わず、常に監視の眼をゆるめなかった。しかし、文教政策だけは奨励せざるを得ず、わずかに学校の土手を高くして城のようにしたというような点に難くせをつけたのであった。

東湖は、史館から出て二十六、七歳の頃、八田陣屋（那珂郡）の郡奉行を勤め、ついで通事として江戸・小石川邸に召し出された。天保初年のことである。この頃、彼は川路左衛門尉・岡本花亭・矢部駿河守・江川太郎左衛門英竜なぞ、有為の官僚と交流し、彼らの美点も欠陥もことごとく知った上で、一大政治家としての己れを修練したのであった。

折しも、水野越前守忠邦を中心とする幕閣が、いわゆる天保改革に手をつけていた。水野越前守と烈公斉昭とは、しょせん両雄並び立つことのできない間柄であったようだ。水野の改革は、前将軍家斉《いえなり》（天保十二年死）が寵愛した専横の者たちを免職・追放することから着手せられ、そのことは世論の支持を受けた。しかし、水野の改革は、酷吏といってもよい冷たい官僚たちの手によって行なわれた。先に記した蕃社の獄の張本人、鳥居甲斐守耀蔵のごときは、水野の第一の手先だった。その他、渋川六蔵・後藤三右衛門らが水野の部下として活動した。

水野の改革は、諸事倹約・人材登用・商人の利鞘統制・文武の奨励・大奥の改革・賄賂の禁止等、水戸藩が先に手をつけた改革の後を追うようなところも多く、その大部分は東湖らの政策と衝突するものではなかった。が、水野は烈公―東湖の存在を煙たがり、なるべく敬遠して遠くにおくような処置をとる面が強かった。御三家の当主は、容易に帰国を許されることなく、常時江戸に在府するのが慣例であったが、水野は、烈公の側の希望があったとはいえ、長く烈公の水戸滞在を許した。これも、なるべく幕閣の政治に口を出してもらいたくないためであったといわれる。

とりわけ、海防のことに関しては、水野の内閣は先の外国船打払い令を緩和し、外国漁船等の漂着については薪炭・食糧なぞを与え、鎖国の趣旨をおだやかに説得して立去らしむるなぞ、「外国へ対し信義」の一条を加えたが、この点は水戸藩の所見と大いに異なるところあり、斉昭の強硬な建白となった。すなわち、斉昭はむしろ打払い令を強化することを主張し、加うるに、これまで通商を許してきたオランダとさえ断絶すべしというのであった。この斉昭の結語ははなはだ乱暴であったが、情勢認識の上では、幕閣の曖昧な点を衝いている点も多々あった。北門の守りについても、斉昭は松前志摩守なぞの手にまかせてはおけないとて、自分が幕府の代官となり、北海道の警備と開拓に当りたい旨を申し出た。これは、幕府がかつて松前藩をしりぞけて蝦夷地を幕府直轄とし松前奉行をおいて北辺の調査・支配に当らせたのに、さしたる理由もなく、ロシアの南下の危機に当って松前奉行を廃し、再び小藩で力のない松前藩に蝦夷地支配を委《ゆだ》ねた点を衝いている。しかし、幕閣は、水戸藩が財政窮迫のため領土ほしさに北海道を望んでいるものとしか考えず、この献策を見送ってしまった。

こういう幕閣の施政と水戸藩の立場のはざまに立って、藤田東湖はしばしば実際政治というものの醜悪で陰険な面に触れざるを得なかった。彼の、後に著した『常陸帯《ひたちおび》』『回天詩史』等には、そのいきさつが詳しく描かれている。

しかし、さしもの一世を震撼せしめた水野越前守の改革も、ついに成功を見ず、水野の失脚に終った。能吏の改革は、一大政治家の勇猛な廓清には発展しなかったのである。

だが、水野の失脚から何ほども経過しない弘化元（一八四四）年四月、東湖は三回目の決死の機を迎えねばならなかった。世に恐れられた烈公斉昭が、公辺より厳譴を蒙るに至ったのである。当時、斉昭は側用人たる東湖らを率いて水戸に帰国していた。それに対して、老中たる牧野備前守・阿部伊勢守・土井大炊頭の連名で宿次奉書《しゅくつぎほうしょ》が到来したのである。

宿次奉書とは、幕府のもっとも権威ある公文書である。内容は、御用があるから帰府せよというのみで、理由も何も記してない。しかし同時に、水戸藩江戸家老から到着した急報によると、すでに江戸家老が老中阿部伊勢守の邸に呼び出され、七カ条の疑惑について問いただされたという。七カ条とは、連続して鉄砲打ちを行なったこと、勝手もと不如意といいながら土木工事を起していること、北海道領有を希望していること、むやみと浪人を召しかかえたこと、神道に凝りかたまり仏寺を破却したこと、学校の土手を高く築いたこと等々である。こういう、ほとんど揚足とりに近い「罪状」をあげつらって烈公を陥入れようとするのは、藤田派の同志たちに推測させると、執政結城寅寿がひそかに鳥居甲斐守・林大学頭・榊原主計頭ら幕閣の黒幕連中と計って、水野越前守失脚後のまだ新しい内閣に、烈公を中傷したのだという。（右の罪状中、浪人を召したというのは奥州の百姓八郎等、草莽の抜擢を指す。）

しかし、烈公自身は、鉄砲打ちをしたのも公辺のためを思って武備を強化したひとつの現れで、外《と》様《ざま》大名でもあれば疑われもしようが、親藩たる水戸としては当然のことであるといい、おそらくこれは追放した奸僧どもの工作の結果であろうと推測した。事実、烈公の仏教嫌いがもとで追放された僧たちの一部は、京都の智恩院勢力をたのんで、そこから上野寛永寺の座主を動かし、ついに大奥に手をのばして将軍自身をそそのかし、烈公を罰してもらおうとしたということが、後になって判明する。幕府の倹約令にも陰に陽に反対した大奥のことである。むろん頑固でやかまし屋の烈公を好んでいる筈がない。先の水野越前守の失脚にも、大奥は一役《ひとやく》買っている。今度も、その閨閥政治がものをいったのであった。

理がどちらにあるにせよ、とにかく斉昭は、宿次奉書の命ずるままに、江戸に向って出発せざるを得ない。五月二日、行列は不安の色に包まれる家中・城下の人びとに見送られて江戸へ向った。当時病床に在った藤田東湖も、死を決して馬上の人となり、お供する。五月五日、平常ならめでたい節句の日に、行列は小石川の藩邸に入ったが、ふつう御三家が参府した際に、将軍からねぎらいのために派遣される上使《じょうし》もやって来ない。翌日、ついに、「中納言殿御家政向き近年追々御気随」というとがで、斉昭に対する隠居、急度《きっと》慎しみの厳譴が下った。側近の補弼の責ということで、家老両名のほか、藤田東湖・戸田銀次郎の二人は役儀取り放しの上蟄居《ちっきょ》という幕府の直命が附加されている。

今まで御三家の雄、天下の副将軍をもって自他共に許した烈公斉昭も、こうなるともはや手も足も出ない。家督を諸生派によって育てられた慶篤《よしあつ》にゆずり、水戸藩の上屋敷たる小石川の御殿を出て、駒込邸におしこめられる。昨日までの大殿さまが、さかやきもそれず、着たなりの白衣で、部屋を出ることも、雨戸を開くことも許されない。文字どおり天日を仰ぐこともかなわぬのである。

幕府の直命は、家老両人と、藤田・戸田両臣の処分だけであるが、むろん殿さまはじめ藩政府がひっくり返ったのであるから、そんなことではすまない。藤田派をこころよしとしなかった反対派は、直ちに気の小さい新藩主慶篤の意思という名目で、大量の処分を行ない、藤田・戸田派をあらゆる役職から一掃し、多くの者を閉居せしめる。野党となって陽の目の見られぬ藤田派内の激派が天狗党としていよいよ過激化してゆくのは必至であった。

東湖は、あまりのことに憤慨して自決して君冤を訴えようと考えるが、やっと思い止まり、命のままに蟄居する。こうして東湖は、三十九歳の春から、四十四歳の夏、嘉永二年八月まで、はじめは小石川、後には向島の小梅、さいごには水戸と、三度場所を変えての永蟄居の生活を送るのである。しかし、何が幸いか、この期間こそ、詩文に書簡に、東湖のもっとも東湖らしいところのほとばしり出た時代であった。とりわけ『常陸帯』は、蟄居開始後両三カ月中にすでに序文を書いており、烈公斉昭が家を継いでから、自分の仕えた見聞の限りで、その政治の公明であったありさまを和文で叙述している（当時は厳秘。親友にも見せぬ）。ついで、『回天詩史』が書き始められる。生涯、どちらも秘密の執筆で、家人にも、他人に写されたりしないように注意している。

「三度《みたび》死を決してしかも死なず、二十五回刀水《とうすい》を渡る」、『回天詩史』はこの詩からはじまり、自分の三回の決死、すなわち先述の大津村に外船の来た時の決死斬り込みの決意の日、斉昭（敬三郎君）擁立のための決死南上の日、そして斉昭厳譴の日、この三回の思いを中心に、己れの私史と公史とをないまぜにして雄渾な漢文で叙したものである。後、ひそかに写す者が出てきて、橋本左内の如きもそれを写して、もって己れの心の発奮の糧《かて》としたのであった。『常陸帯』もはじめは秘密文書であって他見を許さなかったが、後に高橋多一郎兄弟らが回覧し、吉田松陰の松下村塾の少年用教材となる。
文は人なりというが、東湖の文章や詩は、実に力強く、しかも矯激ではなく大度である。有名な『正気之歌』は、その粋ということができよう。

天地正大の気、
粋然として神州に鍾《あつ》まる。
秀でては不二の嶽となり、
巍々《ぎぎ》として千秋に聳ゆ。
注いでは大瀛《たいえい》の水となり、
洋々として八州を環《めぐ》る。
発《ひら》いては万朶《ばんだ》の桜となり、
衆芳ともに儔《ちゅう》し難し。
凝《こ》っては百錬の鉄となり、
鋭利鍪《かぶと》を断つべし。
尽臣《じんしん》皆熊羆《ゆうひ》、
武夫 尽《ことごと》く好仇《こうきゅう》。
神州誰か君臨す、

万古天皇を仰ぐ。
皇風六合《りくごう》に洽《あまね》く、
明徳太陽に侔《ひと》し。
世汚隆《おりゅう》なくんばあらず、
正気時に光を放つ。
乃《すなわ》ち大連《おおむらじ》の議に参しては、
侃々《かんかん》として瞿曇《くどん》を排し、
乃ち明王の断を助け、
燄々《えんえん》として伽藍を焚《や》く。
中郎嘗《かつ》てこれを用い、
宗社磐石《ばんじやく》安し。
清麿嘗てこれを用い、
妖僧肝胆寒し。
忽ちにして竜口《たつのくち》の剣を揮い、
虜使頭足分たる。
忽ちにして西海の颶《ぐ》を起し、

怒濤胡氛《ごふん》を殲《つく》す。
志賀月明らかなるの夜、
陽《いつわ》りて鳳輦《ほうれん》の巡をなし、
芳野戦酣《たけなわ》なるの日、
また帝子の屯《ちゅん》に代る。
或いは鎌倉の窟に投ぜられて、
憂憤正に悁々《えんえん》。
或いは桜井の駅に伴い、
遺訓何ぞ慇懃《いんぎん》なる。
或いは天目山に殉じ、
幽囚君を忘れず。
或いは伏見の城を守り、
一身万軍に当る。
承平二百歳、
この気常に伸ぶるを獲《え》たり。
然れども鬱屈するに当りてや、

四十七人を生ず。
乃《すなわ》ち知る人亡ぶといえども、
英霊未だ嘗《かつ》て泯《ほろ》びず。
長く天地の間にあり、
隠然として彝倫《いりん》を叙《の》ぶ。
孰《たれ》かよくこれを扶持し、
卓立す東海の浜《ひん》。
忠誠皇室を尊び、
孝敬天神に事《つか》う。
文を修むると武を奮うと、
誓って胡塵《こじん》を清めんと欲す。
一朝天歩艱《かん》にして、
邦君身先ず淪《しず》む。
頑鈍《がんどん》機を知らず、
罪戻《ざいれい》孤臣に及ぶ。
孤臣葛藟《かつるい》に困しみ、

君冤誰に向ってか陳べん。
孤子墳墓に遠ざかり、
何を以てか先親に謝せん。
荏苒《じんぜん》二周星、
孤りこの気の随うあり。
ああわれ万死すといえども、
あに汝と離るるに忍びんや。
屈伸天地に付し、
生死またなんぞ疑わん。
生きてはまさに君冤を雪《そそ》ぐべく、
また綱維を張るを見ん。
死しては忠義の鬼となり、
極天皇基を護らん。

「荏苒二周星」とあるのを見ても判るように、蟄居させられて二年余、小梅の閉居にあり、かつて少時、父なる幽谷が、文天祥の『正気之歌』を朗誦するのを聴いた日々を思い出しつつ、慷慨を述べたものである。いったいに志を述べる詩というものは、草莽の士に多いけれども、多くはあまりにも直情径行で破滅型となり、文学にまでは昇華していない。正気の歌という形式も、吉田松陰にもあり、広瀬武夫にもある。が、何といっても正気の歌では、中国の文天祥と日本の藤田東湖であり、これはすぐれた詩となっている。君公が冤罪をこうむり、罪戻孤臣に及び蟄居せしめられている鬱屈の気を叙して、しかもそれがその時々の情況論や時務論に止まっていずに、天地の正気というものが、自然にも人間にもあるものだというフィクションを、まことにたくみに織りなしている。述志の詩で、こういう高い抽象力をもつことは容易でない。これは論理の力ではない。東湖は理論家でもあったであろうが、より多く詩人であった。直情の詩人であるとともに、稀に見る大度の詩人であった。鬱屈を極めつつ、繊細に墜ちず、実に晴朗そのものの詩を作る人であった。この健康・剛直は、関東の草莽出身の家の者の生むところである。

『回天詩史』でもそうであるが、志士たるの「自任」の強さは、東湖の特有のものであるのみならず、水戸学の尊んだところである。「自任」とはまた、歴史に対する、自からの責任の取りよう（アンガージマン）を示している。自発的であり、またどこどこまでも、自から責任を敢取してゆく風である。会沢正志斎の『新論』にも、「報本反始」をくどいほど説き、英雄の志と人民の働きをいい、「変動して居らざる」ものを天地の道として、「断乎、天下を必死の地に置く」ことを強調している。天下を必死の地に置くとは、とりもなおさず、草莽の士が身を挺して一つの危機を醸成することである。危機はここでは所与の条件ではなく、自から作りなすものである。

こうした発想の激しさは、水戸の風土にもかかわり、東湖らに特有のものであった。そして、きわめて詩人的な直観に支えられたものであったともいうことができよう。これこそが「回天」の志である。

やがて、ペルリ来朝に驚きあわてた幕府は、烈公や東湖の罪を許し、海防のことに関し意見を述べさせようとする。しかし、長年の閉居のうちに時勢も変り、さしてはかばかしい働きはできぬうちに、東湖は安政の大地震によって圧死してしまう。少なくも、歴史の表面に現れたところでは、ペルリ来朝後の始末について、阿部伊勢守（正弘）や川路左衛門尉（聖謨）らのほうが、手堅い政策をもっていたように見える。しかし、水戸学はもう古いとか、いたずらに過激にすぎた、というように結論づけることもまたいかがなものであろうか。橋本左内のような理性に富んだ「開明」の士が、また吉田松陰のような至誠の志士が、また真木和泉守のような後に公家や浪士に絶対的な信頼を受ける人物が、いずれもまず水戸学によって洗礼を受け、終生水戸を尊んだことは、偶然とはいえない。藤田東湖によって代表される水戸学の影響は、今日誰が思ってみるよりも、量り知られぬくらい深甚であったのである。

皇国史観に立つ者たちは、そのよって来たるゆえんを、水戸が天下にさきがけて尊皇の旗をかかげたからであるといってきた。はたしてそうであろうか。むろん、当時の人びとのこころの表面においては、そうであったかもしれない。しかし、歴史はその表皮をのみ撫でて解き得るものではない。わたしは、尊皇はむろん水戸の、またひいては維新期の表看板であったことを認めるけれども、内実の水戸学の魅力、水戸派の人びとの魅力は、その本体力ある正義感に存したと思う。水戸人士は、藤田父子に代表されるように、已れの主体としての責任において、まず各学派・各流派の長所を採り入れようとした。何のためにかというなら、それは社会正義の大道のためにである。正義とは何か、義《ただ》しさとは何か、についていうなら、彼らは正義を済世救民の上に考えた。そこに「文武岐《わか》たず」「忠孝二なく」「学問・事業その効を殊に」しない正義の発動の契機があった。水戸の後期の人びとの思想の魅力はここに存するのであった。尊皇はすでに『神皇正統記』の言葉としてあった。日本神国観は北畠親房のこの原理から、水戸義公に継がれ、国学の四大人以下の人びとも別に神国観を樹立した。尊皇が尊皇のスローガンだけに止まるなら、それはやはり一種の擬制である。日本神国観のフィクションの運命が、それを示している。それだけでは、今日の自由も民主も、同じ擬制であり、フィクションである。どちらが相対的によいといってみたところで、大した違いはない。スローガンの蔭に在る実質・本体の力をどこに見るかは難しいのである。そこが見破れない限り、八・一五でつい去った皇国史観も、八・一五によって楽々と世に出てきた進歩史観も、互いに目くそが鼻くそを笑うような喧嘩をくりかえしているのみで、曲がない。人間の思想というものは、形式をその時々の思考形式（場合によっては同じスローガン）の下に、まったく違った思想内容を盛り込んでいてこそ、思想という名に値するのであって、その内容を見ぬくことは容易でないのである。

藤田幽谷・東湖の思想も、形式やスローガンから見るなら、尊皇といい攘夷といい、また勧農といい、いずれも珍しいものではない。のみならず、今日の民主主義や社会主義や国際連帯の思想形式から見たら一反動にすぎない。或いは、とうの昔に日本の人民が卒業した筈の思想である。が、それは思想の外皮のみを見ていうからそうなので、実は、この両人の詩文や著作などぞ、つくづくと読み込んでみるならば、相当の思想の美食家も、けっこう頂けるのであり、そここそが思想の歴史を片づけるに一片の公式では何ともできない、難しいところなのである。（のみならず関山豊正『元治元年』によれば、「討幕」も天狗党に始まる。）

こういう思想に対しては、もし敢えて打ち勝とうとするなら、対手に（つまり東湖なら東湖に）できるだけ指《さ》し切らしてみる他ない。その上で受けて立つだけのゆとりがないと、とうてい「卒業」も「打倒」もできようがないのである。水戸派のそれだけの含蓄に何とはなしに気づいたのが、若い日の橋本左内であり吉田松陰、真木和泉守らであったのだ。しかも、水戸派の人びとは、指し切るだけ将棋する前に井伊大老の弾圧の前に分裂してしまった。残ったのは、天狗党と諸生党の、倶に天を戴かざる怨念のみであった。つまりは天狗側の討幕熱だけが残され、共通の敵の姿は見えなくなってしまった。そこに、水戸の悲劇があるとともに、後世の水戸を見る者の、見方の多くの誤解が残る。彼らはダメだったのだ、だから分裂し内訌して終ってしまったのだ、という人びとがついこの間まで多かった。だが、それなら、分裂した者は、内訌に終ってしまった者は、皆ダメなのか。だったら、世界の民主主義は十九世紀から二十世紀にかけて、まったく分裂しつづけている。いや、フランス革命の時とて、名誉革命を経たイギリス民主主義が、フランス革命の徒をどこまで理解したか。またフランス革命の総過程でみにくい分裂があったからとて、フランス革命そのものがダメであったのか。――答は、否である。社会主義も、共産主義も、またけっして一枚岩の団結や連帯に、みごとに飾られていはしない。今日分裂に分裂を重ね、内ゲバをつづけているセクトも、分裂していること自体をもってダメだときめつけるのは簡単であるが、一九六〇年以前からの彼らの前史《フオアゲシヒテ》を知る者にとっては、事はしかく単純でない。強烈な戦いがあればあるほど、分裂や内訌はつきものである。それを一々恐れていたなら、けっして戦いはできないのである。ダメな点はもっと別のところにあるのだ。

ただいえることは、水戸派の人びとが内紛を転じて革命とできなかったことの事由のひとつに、彼らの多くが思想の内実をゆたかにしつづける営為を怠って、形のみの戦いの激しさを誇り、つまりは大義名分をふりかざす小イデオローグとなり果てていったところがある。わたしらが今日の眼で、天狗・諸生の党争が、真に社稷・天下のためでなく、片々たるイデオロギー、空虚なる名分のためのものとなっていった過程を見ぬいてこそ、真の闘争の歴史が思想的にえぐられることになろう。ただし、率先「討幕」路線を明示した天狗党は偉い。

東湖の妾の子である藤田小四郎や、反対党のほうに属した鯉淵勢のことについては、すでに『非命の維新者』（角川新書）に書いたし、多くはいいたくない。ただ、あれだけ村役人以下の農漁民を組織し得、「義民」たる村役人の子弟数百を動員しつつ、バトルに勝ってウォーに敗れた彼と、河井継之助の知己土田衡平《こうへい》というすぐれた軍師をもちつつ小四郎と分れて八溝《やみぞ》山中にさまよって塙で斬られて死んだ田中愿蔵《げんぞう》のことを、読者は「参考書目」によって追求してほしいのである。高知聡によると、金沢元塙町長は、かつて、多賀の素封家の家で小四郎刑死直前の自筆の文書を見、そこには「田中の方法が正しかった」

とあったという。

さらに特筆大書すべきは、先にいう東国草莽・関山豊正（本名駒之介）の『元治元年』㊤㊥（㊦は執筆中）の仕事である。とりわけその㊥は、現在、那珂湊市元町天神馬場の関山家で発行中であるが、開巻冒頭に、徳富蘇峰以来の水戸学や天狗に討幕の意思なしとする説をひっくり返す貴重の文書数点を掲げている。小川館有志（恐らく小四郎指導下にあった）は早くも元治元年五月、水戸市中に、「誅幕」「攘夷」「天朝復古」の貼紙をし、諸生の政府（市川・朝比奈ら）および弘道館の諸生はこれを反駁しているのである。天狗の尊皇とは、当然討幕であったのだ。

これらについて、小西四郎も井上清も遠山茂樹も、一酒屋さんである関山豊正という民間在野の文武の人（柔道六段・剣道四段、『水戸の刀匠』の著もある）に答えるべきであろう。わたしはこの人と天狗の戦跡をしらべ、その淡々たる謙虚の風にも打たれている。

第五の章　吉田松陰——恐れ乍ら天朝もいらぬ

故《ニ》上兵《ハ》伐《ツ》レ謀《ボウヲ》。其《ノ》次《ハ》伐《ツ》レ交《コウヲ》。其《ノ》次《ハ》伐《ツ》レ兵《ヲ》。其《ノ》下《ゲハ》攻《ム》レ城《ヲ》。

（『孫子』）

What is of supreme importance in war is to attack the enemy's strategy. ...... Thus, those skilled in war subdue the enemy's army without battle. They capture his cities without assulting them and overthrow his state without protracted operations.

(Sun Tzu: The Art of War, trans. Samuel B. Grittith)

わたしは子供の頃、吉田松陰先生について不思議で不思議でならないことがあった。それは、よく知られている松陰の座像が、剛直ではあるが、実にさびしげに描かれていることについてであった。またなぜ、謹厳に描かれているのに袴をつけていないのかも妙だった。

二十一回猛士松陰といえば、あの下田踏海事件といい、「士気七則」といい、「身はたとひ武蔵の野辺に朽ぬとも留置まし大和魂」の歌といい、非常に勇気のある、しかも細心の人という印象をもっていた。また、久坂玄瑞・高杉東行《とうぎょう》その他松下村塾の弟子たちといい、来原良蔵・桂小五郎その他の友人たちといい、松陰のまわりはたくさんの偉い人物がとりまいていたようにも聞いていた。その上、父母兄妹も叔父さんの玉木文之進先生も、たいそう立派な人たちであったと書いている書物もあった。そういう一族や門人や友人やすぐれた人たちに囲まれ、その人たちだけに止まらず他国の名士・浪人にもよい影響を与え、幕吏にさえ惜しまれつつ斬られて死んだ松陰という人が、なんでこうもさびしそうに描かれているのか。しかも一寸不作法であるのか。これは子供ごころに疑問でならなかったのである。

むろん子供の頃のことであるから、同じような肖像画が何幅かあることも知らなかった。また、これらを描いたのが松陰の弟子の松浦松洞であることも、その松洞が、師のあとを追うように、長井雅楽《うた》を刺さんとして成らず、京都で時事に憤慨して自殺し、松門最初の犠牲者となった人であることも、知らずにいた。画面の人が、とくに小刀《しょうとう》のみもち、袴をつけていないのが、幽囚中袴は許されない（自宅でも村塾でも）ためだということなんぞ、実は近年知ったのだ。「塩賊」と長くいわれていた大塩平八郎さえ、その肖像画は羽織・袴で、定紋もつけているのに——。

今思ってみると、むろんわたしが子供の頃に、学校で或いは書物で知った吉田松陰の人間像というのは、そうとうに歪められたものであった。満洲事変前夜のことだからそうなのである。が、大人になって、松陰その人の書いた文章や詩歌・手紙なんぞ読むようになった戦中初期・中期でも、戦後の三十台の時思ってみた松陰像、「六〇年安保」後の四十台のころ思ってみた松陰像、そして今のそれと、ずいぶん違って見えてきているように思える。また、しだいに、魚屋の子・松浦松洞がなぜあのように師の松陰を描いたのかということも、少しずつ判ってきたように考えられもする。平和に日常の居坐をつつしみ、女性のような声でものを語る松陰が、書見の際、小刀だけは手ばなさなかったのも判ってくる。

或る時には、わたしは松陰を、一貫不惑兵学者として生き切った人のように思っていた。（これはまあ、いまも大体そう思うが、下程勇吉の『吉田松陰』とは、わたしは違った見方が必要になってきた。）また或る時期には、松陰の教育者としての立派さがきわだって尊敬されたこともある（これも、後藤三郎あたりとは違うのだが）。また、中沢護人のせいか、松陰が天皇ファナチズムの塊りのように思えて大いに反感をもったこともある。松陰の開国的な考えが、攘夷一点ばりに変っていったように思えて、徳富蘇峰とともに彼をしてかく変らしめた時勢を思い、その思想の回転を惜んだこともある。また逆に、松陰のいわゆる「尊攘」を、日本が「統一国家」を形成する過程で、どうしても必要であった思想のように評価したこともある。これは、わたしがまだ奈良本辰也の「絶対主義」国家形成説にくさびを打ち込む力がなかったせいであったろう。

今考えてみると、その時々に松陰について考えたわたしの視点は、いずれも事の真実の一面をしか見ていなかったと思う。そしていつも松陰に、そして歴史に、ないものねだりをしていたように思う。今は、松陰という人は、人間命がけで何かをやってみても、これっぱかりのことしかできないのだということを、いつからか、こころにしみて知っていた人のように思えてならない。『討賊始末』なんぞを、一字一句、メンシュリヒに、仁義的に読むようになってからのことであろうか。この文章は宮番という「未解放」部落民より以下に扱われていた人たちのことを書いた名文で、主人公登波《とわ》を、杉家では大事な客として泊めているのである。

松陰のような生き方は、間違ったら大きな誤りを犯す。けれども、そう知りつつ人は後《あと》へ引かないのである。後へ引く余地を、はじめからとっておかないのである。おそらく利口な生き方とは縁がない仕方であろう。こうした生き方に対して、批判はいくらでもできる。指摘し得る間違いはたくさんにある。しかし、そんな生き方はやめて、こう生きたらよかろうとはいい得ない。そうはいわさぬものをもっている生きざま・死にざまなのだ。わたしもそのように、いつの日からか生きてきていた。わたしは、松陰先生を有難く思う。「あはれ」に思う。彼は政治学を、ユークリッド幾何学のように構築しようとしたホップズのような流れの人ではない。人間の悟性・倫理を、数学と同様に組立てようとしたロックでもない。

そう思うと、あの松陰の座像のさびしさが、なるほどああ描かれねばならなかったのかと納得されるのである。肩は少し怒っているけれど、なるほど志ある者の言語は、婦人のようであらねばならぬと思わせるものがある。二十余年童貞だったとはいうが、江戸京橋の伊勢本や、浅草の料亭・呑み屋も知り、野山獄中に高須久子(はじめて知った時、彼女三十八歳)を知って、発句をやりとりし、武家の寡婦がいかに欲情にもろいかも知って「あはれ」をもよおし、「高須大人《うし》」に答えた歌や句もある人の姿がここにある。

吉田松陰が、幼くして養父大助という器量人の山鹿流兵学を継ぎ、兵を論じなければならなかったのは、思えば因果なことである。兵は凶器であり、干戈はみだりに動かすべきものでない。動かすべからざる兵を、兵学者は常に山野深海に動かし想う。しかも、兵学の目的は断じて救国済民におかれねばならない。計数が武士のいやしむところだった当時、算盤を手に、経済や治民を俗吏とは別の態度で学ぶのである。わたしら兵学の者はこの矛盾に苦しみつづけるものである。救いは宗教しかないが、南無は採《と》らざるところ。しかも、西夷・米国の東洋に対する進出によって、時勢はいよいよこの矛盾を深くしていった。松陰は、深まる矛盾から身を避けるような人ではなかった。これ先師・山鹿素行の他流と違った『孫子』解註をもち、それが衣鉢を継ぐ立場であり、それをエンラージする人の態度である。

混沌とした矛盾だらけの現実の中で、自分が自分を振い出すような生き方が松陰には特長的である。彼のいう「義」とはメンシュリヒカイトである。こういう人は、隠遁や韜晦から一番遠いところに身を置くのであって、常に意識あるマッセの崛起の先頭に敢死すべく心得、だから人間命がけでやってみてもこれっぽっちのことしかできないのだと、知れば知るほど身を惜しまず、労をいとわないのである。「万巻の書を読むに非ざるよりは、寧ぞ千秋の人為るを得んや、云々。」

こうした生き方が、まず松陰の学問の仕方に現れた。一生学ばねばならぬのが兵学であったことは、こうした生き方を激しくした。勇進また勇進、敢闘・頑入あるのみであり、しかも言語《げんによ》は婦人のごとく、下々《しも》を見ること知己のごとくあらねば、兵は語れない。

吉田松陰が、萩城下はずれの松本村護国山の麓、今彼と金子重輔《しげのすけ》（正しくは重之助）との銅像の建っている辺に生れたのは、天保元（一八三〇）年庚寅の歳、秋八月である。よって名づけて寅次郎という。字は義卿。父は家禄二十六石をはむ杉百合之助常道、母は児玉氏滝（実はさらに下士である人の女）、松陰はその次男である。長兄は梅太郎、後の杉民治。松陰は五歳にして父の弟吉田大助賢明の養子となったが、吉田家は山鹿流兵学師範をもって藩に仕え大番組に加えられ五十七石六斗を受けていた。大助の代、徂徠学の偏見を批判し、程朱の学により王覇の弁を立てたのも山鹿流らしい家学である。しかし、翌年、藩侯の軍師・賢儒たりし養父の大助は厳然として遺言を残し、端坐しつつ二十九歳の若さで死に、松陰が跡を嗣ぐ。考養を尽すべき大助未亡人は黒川村に退き黒川北堂と呼ばれる。とはいえ、いまだ六歳の幼児である。そのまま実家の杉家に養われ、吉田家の家学は亡父大助の高弟が代って教授した。幼児のうちから松陰を一般教育したのは、父杉百合之助と叔父玉木文之進である。百合之助は父の七兵衛のくれた『論語集註』を愛読しつづけ、叔父文之進、旧式だが学に風あり、松下村塾を開くのは後のこと。特に、二十何歳も少《わか》い松陰を猛訓し、打ちころばす。

幼時の勉学はかくて上士並《なみ》に厳格であったらしく、八歳ですでに『孟子』を学んでいる。しかし厳粛かならずしも和気を殺《そ》がず、激しい精神主義的な教育と、一方下級武士の一家らしくアルバイトかパートタイマーか、自家のでない畑を打ち、米をつきながらスガリ木に本をおき教え教えられるといった非書斎的な教育とが、混り合って幼い松陰をきたえたものと思われる。書物筆紙代は父子とも、夜間の藁細工その他で求められたといわれる。

妹千代(後の小田村伊之助夫人)、またよく共に働いた。朝まだき、山に入って、一家で馬の飼葉をとるのだが、他人の馬のためらしい。

右にいうごとく、とりわけ玉木文之進は、乱暴に近い教え方をしたが、正確には松陰より二十二歳の年長か。兵学専門ではないが、とにかく形の上では一応、山鹿流兵学免許皆伝を受けていたから、兵学者として立つべく運命づけられた松陰にとって（大助の門人が附いてはいるものの）格好の師であった。この人は学は旧いが、百姓のこころをつかむには進取的で一種開明の風あり、民政の上でもすぐれた事績を挙げ、後に名代官となった。明治になってから前原一誠らの萩の乱に、門弟多く参加し、責を問われて捕われようとした時、皺腹を切って死んだ。他に、亡養父の高弟であった林真人・山田宇右衛門らが、松陰の兵学の勉強を助けた。

とくに久方ぶりに江戸遊学より帰った治心気斎山田宇右衛門は、幼い松陰に多大の刺激を与えた。彼は萩に帰着早々、旧師大助の霊位を拝し、「若先生」松陰の健在を見、大いに喜び語って、一巻の書と地図とをひろげた。

「寅次郎さま、御覧ぜよ。これ、オランダの書物を日本の言葉に書き改めた書にて『坤《こん》輿《よ》図識』と申す。これこの蝦夷の北、シベリアと申す処は、無人の辺境にていまだ定まれる主もござらぬ。故にここに日本より手を廻し、この領土をわが権内に入れ申さねば、ヨーロッパにあるロシアという国が追っつけ蝦夷もろとも彼が手に納め申すべし。また、南の方、この辺を見給え。これオーストラリアと申す大島、その周辺に未だ主なき島々があり申す。ここへ手を伸すに、もっとも地の利を得たるはわが日本。其許《そこもと》さまは、器量天晴れのお子と見受け申す。先大人のお跡をつぎ、狭く萩の一地のみならず、眼目《がんもく》をこの世界におかれ、国の憂いを自らの憂いとなさるよう。」

弘化二（一八四五）年、十六歳の松陰は、山田宇右衛門の説に従って、はじめて山田亦介に就き、長沼流の兵学を学んだ。他流の学問に接した初めてである。山鹿流と長沼流との違いは参謀本部の『日本古戦法』に書いてある。が、行軍・展開などの他に、山田亦介は、むしろ西洋式の砲術を専門とする士で、欧米人の東洋侵略の様相を説き、この害毒は近いうちに日本にも及ぶであろうと教え、若い松陰の奮起をうながした。おそらくこの頃までに松陰が学び取ったものは、生きた兵学でなくてはこれからの兵学として生きのびることはできないという事実だったろう。長沼流の皆伝を受ける日、松陰は萩の唯一といってよい西洋陣法の師・飯田猪之助や、『兵要録』の巧者・佐藤寛作の堂をも叩いた。

当時、少くも萩一地の兵学は、長い泰平の世に慣れて、実践から離れたものとなっていたから、ようやくに海防の事が識者の間に論ぜられるようになった時、いたく動揺しなければならなかった。世に知られる長藩村田清風の改革も、そこまでは十分手が廻っていない。わずかに羽賀台演習や巡浦使派遣が行なわれたばかり。当時、何かというと日本古来の刀槍を主として戦うを是《ぜ》とするか、西洋伝来の銃砲を主として戦うを是とするかの議論がなされたのは、兵学の動揺の現れであった。萩の人はよく知っていないが、この議論の先覚は、諸侯では、水戸斉昭と一橋を継いだその子慶喜である。

若い松陰は、刀槍・銃砲といった器械の別は二の次の問題であると考えたようである。根本の問題は、世禄を受ける家老以下とくに大組を中心とした藩士が本来の定めのとおり、家士・従僕を養い、平素から彼らを訓練しておくことであり、それが行なわれれば、場合により刀槍可なり、また別の場合には銃砲可なりとするのである。その後の松陰が、江戸その他へ遊学してみて、これからの兵学は西洋兵学でなくてはならぬと断言してゆくのと比べ、この若き日の松陰の考えは注意しておいてよい。とくに藩祖毛利元就が烏銃数丁で厳島《いつくしま》の戦に陶《すえ》氏を破った歴史をもつ萩での――。『孫子』と『武教全書』は、『孟子』と共に彼の一生の愛読書となる。なかんずく、『孫子』解釈は山鹿流にもとづき、素行先師の祖述どおり、始計第一より巻末の用間までを体系化した。これには今日のクラウゼヴィッツ―ルーデンドルフ―毛沢東を経た軍事哲学思想でも、さらに学ぶべき点が多々ある。

松陰の秀才としての名は、早くから藩内に聞こえていた。わずか十歳そこそこで、形ばかりとはいえ藩校明倫館に出勤して兵学の講義を行ない、十一、二歳の頃には、藩主の前に出て『武教全書』の三戦や籠城の件《くだり》を講じ、また『孫子』ほか兵学七書について問われるままに答え得るまでの躍進を示している。兵学に併せて、経学の勉強も進められた。こうして松陰は二十歳くらいまで、ほとんど萩に在り、勉学と思索の生活をつづけたのであった。父百合之助の叩き込んだ、『文化十年御布告』『日本外史』、楠公・毛利公に関わる詩文等は、逆転して彼の経学を助け、山田宇右衛門の強調した、「方言」（外国語）への関心も加わったと見てよかろう。山田宇右衛門は江戸でオランダの手品を見て「方言」学習の必要も覚えたのだ。

この二十歳頃までの間に成った詩・文、上書の類には、まだ松陰でなければ表現し得ないというようないちじるしい特色は発揮されていない。むろん一地方青年の文章としてはすぐれたものもある。しかし、まだ見聞も狭く、家学たる兵学も素行先師の寄せ集めた『武教全書』の解釈・祖述を出ず、素行の他の書物も知らない。松陰の学問が、一勉強家の地方青年のそれに止まっていたことを示す。しかし、次の遊歴の時代に向っての準備は着々と整えられつつあった。御手当御内用掛を命じられ、門人（益田弾正以下）をして行なわしめた演習、藩内各浦の巡回も益するところはあった。とくに船と海への注目は大きい。このかたみが、赤間関で求め一生愛用した硯となる。今、松陰神社の神位である。

近地はとにかく、第一回の長旅は九州に向って行なわれた。松陰の『西遊日記』が詳細にかつ生き生きと伝えている長崎・平戸行きである。この行は藩に差出した願書によれば、平戸に在る山鹿流軍学者でかつ佐藤一斎門下の陽明学者でもある鎧軒《がいけん》・葉山佐内（吉田・杉家の知音）に従学するのが主たる目的であり、十カ月を予定し、旅行費用等は自力で弁ずることになっていた。嘉永三（一八五〇）年八月二十五日、松陰は萩を発し、下関・小倉・佐賀を経て長崎に着いた。途中微熱を発したが病肺に至らず、帆足万里の書物なぞ学びつつ、佐賀の進取の風をも見ている。佐賀はとくに海軍や製鉄に努めていた。ここは反射炉を作るのも早かったのである。

長崎には、足かけ一週間ほど滞在し、唐船・蘭館・蘭船をも訪い、洋酒・スープ・パンなぞをもはじめて味わった。支那語も少しく、学んだ。「方言学」の始りである。それから佐世保を経て平戸に到り、目的どおり葉山佐内を訪い、また同地にいる山鹿素行の子孫のひとり山鹿万介にも従学し、居ること五十余日に及んだ。葉山佐内は、この時年齢六十ばかりで平戸藩寺社奉行を勤めていたが、『西遊日記』によると、松陰はこの人を、実に敦篤・謙遜の君子人であると評している。陽明学については、松陰にすでに予備知識はあったが、この人の門に到ると、すぐその日から、『伝習録』を借りて精読し、筆写し、陽明学の本源に触れようと努めている。近時、陽明学再評価ばかり流行して、人びと松陰をもって陽明学派とみなすのはいささかいかがかと思われるが、その学風の影響を受けることは多大であったろう。こころ全体をあげて「理」とし、「理」を死守する理想主義は松陰の貫いたところである。山鹿万介のほうは、齢はまだ若いが平戸藩家老に列する人であり、松陰は山鹿流宗家（江戸と平戸と二家あり）のこととて礼を尽し時日をかけて入門手続きをとり恭譲極りなき血判式をも行なったが、「主本三采幣《しゆほんさんさいへい》」の講義なんぞにどれほど学ぶところあったか疑わしい。しかし、万介も式台まで見送った。

いったいにこの旅中の記事を見ると、若い松陰は実に多くの人に積極的に会い、何でも学び取ろうと努力すること尋常ではない。病臥する日があっても、診察に来た医者に勉強の仕方を問い、『配所残筆』を含む書物を借覧し、抄録するという風である。平戸でも病んでいるが、けっして一日をも無駄にせず、来訪者をつかまえて、学問の話をし、時事を論じ、情報を得、また書物を読んでいる。なかんずく宗家の秘法よりは舟行を尊んで、水戦に備えるを平戸の美風としている。海へ海へと目ざめたのだ。とくに、長崎・平戸と来たのであるから、西の方《かた》、千里海外の事情に眼を開かれること多く、中国の現状、西洋の東漸、海防の対策等々、書物を漁り、人の話を聞き、奈良本辰也の『吉田松陰』によるなら「ジャーナリスティックなセンスそのものを身につけることができた」（?!）のであった。また、この旅中、大塩平八郎の『洗心洞劄記』や、会沢正志斎の『新論』や高野長英の『夢物語』を読んでいるのも、松陰の思想形成にとって小さいことではなかったろう。

彼がそれらを、西国において見出したことの意味は深いのである。なぜなら、これらを東国、例えば水戸で読み始めるとカテゴリッシになり、抽象的・名分的・空想的となる。西国ではザハリヒに覚醒する。これをわたしらは、運用学的という。「宣候《ヨーソロ》」(Keep steady)的なのだ。

帰途はまた長崎に滞在し、唐船・蘭船の階段や大砲まで調べ上げ、防寇の事を思いつつ、「用間」し、砲術家・高島浅五郎、訳官・鄭勘介に学ぶところあり、さらに熊本に到って、宮部鼎蔵その他の友人を得、肥後人の剛直との親近感を深めた。「精神凝定」するところがよいのだ。この旅行中知り合った人は三十人以上にのぼるが、宮部鼎蔵との出会いはとくに大切であろう。この人がやがて肥後勤王党の首領株となり、松陰の死後活動を深め、ついに新選組の池田屋斬込みの際、乱刃のうちに自裁して果てたことは世に知られている。映画なぞでは長身痩軀だが、晩年は知らず、松陰の友たりし日は、「赭入道」と渾名され、顔面の色は赤く、慷慨・義烈、かつ滑稽だったと思う。

かくして八月に萩を出発した松陰は、十カ月の暇を乞うたにしては少し早く、その年十二月のうちに帰国した。「用間」十分とみたか、費用の節約のためか、健康のせいか、またその他の事情によるのかはよく判らない。いったい人はこの時の日記をほめすぎるが、わたしは『東北遊』のほうが好きだ。帰萩時は健康体のように見えるから費用のせいか、または日記に現れる故郷の夢、メランコリなホームシックであろうか。こういう点がよくない。

翌嘉永四（一八五一）年一月、松陰は養父の高弟・林真人から山鹿流兵学の三重伝の印可返伝を受け、また藩主敬親に山鹿流の皆伝を授けて賞を受けた。その結果、藩主の上府に際して、江戸に遊学する機会を得たのである。敬親襲封後日浅く、村田清風の改革により費用もあったし、長藩中興の意気なお存したのは、松陰に「今公」の恩を至大のものに思わせたゆえんである（もっともこの人、「今公」の恩は一生いつづけるが、世子はあまり尊ばぬ。長井雅楽が世子に附いていたためか。この点、門人連とは大分違う）。藩命によると「軍学稽古のため」江戸に差登《さしのぼ》されるということで、これが松陰の第一回の江戸遊学である。かくて彼はその年三月萩を発し、四月江戸着、桜田の毛利藩邸に起居して勉学する。東行中は一大組士の「ひやめし」、すなわち厄介人で、しかし「用間」を兼ね、「今公」の行列に先行する。前哨よりさらに、三日か四日は先にあらねばならぬ。江戸でまず就いて学んだのは、佐藤一斎門に出た幕府儒官安積艮斎《こんさい》をはじめとして、山鹿流兵学の東の宗家山鹿素水（高補）、古賀茶渓（謹一郎）などであるが、松陰は兵学者としてかならずしもこれらの一流の師に満足しなかった（しかし林家の人や佐藤一斎より上におく）。むしろ安積や山鹿（西洋の事は強いて採ることはないが、用心にやっておく）

と、古賀や佐久間象山（西洋の事をよけい採る）とをジンテーゼせんとした。熊本で交流した宮部鼎蔵が上府していたのに会ったのは松陰の幸であった。鳥山確斎の梁山泊に投じたのも愉快だった。そして先生たちの門下よりむしろ他国人とともに始めた会読（研究会）に、お互いの切磋の場を見出している。松陰は既に基礎の固まっている門塾に上下《かみしも》に襟を正して赴くよりも、自から学問の場を組織し、とくに他国人と共に飲食し共に学ぶのを好んだようである。飲食を共に出来ぬ塾（夫人や令嬢の顔さえ知らぬ。幕末では雲井竜雄・田中愿蔵《げんぞう》らの安井息軒塾が例外）はつまらぬ。なおこの頃『通鑑《つがん》』をよく読んでいるのは兵学上大切であろう。

さらにその年七月、はじめて佐久間象山の門に赴き、松代藩士田上宇平太の紹介で入門の礼をとった松陰は、象山の「頗る豪傑卓異の人」であることに感じ入った。当時四十一歳の象山はいうまでもなく当代もっとも先進的な大学者であり、自から豪傑をもって任じ、事実その名天下に知られた。「方言」もやったが、主に経書（反陽明学）と西洋流の砲術（砲術とは即ち軍事科学全般のこと）とを、併せ教えた。しかし、この第一回の江戸遊学中は、松陰には象山の学風にこころから服して打ち込んでゆこうとする様子は見えない。この林述斎・佐藤一斎の弟子、崋山・星巌・信友の友たる象山へのほんとうの親近は嘉永六（一八五三）年の第二回江戸遊学時代にはじまる。第一回の江戸遊学では、「吾が学を輔《たす》くる」人には出会っても、全人格をもって傾倒できるに足る人にはまだ出会わなかったのである。兵学者で始計第一の松陰は先生に対するテストが上手であったから、心理学的には十分確めての上である。そこに松陰の寂寥の心境が生れ、当時の書簡に現れている。さらに「軍学稽古」の藩命が、彼には重くのしかかっていた。家学をもって一藩の師表とならねばならない使命が、松陰をしばっていた。自由な、自主的な、仁義ある（メンシュリヒな）、生きた学問への渇望が、彼を駆り立てようとする。奈良本辰也のいうように、親友宮部鼎蔵らとともにする遊歴へ、彼が突進してゆこうとするゆえんがそこにあった。（ことわっておくが、東洋兵学では、一藩の軍師になるとすると、それは洋式の参謀長のようなものでない。軍師は君侯に代って命令を代筆するし、将帥・大将を更迭する権力をもつ。）

鼎蔵との遊歴はすでに、相模・安房の海辺の踏査から始まっていた。間者としては、この地はいわば、江戸を中心とする東日本の表玄関である。その上、俗世で親類の竹院禅師が瑞泉寺におり、共に禅学の何たるかが学べて宮部との哲学論の資ともなる。やがてここにペルリの艦隊が出現することになるのであるから、兵学者としての松陰ら二人にとってこの地の文明の認識・踏査は意味深いものであった。が、ついで松陰と宮部鼎蔵とは、さらに長い時間をかけて、いわば深い深い裏門である東北方面へ遊歴しようという計画を立てた。全日本を『孫子』の「常山の蛇」にたとえるなら、ここは大事な蛇の尾である。松陰が十カ月の予定をもって自力で水戸・仙台・会津・米沢方面の軍学者を訪ね、併せて沿道の形勢を調査したい旨の願書を藩に提出したのは、佐久間象山門に入るか入らぬかの七月のことであった。出遊の許可は下った。（だから象山とはすぐ離れる。）が、出発は翌年春ということになっていた。ところが、この計画はその年のうち十二月十四日～十五日を期して出発ということに変更された。松陰らがなぜこの日をもって決定的な日としたのかには理由がある。それは宮部鼎蔵の他に、南部の人江帾《えばた》五郎（安芸五蔵）と同行することになったからであった。江帾は、藩の紛争で兄が投獄され、ついに憤死するにいたったのを怨みとし、兄の復仇のために東北に向おうとしていたのである。十二月十四日～十五日は、山鹿流に縁ふかい赤穂義士の復仇に成功した日であるから、この日を期して出発と決めたのである。大石良雄は、松陰が大楠公・小楠公とともに、妹にも大偉人であると教えた不朽の人であった。

ところが、出発直前になって、松陰には思いがけない事故が生じた。過書《かしょ》、つまり旅行中の藩発行身分証明書が、当分交付されないという一件である。一々国元へ照会するという形式を重んずる規則ずくめの風習が、松陰の行をはばんだのである。（しかし、当局がいじわるしたのではなかった。）ここにおいて松陰は、他藩の人との約束を破ることはで

きぬとして十二月十四日、藩邸を亡命した。当時の詩の後半に、

不忠不幸の事
誰か肯甘して　これをなさんや
一諾　ゆるがせにすべからず
流落　何ぞ辞するに足らん
たとい一時の負となるも
報国　なお為すに堪えん

とあり、やや禅がかった武士道であるが、これが松陰の自から罪人となって、なお為すところあろうとした第一回の「用猛」の挙であった。家兄梅太郎への手紙には、たとえ道路で死ぬとも、藩への御奉公は人に対して恥じないといい、少年客気の挙と自省してはいるが、太平久しく義気地に墜ちている時、義のために一身一家をかえりみていられないとも書いている。十二月十四日にこだわるなんぞは、まったく若気のいたりであるが、その少年客気が何をか生み出そうとしていたかもしれないのは事実である。だいたい、始計完全に成った時、吉日を選んで発動するのは、八・一五までつづく美風でもある。かつ思うに、松陰の一生にはこの種のことが多い。が、失敗を重ね、或る意味では狂愚に徹するようなややファナチックなところに、松陰が己れの責任で己れを作っていったところがある。人

間が人間になってゆくに、青写真ではできない。サルトルもいうとおりで、問題はマルクスのいうヴェーゼンスクラフトと、『孫子』のいう上智、そして松陰の義（メンシュリヒカイト）の湊合《ジンテーゼ》である。

おそらく松陰は、この第一回の「用猛」をもって、先にいう学問の上の寂寥の気を吹き切ったのであろう。何も、藩邸を亡命しただけですべてが自由になるわけではない。自由の刑はもっともつらい。が、背負ってきた家学の重み、藩の秀才としての煩らわしさ、軍師たるの任、それらいつかは一度捨ててかからねばならなかったものを、放棄するようすがとしたのではなかったろうか。事実、この「用猛」以後、松陰は自由にものを考え、行なうことのできる処士となっていった。（二十一回猛士と名乗るのは少し後だが、二十一はいやに松陰の好む数であり、算数を重んじた人らしい易学的な名乗りである。）

そうした松陰の行が、まず新風のメッカ・水戸を目指したのは偶然でなかったろう。当時の水戸は、斉昭厳譴の後であって、藤田東湖・戸田銀次郎らはまだ幽囚中。よって直接会うことができなかった。しかし、松陰は主として天狗のひとりである永井政助の家に世話になり、会沢正志斎・豊田天功・山国喜八郎・桑原幾太郎等々に面会し、「水府の遊歴は大分益を得候様に覚え申し候」と家兄に向って書いている。水戸に留まること約一カ月、この間、天狗―自由民権の大事な地である笠間へは往路立ち寄って得意の『孟子』を会読しているし、常州の地の宝庫たる常陸太田（東湖かつて郡奉行）、水戸藩主墓所で軍事的要衝でもある瑞竜山（後に桂小五郎・高杉東行に関わる）、義公隠居の地西山、銚子（米夷に直面）、鹿島（武の神。要石《かなめいし》は三輪山関係）、潮来《いたこ》・玉造《たまつくり》・久慈に遊び、関東の形勢と国風とを探求している。水戸人士が、訪う人あればかならず酒を設け、他国人を歓待し、胸襟を開いて赤心を吐露し、敢えて隠匿するところがないばかりか、来訪者の言に聞くものあれば、ただちに筆をとってこれを記しつけるといった風があるのを、松陰は感心して『東北遊日記』に記している。思うに彼が水戸において見出したのは、西国には見られない朴直の風と日常のことのごとくに天下を論ずる志士的な気分が、いたるところに横溢しているありさまであったろう。高山彦九郎・蒲生君平につづいて死にたいという松陰の後年を見よ。高山については会沢の『彦九郎伝』を兄杉梅太郎に献呈してもいる。また後年松陰が、水戸の百姓たちの義気に感動している獄中書簡があるが、おそらくこの旅中にも、常陸太田や現水郡沿線の大場・小場なぞの村々や鹿島方面に赴いて、これら中世の軍事的要地に住む旧武士の士分以下の者にも志気のあるのを知った関係もあろう。少なくともわたしは、小場村安藤家に就いてはそれをいうことができる。ここには『葉隠』なんぞとまるで違ったもの（物と心）がある。一ヵ月も世話になった永井政助の家を辞するに当り、その子芳之助に与えた詩は、よく当時の松陰の志を示し残している。（永井芳之助は、後に、元治甲子の変に刑死する。）

長刀快馬三千里、
迂路《うろ》　水城《すいじよう》に先ず君を訪《ま》ぬ。
一見天を指《ゆびさ》し　肝胆を吐く。
交際何ぞ論ぜん　旧と新と。
席を分つ三旬　吾去らんとす。
眦《まなじり》を決すれば奥羽万重の雲、
浩然《こうぜん》の気　天地を塞《ふさ》ぐか。
東西何ぞかつて疆畛《きようしん》あらんや。
一張一弛に国常あり、
これを弛むもこれを張るも　その人にあり。
澹庵の封事《ふうじ》は金虜《きんりよ》を愕《おど》かし、
武侯の上表は鬼神を泣かしむ。
大義今に至りてなお赫々たり、
丈夫敢えて車前の塵《ちり》を望まんや。
見る　君　年少にして気義を尚《たつと》び、

白日剣を学び　夜は文を誦《しょう》す。
斗筲《としょう》の小人《しょうじん》何ぞ数うるに足らん。
負《そむ》くこと勿れ堂々七尺の身。
吾も亦孩提《がいてい》にしてこの志を抱き、
韜略《とうりゃく》（兵学・砲術）をもって国恩に報いんと欲す。
衆散離合は意とするところに非ず、
誓って功名をもって遥かに相聞《そうもん》せん。

松陰常に抱懐する志向を、水戸武士の子に示した好篇である。その藤田東湖の詩風とや相通ずるところがあるのは、一カ月の水戸滞留にもよるものであろうか。後年、幼少の生徒に『常陸帯』を筆写・口誦せしめた松陰を思うのだ。——

かくして松陰ら三人は、水戸における体験を感謝しつつ、北上して助川（今の日立市方面）から松岡の要衝に出、当然、石炭とひうち石と反射炉を想見しつつ、大津・勿来を経ていよいよ「万重の雲」を排して奥羽地方に入った。すなわち、ひとたび海浜の地を離れて、降雪のなかを山歩きしつつ白河へ出、道を会津へととった。ここで同行の江幡五郎と別れる。彼は仇を求め、奥州街道を潜行北上するのである。別れはつらく、パッショネイトな松陰は「嗚咽して言うこと能わず」と日記に記している。

会津若松に至れば、水戸が弘道館の精神をもって松陰らを迎えたごとく、会津日新館の士風が彼らを待っている。ここでは、保守の風が強いせいか、階級厳然と分れ、士卒は等級によって七色の着衣を着、一見それと判る制度である。藩学はもと朱子学を中心とし、一時伊藤仁斎や荻生徂徠の古学が入ったが、当時はまた朱子学に復していた。これは高津平蔵らの尽力によるもので、松陰はこの高津にも面会している。しかしこの山鹿素行を生んだ地は、訪ねる当の相手の死去ということもあり、水戸ほどには関心を呼ぶものがなかったのか、滞在は七日ほどで、『東北遊日記』の記事もそう詳しくない。松陰と宮部鼎蔵とは、折からの深雪をおかして会越の国境を越え、新発田・新潟へと志したのである。軍事上の要点であることは、後年の『峠』の主人公河井継之助や、雲井竜雄を思えば判る。

二人は旧長岡領の新潟で船を求め、松前に直航して蝦夷地を踏査するつもりであった。が、船便は容易に得られず、その間に砲台調査を兼ね、佐渡に渡ることにし、出雲崎へ出た。ここでもやっと十余日を経て佐渡への船を得、承久の事に座した歌人・順徳院の遺跡や金山《きんざん》・砲台なぞを見た。「ももしきやふるきのきばの」の哀帝を哭す。また意味あり。金山労働なぞ、奉行は当時遥任であったか、そうくわしくは日記に記していない。さらに新潟に引返したが、松前行の船を得ず、ゴゼの哀歌をどう聞いたか――。ついに陸路裏日本の海岸を歩き久保田（秋田）を目指した。雪や雨に苦しみ、関所にかかるごとに形式的な調べのためにバカな金をついやし、しかも得るところは多大だが、容易でない旅をつづけて、羽州一帯の国情を調べ、久保田（水戸と縁あり）、大館（旧戦場）、弘前城下を経て、タッピ岬なぞ太宰治の『津軽』にくわしい半島の果てまで達した。タッピに行かず三厩《みくりや》で戻ったともいう。ここで外国船の通峡するありさまを知り、当局の海防策の不完全なのに憤慨している。常山の蛇《だ》・率然《そつぜん》の尾はかくあった。今日タッピ岬に遺跡あり、土人は知らずと聞く。

然り而して二人は、とど松前には渡らず、青森表、東の八戸を経て盛岡不来方城下に到り、そこで江幡五郎の家族を慰問している。ついで黒沢尻・中尊寺を経、松陰の後の踏海にも関わる石巻港へ出、松島に遊び、杜の仙台に入った。青葉城下に滞在すること四日、国分町附近を見、藩校養賢堂について調べ、学頭大槻格次にも面会している。大槻一族の事、知る人ぞ知る。仙台を後に南下する途中、あわれ街道で江幡五郎に出逢い、双方狂喜して再会を喜んだ。彼は仙台附近に潜んで、敵が藩主の行列に従って北上してくるのを待っている由であった。別れがたく共に白石に泊り、この地も要地（米沢・仙台を結ぶ）なので調べるところあり、また訣別して、松陰らは米沢へ出た。ここは名藩であり、藩制・民政なぞ学ぶことが多かったのである。米沢からは、檜原峠を越えて会津若松に出、さらに下野の国に入って今市・日光・足利を経て江戸へ戻った。日光に一驚し幕府の盛衰を念う。かくして前後百四十日にわたる東北遊歴は終った。踏査五百里。

結局、奥羽万重の雲の、突破口というか橋頭堡というかその前景をなす水戸においてもっとも多くの思想上の糧《かて》を得たと思うのであるが、松陰の後期水戸学とその風土化から得たものは果して何であったのか、これは大事なことだのに、かならずしも史料上は判然としない。ひそかに案ずるに、獲得物はいわゆる「華夷の弁」といった観念的な皇国観だけではなかったであろう。わたしはつづめていうなら、会沢正志斎の『新論』にいう「断乎として天下を必死の地に置」くという点で、松陰は水戸学に学ぶところがあったのではないかと思う。また事実、水戸は日本一国を危急の地に置き得たのであった。

会沢の説くところは、いわゆる「天地の心」にもとづきながら、なお良くも悪くも抽象的一般的名分的であり、仁義（メンシュリヒ）的でない点があった。「天地の心」に、「人性とはなにか」の認識の根を据えて、それを唯一の価値論的基底として政治・経済・軍事・外交万般の論を展開しようとしながら、まず国体からという着眼はいいのだが、とど空想的な皇国観がからまって、「万物は天に本づく」といいつつ、それがただちに万民天孫を戴くことにほかならぬ状況論になってしまい、いたずらに時務的な、そしてその故に偏狭・激越な空想的尊攘主義に終る弊となった。天地ありて後君臣ありとする思想が、十分には根づかなかったのである。ここに会沢のイデオローグ化したところがあり、天狗からもそむかれた点のひとつであろう。しかし松陰は水戸学のなかから、なるべく広く抱摂力のあるところを学ぼうとしたのではあるまいか。松陰のいう「天地に負《そむ》かず」という自任は、「断乎として天下を必死の地に置」こうとする最後の実践まで、空想的でなく、またいちがいに名分論的でもない。水戸学は松陰にファナチズムを与えた点もあろう。が松陰は精一杯の自力でパッショネイトに、しかしロジカルにそれを消化した。風土上、景色ゆたかな西国のおかげもある。

かくて自然と人為とのおのずからなる総合が存すると考える態度は、松陰が東北遊歴以後学びとったところではあるまいか。むろん、松陰は、終生水戸学の激烈で信仰的な「華夷の弁」だけにとらわれてはいなかったし、また水戸流の一種の歴史主義者でもなかったと思う。しかし、水戸学のなかのすぐれた点を採り入れることによって、松陰の思想は一種の立体性を得、また躍動力をもち、形成力を備えたと思える。体系なき体系は、一見体系ある空想論にまさる。これは「虚」であるからだ。兵には虚実あるも、学は「実」ならずんば非ず。

松陰の立論に一貫して見られるのは、理をいうのに中国・日本、ひいてはナポレオン等の歴史を媒介として立論する風である。これをすべて水戸の影響とのみはいえない。が、天地自然の理というものがあり、それが歴史的に展開《エントヴィクルング》して時勢となり人情となり、或いは発して尚武の風となり仁義のこころとなる、という考え方は水戸から学ばれたところが多いであろう。衆人のこころが、このように発露し、流露するところを鋭く捉《と》らえて、そこに国是が立ち、時務論が成るとする。

話変って、遊歴中の松陰は変装していたせいもあり、しばしば茶店の老婆なんぞに行商人と間違えられた。冗談の好きな宮部鼎蔵が「君、商骨あり」とからかうと、松陰はむきになって刀の柄へ手をかけたという。血気さかんだったのだ。が、ふと思う、行商人にでもなって得意の算盤で生きたらどうだったのか――。

ちなみに何度も哭いて訣れた江帾五郎はその後復仇を遂げ得ず、敵は病死した。事は成らず、その代り松陰が刑死する年に、六十石を与えられて南部藩に兄の家を再興している。武術も、詩文もできた人で、この人のえにしで松陰が文章を学んだのはよいことだったろう。

東北遊歴は、松陰に日本に対するさらに深い研究の必要を感ぜしめた。ただに東北地方の地理・歴史・国防・民政等に眼を開いただけでなく、日本の、とくに古代―中世の歴史を学ぶ必要を感ぜしめた。彼は、向う十年を期して勉学し直そうと決心して江戸の友人・鳥山確斎方へ戻ったのであった。

藩邸に出頭してみたほうがよいという鳥山その他友人のすすめと藩邸の内意もあり、待罪書を提出した松陰は、萩へ帰され、以後数カ月、実父杉百合之助の家で謹慎し待罪する。その間、江戸や水戸における体験にもとづき、『日本書紀』その他の国史をひもとき、『皇国雄略』を編録している。日本に生れながら国史を知らなければ、「何をもってか天地に立たん」と感じたのである。やがて藩の判決が下り、松陰は士籍を削られ、世禄を奪われ、父杉百合之助の育《はぐ》みとなった。草莽の臣から草莽へ、形の上でも変ったのである。しかし藩主は松陰を惜しみ、やがて再び取立てる積りで（むろん松陰を知る友人の周旋による）、内々実父にさとし、十カ年間（!!）諸国遊学を願出るよう計らった。松陰は一生これを恩とする。

嘉永六（一八五三）年、松陰二十四歳。また笈を負うて東行する身となった。一月二十六日、松陰は萩を出発し、途中、四国・大坂・大和・伊勢を遊歴し、谷三山・森田節斎らに会い、節斎には、得意の筈の『孫子』の文法まで学んで、一時文人として生きようかと迷った。が、江戸に着いたのは五月二十四日である。次の月は大事なのだ。が、しばし待ち給え。松陰心新たに、以後第二回の江戸遊学を始めるつもりで、再び佐久間象山の門に入ろうとした直後のこと。「たった四杯」で五百人だが、浦賀にアメリカ艦隊が現れるという大事件に遭遇したのは——。

六月四日、松陰は友人と討論中、報を得てたもとをはらい、浦賀へ急行した。江戸では夷艦十隻、乗員五千人といわれた。やっと現場へ近づくと、師・象山も弟子を率いて現地に詰めており、豪傑だけになお慷慨して、事ここに及ぶのは知れたことであるからこそ、先年来、「船の」「砲の」とやかましく申したのであるが、当路の人びとに聞かれず、この始末である。今は陸戦で手詰の勝負をするほか手段がないと語ったのを、松陰は書簡に記している。当代最先進の科学的兵学者象山にして、かく慷慨する他なかったのだから、松陰とてもただ米艦の行動を視察するばかりである。幕府の手だてなかりしありさまは、諸書よく状況を伝えているから略す。

上府早々のこの一大体験が、松陰をして象山門下として勉強しなおす道を、堅く決心させた。今やこの人以外に指導者はいないと思い込んだのである。時勢が松陰にそれを教えたばかりではない。松陰の眼は、第一回の江戸遊学の時に比べて大局に向って大きく開かれてきていたのである。本質論と状況論の立て方もやや心得た。象山門下で、松陰は蘭学と砲術と、併せて経学を学んだ。蘭学はものにならなかったようであり、松陰自身も半ばいたずらに蟹文字をやってみているだけだというように、書簡には書いている。しかしやれるだけやるのがこの人の性格だ。ただしパッショネイトだから、おそらく橋本左内のようには文法はできまい。その代り、象山手製の日和辞典がある。左内よりは大分得《とく》だったわけである。が、結果においては、要は語学の出来・不出来ではない。

松陰が当時、何を自分のものとして摑みかけていたかは、藩に提出した『将及私言』にも現れている。あたかも、ペルリが一年を猶予して去ったばかりで、来年彼らが再来して、日本が外交を開くことを拒むなら、直ちに戦争となるのは必至だと思われていた時期である。時務策の上書はいろいろあった。それらのなかで、松陰の提出したこの建白は、まず第一に大義を明らかにすることを前提とし、最後に至誠をもって貫くことを強調している点に特色がある。大義とは「天下は天朝の天下にして、すなわち天下の天下也」といい、諸藩分立して利己に傾くのを排し、「天下」が幕府の私有でないことを明らかにし、であるが故に、日本国中どこに外夷の侮りが加えられようと、それは天下の恥辱であるという点に力点がある。そしてあらゆる対策を貫く至誠とは、虚にあらず実であること、一にして二や三でないこと、さらに久、すなわち不変であることを意味する。この上書は、次のように結ばれている。

「抑《そもそも》亦窃《ひそか》に内外の状態を熟察するに、天下の事勢、必ず一変するに至るべし、甚過慮に似たれども、一変後の措置、亦予《あらかじ》め論定せずんばあるべからず。然れども今、いまだ敢えて言を尽さざるなり。」

この「一変」は、何をいっているのであろうか。むろん、当時の松陰に封建制度の倒れることは予想できはしなかった。しかし、松陰は一種の予言を可能とするだけに、天下の事を直観するようになっていた。とにかく天下が一変すると予想したのである。肝心の対策そのものの具体的内容は、象山の『海防八策』等に比し、当然未熟であった。しかし、原則はこの上書で定まったといえよう。だからこそまた、松陰は出過ぎ者として藩内の因襲派からうとまれ、藩邸への出入りもできなくなる。松陰は後にこれらの上書を第二回目の「用猛」に数えている。然り、それは「用猛」であったから、在官者に疎外されて、草野に友を得た。金子重之助のごときは、この「一変」に賭けた烈士である。

松陰がついに日本を脱出して自から孫子のいう敵を知り我を知る上智の「用間」、近代風にいうなら欧米への遊学をせねばならぬと思いつめ、師の象山もこれを奨《すす》めるに至ったのは、その後間もない頃であろう。その年九月、松陰は突如江戸を発して長崎に到り、来泊中と聞いたロシア軍艦によって海外に脱出しようと計った。しかし、長崎行はその結果からは無駄であった。すでにプチャーチンのロシア軍艦は名吏たる川路聖謨らと交信後、出航してしまっていた。しかし、この行で、松陰は熊本の同志と再び交流し、長州の藩主が、肥後侯・水戸老侯（斉昭）・尾張侯らと交わるように策している。そうした計画を胸に、宮部鼎蔵・野口直台とともに萩に寄り、宮部を玉木文之進らに紹介している。また熊本の先進学者・横井小楠（松陰より二十一歳年長）にも少なくも三回会った上で、どうか萩へ来て長藩士長井雅楽や飯田正伯や玉木や井上与四郎（とくに世子附の長井!!）と交流してくれるよう依頼している。さらに、江戸への帰途、京坂で、先に文学を学んだ森田節斎、浪士の長老梁川星巌および梅田源次郎、水藩留守居役・鵜飼吉左衛門らと会い、いわゆる「処士横議」を実践している。松陰の攘夷思想が、どのように特色をもつかは後に言及したいと思うが、ともかく主戦論者として、しかも外国に渡航しようとする者として、間近く迫ったペルリの再来を迎えようとしていたのである。その故もあり、京都―江戸間の地理・文明をよく調べつつ下府している。

安政元（一八五四）年甲寅の歳、松陰は江戸で二十五歳の春を迎えたが、正月早々、ペルリの艦隊七隻は江戸湾口に現れたのである。松陰は鳥山確斎の梁山泊で、宮部鼎蔵や野口直台とともに、「憤然墨使を斬らん」と画策したこともあったようであるが、益なくして害あるのみと再考して中止したらしい。一方、藩主に『海戦策』を上書しているが、そこに現れる限りでは、松陰の米艦奇襲策は、元寇の役や赤壁の戦訓を湊合し合理化したものである。戦術《タキチーク》としては「上兵」ではない。ただ彼には、よろず穏便を第一とする俗吏の風が腹にすえかね、敵愾心にはちきれんばかりでならなかったのであろう。戦略《ストラジエテイク》的に第一に考えていたのは、大義名分を始計第一とし、「用間」を終結とする、渡航策が中心であろう。

しかし、とにかく三月になると和親条約は結ばれた。松陰は、梁山泊の花見の宴などで友人と現状を分析し、かくては国内においてなすところはないと見きわめ、再び外国への潜航を企てるに至る。下田踏海の一挙である。この時、上府中の兄杉梅太郎には、もはや天下国家のことは壬戌の歳（来る文久二年、もはや松陰の生命なし）まで口にしないと誓紙血判を入れた。正直で兄思いだのに、まず近くより欺くのだ。山鹿流のつらいところである。

この踏海一挙はあまりにも有名であり、詳述する必要はあるまい。(註)ペルリの艦隊を追って下田に赴いた松陰と金子重輔《しげのすけ》は、甲寅三月二十七日夜（事実は二十八日未明）、風波をおかしわずかに金子の運用術を頼りに、無断借用の舟で米艦に漕ぎ寄せ、旗艦ポウパタンでウィリアムスに会い、決死踏海の心事を述べ、海外周遊の希望を披瀝したが（一説によると疥癬のため）容れられず、バッテイラで送り返され、庄屋宅へ自首するに及んだのである。小舟は、大小刀・文書を乗せたまま官没され、佐久間象山も、この行を励ます有名な「この子霊骨《し》あり」の詩を贈ったことや、浦賀同心に紹介したことから事件に連座した。事はすこぶる単純に終った。結果的には幼稚な計画に過ぎなかったかもしれない。これぞ松陰らしいただ誠あるのみの第三回「用猛」だったのである。しかし、日頃夷狄の憎むべきゆえんを論じ、米使を斬ろうとまでしたことのある松陰が、いったん身を屈して相手の情にすがり、海外を知ろうとしたのである。いわゆる攘夷にも、単純に割り切れぬさまざまの立場があり、松陰の志が、遠大な見透しのもとに、まず己れを知り敵を知ろうとしたゆえんを考えねばなるまい。

(註) 事件経過は単純でない。要点のみ列記する。用間には上智を以てするのこころを知る人は研究してくれ給え。

三月四日 杉兄に誓紙を入れ、二朱金一片を貰う。藩吏・秋良にも金を頼んだが、秋良と志合わず、松陰のほうから断わる。一説に秋良は十分事情を知り上司にも告げた。

三月五日 京橋の伊勢本にて、同志来原・赤川・坪井・白井他に鳥山・宮部・佐々・松田らと会す。宮部、失敗の際に、松陰が用間のためとはいえ洋夷の下《もと》に膝を屈したといわれんことを惜しむ。来原良蔵(長州)反駁。「国のためならよし。」松陰「富岳崩るるといえども、刀水濁るるといえども、亦誰か之を移易せむ。」佐々、涙して松陰の手をとる。鳥山は、従弟の死のため浮かぬ顔。気をとりなおし、松陰に『唐詩選掌故』を贈る。佐々、また感動して五両(!!)くれ、又自分の着物もぬいで、肩へかけてくれる。永島、地図をくれ、宮部は松陰と刀を交換。宴終り、松陰、象山宅へ。暇乞のつもり。象山外向、しかたなく、「生計困迫、しばらく鎌倉の寺にかくれる」と書置。赤羽橋にて鳥山・永島・金子(渋木)らと会う。宮部は三田へそれて来ず。皆と訣別して金子と両人にて西へ。保土谷着(八里)。すでに六日朝なり。

三月六日　荷を宿へ預け横浜へ。象山の僕・銀蔵に出逢う。師・弟ともに漁夫の舟をやとい外艦に近接を計る。象山も漁夫に変装すとのこと。夜決行せんとす。漁夫、夜中ではかえって危し、目明しにあやしまれるとて断わる。

三月七日　晴天　房州の山見ゆ。象山より浦賀組同心・吉村一郎へ紹介さる。薪炭を外艦に送る船に乗らんとてなり。松陰別計あり、村の漁舟をやとわんとす。漁舟の船頭なかなか話せると見てなり。酒楼にて漁夫を呑ませ承知さす。同時に知人大槻を訪う。この人、外国船視察中。夜、風波ひどく天の利なし。金子くやしがる。保土谷泊り。

三月八日　雨　本牧《ほんもく》にて地形を見る。米将に手紙を出し、迎えに来て貰う策を立つ。ノロシを上げる用意。「投夷書」起草。永島（赤羽橋にて別れた）来る。保土谷泊り。

三月九日　晴　永島を保土谷に残し、金子と吉村一郎を訪。吉村、浦賀へ帰任するとて鯛屋三郎兵衛にパス。鯛屋、今日は薪炭積込の船便なしという。米人あり、「投夷書」を渡さんとす。米人去り果さず。金子、舟を盗んで漕ぎつけんとす。漁夫あてにできず、しかたなしという。保土谷の宿の者、疑い出す。地の利、天の利なし。金子憤激。松陰なだむ。

三月十日　雨　午、来原・赤川来。神奈川の浜屋なる宿の主人、七十余歳、永島源吾なる人、界隈切っての岡ッ引にて、外人一人東行すと聞き六郷川に要し食い留めしを聞く。松陰、この人は使い途ありとす。雨また雨。かつ、十一日は、薪水積込の舟に与力乗船し、立会うのでダメ。以後、積込は会津・河越・忍・彦根藩の役となる。十二日、米艦隊下田へ行くらしい。永島帰府、秘密用件を頼む。

三月十三日　米艦おかしい。与力ら掛合うも騙《だ》まさる。ついに一隻を残し錨を上ぐ。江戸の方角へ発航。松陰ら走って追う。羽田まで行くと、米艦引返す。残った一隻空砲一発。(後に知る、ペルリ、部下の吊し上げにて江戸見物さすとて北行。日本側の歓心を買いたくペルリ困る。ごまかして羽田にて引返す。) 松陰ら、浜屋へ置手紙し永島に下田行きを告ぐ。象山にも津田転を通じ通報。保土谷泊り。松代藩陣ばらいし、象山帰府。十四日〜二十日、下田へ向う。途中、偵察《ていさつ》。情報収集。

三月二十一日　前日より、下田にて松陰疥癬となり蓮台寺村温泉に泊。金子は下田泊。外出するふりし、二人で偵察をつづく。この日、ペルリの将旗、下田へ。

三月二十二日　湊より一町にミシシッピー、さらに一町先にポウパタンあり。後者こそペルリ旗艦なりと知る。佐倉藩木村軍太郎の望遠鏡による。米艦、沿岸を測量す。

三月二十三日　雨　金子は木村を疑う。木村が通商和親を唱えしためなり。松陰、まああという。

三月二十四日　ペルリら上陸。役人・黒川嘉兵衛ら接待(了仙寺にて)。松陰らこの日を避け蓮台寺へ。本牧の時同様、迎えに来させんとす。

三月二十五日　夕七ツ(一六〇〇)蓮台寺村を出、二人終日偵察。三月五日以来の日記を杉梅太郎へ送らんとす(土佐屋によって)。土佐屋は周防より来りし養子。不在(石巻方面にあり一年余)。暁八ツ(〇二〇〇)時鐘聞こゆ。弁天の洞《ほこら》に泊る。土地の人に発見さる（二十六日午前）。二十六日も偵察、舟探し等。

三月二十七日　白浜附近より柿崎へ行く。途中、一外人あり。「投夷書」を渡す。夕七ツ（一六〇〇）蓮台寺村より下田へ。二人で柿崎の浜に舟を発見。（二人わざと別に泊り、宿に嘘をいって外出、向うへ泊るとて実は野宿し偵察するなり。）二十八日八ツ（〇二〇〇）弁天の洞より起き、舟に乗る。櫓グイなし、よってカジをフンドシで縛る。フンドシ切れ帯で結ぶ。波さして高からず。ただし舟ぐるぐる廻る。金子やっと七町を漕ぎ、ミシシッピーに着く。老外人出でポウパタンへ行けという。以下人びとの知るところなり。多少疑問なるは、望遠鏡で艦型まで判断でき、米人の測量法まで知る松陰が、軍艦の時鐘（点鐘）をまるで調べていないことなぞである。

役人・黒川らは松陰を調べて驚き、わりと大事に江戸へ送った。途中、松陰は番人の「未解放」部落人士に尊攘を語る。彼ら感動す。松陰はかくて取調の上、江戸伝馬町獄に下され、白井小助らの送った金で添役まで上り、居ること約五カ月、罪状決定し萩に送られた。

あわれであったのは金子重輔で、身分が足軽であるから扱いも悪く、すでに江戸百姓牢で重病にかかり、腸結核であろう、ひどい下痢と吹き出ものにて動けず、また藩吏の扱い酷く、とても萩まではもつまいとさえ思われたが、とにかく十月下旬萩に着き獄に投ぜられ、やっとの思いで父母に面会し、翌年はじめに死んだ。あらたまのような純な処士であり、その行状《ぎょうじょう》は松陰の筆に詳しい。松陰が士分の者の入る野山獄に入れられたのに対し、金子重輔は下牢と称せられる岩倉獄で二十五歳の命を終えたのである。松陰の彼に対する同情は並ならぬもので、後に行状記の他に、彼を追悼するため、黙霖・月性・各藩士・同囚ら諸家の詩文を集め一本を編んでいる。

かつて野山某の邸だったところと、岩倉某の邸であったところを、長藩政府は上・下二牢とした。岩倉が野山を殺し、両家とも邸を召上げられたという陰惨な話のあと処である。今残るのはその一部。道をへだて、互いに向合っている。

野山獄の生活は、松陰の精神にとって新たな転換をもたらした。士分の牢ゆえ、江戸獄に比して旧式とはいえ、三畳の独房（うち二畳に居坐、就眠）に在りながら、松陰は読書と思索を重ねて、不屈の猛気を養い、着々と一大思想家に成長していった。その博覧多読のさまは、『野山獄読書記』その他に現れている。入獄の安政元年十月二十四日から翌年末までに冊数にして六百十八冊の本を読み、抄録し、感想を綴り、倦《う》むところを知らないのである。兄梅太郎がまた、実によくその書物差入れに力を添えている。兄は松陰に欺れ、誓紙を信じたのにこうなった。それをあまり怒らず、賢弟を誇り、父また恬然と母や妹に松陰を立派な息子だといいきかせた。妹らまた、くねんぼやみかんを差入れ、松陰はうれしく悲しく布団をかぶって泣いては、本を読んだ。

とくに、この時期に多く読んでいるのは、歴史・伝記の類であり、ついで詩文類、また地理・紀行類である。中国の歴史は好きで、よく読み抄している。経書を読んで民を愛するの術を学び、兵書を読んで戦を用いるの機を悟《さと》り、歴史を読んでこのふたつを実《じつ》にせよ、とは後に松陰のいったところであるが、歴史を媒介にして理論を確立するという態度・方法は、松陰が江戸や水戸で学んだ体験の上に立っている。史学によって経学も豊かになってくると考えるのである。これらを湊合し、学をして実の学とする力は、義気であり猛である。二十一回猛士の号はそれを示す。杉の姓は、木扁が十八、彡は三点で計二十一象。吉田もまた吉の字の上の十一に下の口で十五（口を四条とする）、田は六条で、計二十一である。寅次郎の虎は猛であり、虎を師表として義気を練るこころで猛士という。

獄中で書かれたもののうち、第一に注目すべきは『幽囚録』であり、それには佐久間象山に学びつつ抱懐するに至った国家的時務論が展開されている。この著作で、松陰はわが国は本来恩威ともに外国にほどこし、己れをむなしくして外国文明を納れ、己れの短を補う国柄であるという前提から、外交を論じ、国内の時務策を立てている。そのなかで、象山がいかに先見の明をもっていたかについてこう述べている。

――わが師平象山《たいらのしょうざん》は経術探粋、もっとも心を時務に留め、十年前、藩侯（松代藩・真田侯）が老中だったとき、外寇の議を上呈し、船匠、大砲作り、船師、兵術家を海外から傭い、艦・砲を造り、海戦・砲術を習うようにと論じた。然らずんば、外夷を拒絶し、国威を輝かすに足りないというのであった。その後、あまねく洋書を講究し、専ら砲学を修め、事に遇《あ》えば論説するところあり、またこれを詩に発した。……（幕府が）オランダに命じて軍艦を致すと聞き、大いに喜んでいうには、いたずらにオランダに託すは、いまだ善を尽さず、よろしく俊才巧思の士数十人を選び、蘭船に附して海外に出し、彼らの便宜とするところをもって艦を買わすべきである、そうすれば往復の間に、海勢を識り、操艦に熟し、かつ万国の情形を知るを得ん、その益とするところ大なり、と。よって内々建白するところあったが、官はよくこれを断行し得なかった。自分の航海の志は、実にここに決したのである。云々。

この松陰の言はたしかに正しいので、象山の建白がやがて実《みの》って、幕末の留学生派遣、海軍伝習所の創設等が行なわれたのである。が、松陰はそれまで待てなかった。そして幽囚の身となったのである。が、松陰は自分の先覚を誇るでもなく、不幸を嘆くでもなく、立ち遅れている日本の実状をいかに救うかを論策する。

——大城（後出）のもと、よろしく兵学校を興し、諸道の士を学校中に教え、操演場を置いて砲・銃・歩・騎の法を習わしめ、方言科を立ててオランダ・ロシア・アメリカ・イギリスの書を講ぜしむべきである。砲・銃・歩・騎は、本邦の古法固《もと》より用うべきものがあるが、さらにオランダ等諸国の法を求め、いまだ備わらざるところを補うがよい。オランダの学は大いに世に行なわれているが、ロシア・アメリカ・イギリスの書に至ってはいまだよく読む者あるを聞かない。当今諸国の船こもごもわが邦に至るにあたり、わが邦の人がその方言を詳《つまび》らかにしないでよかろうか。かつ、技芸の流、器械の制、諸国各々新法妙思がある。それはオランダ訳を通じても、窺うことができる。しかし、それぞれの国の書についてこれを求めるにしくはない。今、よろしく俊才を各国に派遣し、その国の書を買い、その学術を求め、よってその人を立てて学校の教師とすべきである。また漂流民の国に帰る者、夷人の帰化する者を求めて、これも学校におき、その見聞知識を問えば、益が多いであろう。器械技芸は、年を逐《お》って変革し、思慮に始まり、試験に成ること、もとより日本と外国の別も、都会と田舎の別もないことである。しかるに、遠方の辺地では、往々旧を執《と》り古になずみ、頑鈍固陋の者がある。故に、諸道の侯伯をして、一万石につき才士一人を出させ、三〜五年留学させ、また巧思を出し新制を創る者があれば、別に出させてあまねくその伝うるところを広めしめれば、また益が多いであろう。現在の急務、これに過ぎるものがあろうか。云々。

――船艦の海国におけるは、たとえば獣の足あり、鳥に翼あるが如きものである。幕府がペルリ来日の変にこりて、大船の禁を除いたのは、急務を知るというべきである。しかし西洋の制はいまだ直ちに得られるものでない。洋書によってこれを製作しても、形は似ても、用いれば違うということになる。オランダ人に命じ、これを海外に買おうとしても、オランダ人がすぐに間に合わしてはくれまい。平象山には、船匠を海外から傭う説と、日本人を海外に派遣して便宜事に従いもって軍艦を買う説がある。二説とも目下の急務であるのに、実行されていない。今、或いはまず一俊才を海外に派遣し、船を造る法、船を売買する法を熟知せしめ、しかる後に右の二説を行なえば、事は失敗することがないであろう。云々。

『幽囚録』中これらの個所は、すぐれて進取開明的であって、とくに艦と海とを重んじ、後年の長崎海軍伝習を用意する。人びとのいう対米主戦論者・敵愾的攘夷家の言とは思えないくらいである。松陰は先にいうように、水戸学の風につよく影響を受けているが、ここではもはや水戸学主流の尊王攘夷を克服しているように見える。

また松陰はこの著のなかで、『孫子』の九地第十一にある「率然《そつぜん》（猛蛇の名）は常山《じょうざん》の蛇《だ》なり。其の首を撃てば則ち尾至り、其の尾を撃てば則ち首至り、其の中を撃てば則ち首尾倶《とも》に至る」（善将の軍を統率するさまをいう）を引き、こういっている。

――それ神州は、東北は蝦夷より起り、蝘蜓委《えんえんい》蛇《だ》、西南は対馬・琉球に至る。長さ千里にわたり、広さは百里に過ぎず。これ常山の蛇ではないか。首至り尾至り、撃つに術がないだろう。けだし、畿内はいわゆる六合《りくごう》の中心であり、万国の仰望する所、皇京の基、万世不易である。故に、自分はかつて策を立てて謂《い》った。京を去ること近くして地の便なるもの伏見にしくはない。ここによろしく大城を起して幕府となし、もって皇京を守るべきである。西には摂津・和泉あり、これに船艦を備えて、山陽・南海・西海を制することができる。東には伊勢・尾張あり、これに船艦を備えて、東海・陸奥を制することができる。北には若狭・越前あり、これに船艦を備えて、山陰・北陸・出羽を制することができる。ここにおいて諸道を制するの根本が立つ。諸道はまた備うるに船艦をもってすれば、ここにおいて諸夷を制するの備えが立つ、云々と。

これは単に地形論をしているだけでなく、朝・幕間の新しい在り方をも論じているのである。一種の公武合体の形をとった、松陰なりの統一国是論であろう。地形論からいうなら、これを佐久間象山が評しているように、関東の地が伏見に比してかならずしも劣っていないという理屈になるかもしれない。しかし、松陰には、天朝を主とし、幕府を従（手段）とした彼流の公武合体の構想が芽生えていたものと考えられる。松陰の思い描いた統一国家といってもよい。ただし、「絶対主義」的統一国家への途をとるという奈良本辰也の説には、わたしは反対である。わたしは、幕藩体制を純粋封建と見ず、草創期から絶対主義へのテンデンシイをもった体制《システム》と見る。故に今さら絶対主義へ向うなら単なる保守・反動である。

早くから洋学をもって立った佐久間象山や橋本左内であれば、君臨する王と選挙制内閣をもつ開明的な統一国家構想も可能であったかもしれないし、北海道開拓やシベリア対策もあろうが、和流の兵学者として出発した松陰が、かかる構想を抱くに至ったのはいくら地理や計数が好きでも容易なことでなかったであろう。もし松陰が、書紀以来の、俗書を多く含む日本の歴史の研究からこうした道を立ててインテグレートしていったとするなら、それは驚くべき才略である。が、事実は彼の読んだ歴史には偏《かたよ》りがあり、やむなく師たる象山や肥後で会った小楠の説を一歩進める方向と、日本歴史から学んだ良い意味の皇国観とが折衷されたのであったろう。まだほんとうの湊合とまではいえるかどうか。ただ道《ロゴス》は通貫した。

『幽囚録』の結論も、けっして長井雅楽のごとく開国ではなく攘夷一本である。わが国の歴史に見る、本来の恩威ならび行ない、外夷に対し彼の長を採ってわが短を補うという包容的な寛度を持する能わざる現状では、列強の威圧のままに膝を屈する他ないという危機感で、現実に当面しては、敢えて一時攘夷の論をとるという論法である。恩威ならび行なわれる和親通商が日本の伝統にあるからといって、それを口実にして、現在の相手の求むるところのままに従うというのは邪説である。自立の放棄である。それは「道」ではない。

「それ水の流るるや自から流るるなり。樹の立つや自から立つなり。国の存するや自から存するなり。豈に外に待つことあらんや。外に待つことなし。豈に外より制せらるることあらんや。外より制せらるることなし。故に能く外を制す。」

国民的自立のためには、一旦攘夷して、すみやかに武を修め、蝦夷を開拓し、カムチャッカ・沿海州をわが有とし、琉球をさとし、さらに朝鮮・満洲・台湾・呂宋《ルソン》を収め、漸く進取の勢を示し、しかる後、民を愛し士を養い、慎んで四辺防禦の策を立てれば、国を保つことができようというのである。

『幽囚録』は附録的に、歴代天皇の対外雄略を記し、本文のごとき国策が、歴史に示された国体の在り方の帰結であることを証明しようとしている。この記事はむろん今日の歴史学から見るなら、粗末なものかしれぬ。が、松陰としては、彼の開国進取の国是のためにする攘夷を、何とかして歴史的に帰納的に論じようと努めているのである。

ここに一旦攘夷して、しかる後に東亜大陸・諸島に威を張るという戦略は、安政二（一八五五）年四月二十四日の兄宛の手紙（旧全集五ノ三三二）には少しく変って表現されている。

「魯墨講和一定。決然として我より是を破り、信を戎狄《じゅうてき》に失うべからず。但し、章程を厳にし信義を厚うし、其間を以て国力を養い、取易き朝鮮・満洲・支那を切り随え、交易にて魯国に失う所は、又土地にて鮮満にて償うべし。」（村上の責任にて句読点を附す）

アメリカ・ロシアに対しては主戦論者から和親主義者に、攘夷から開国に転向し、一方、朝鮮・中国等に対しては侵略主義を固持するというのであろうか。松陰のこの頃書いたものには、いわゆる弱を撃ってしかる後強に及ぶという策であろう、東亜諸国を合従《がっしょう》し、やがてアメリカやヨーロッパに打倒の力を致すといった考えが出ている。松陰のみのことではないが、隣邦連衡《れんこう》の主義の根の深いことを今さらながら痛感させられる。しかし併せ考うべきは、先にいう彼の旧師・山田宇右衛門の坤輿地図を前にしての教訓である。侵略というべきか如何？　なお前ページにいう「戦略」と「国是」の関係は、クラウゼヴィッツには従わぬ。

野山獄における松陰は、ひとり書物を読み、文字を書いていたのみではない。同囚の切磋を計り、獄制の改良に努め、とくに、同囚のために『論語』『孟子』を講じ、それがもととなって『講孟余話』が成ったことは有名である。獄中最年少でしかも新入りの松陰が、在獄四十九年、年齢七十六歳というような年長者をはじめとする十一人（内、女一人）の同囚に、学問・俳句・書道等を学ぶ気風を植えつけ、司獄福川兄弟まで松陰に学んだ。外から励まし、またニュウズを提示する者、月性あり、宮部あり、桂あり、赤川あり、来原あり、妻木士保あり、白井小助は幽囚中（松代にて）の象山との連絡をとり、小田村伊之助は松陰の妹千代の夫となる人であって家族同様に力となった。

教育人としての松陰を論ずる際、野山の獄中活動中、同囚切磋が大きいウエイトを占め、所謂「同囚教化」と違う点を考えたい。とりわけ己れが主導するのみでなく、同囚同士を誘って師とし、吉村善作・河野数馬には俳諧を教わり、皆にも習わせ、異貌の富永有隣には書道を教えさせ自分も教わるというように配慮したのであった。司獄福川・高橋兄弟もしだいに協力し、夜間点灯のような例外の措置をとった。かくて、十一人の同囚中八人までが、その後放免されるという毛利藩刑罰史上特筆すべき結果を生んだ。八人の親籍が引取ってよいといったからだ。同囚の多くは、法に裁かれたのでなく家族制に疎外された者であった。村岡繁は地方在住の史家・作家らしく、高須久子が松陰を恋するくだりを書いているが、これは恋とまでは考えられまい。ただその意味を含めた句のやりとりは注目してよかろう。この未亡人とはまた、第二回の野山獄投獄で再会する。

安政二年十二月十五日、松陰は病気保養の名目で同囚中もっとも早く解放され、実家杉家の育《はぐくみ》として、以後一室に幽囚の日を送るという形となった。彼の入獄が、幕府の命令以上に過酷であるという世論もあり、藩政府を動かしたのであった。水戸の筋からの運動も行なわれかけていたのである。

松陰が家に戻るとすぐ、父と兄は途中までになっている『講孟余話』を完成させるべく、一族親類集合し、幽室で松陰の『孟子』の講義を聴くという次第になった。かくして以後二カ年半ほどの、松陰の充実した思索・著述・教育の日々が始まったのである。

安政三（一八五六）年六月、『講孟余話』は完成した。開巻冒頭に「経書を読むの第一義は、聖賢に阿《おもね》らぬこと要なり」とあるように、型破りの『孟子』解釈であり、並の漢学者の註釈とはまったく趣を異にしている。これに対する評を求められた藩の大儒山県太華は、松陰の『孟子』解釈のあまりにも過激なのに一驚して、反論を書き、松陰はまたそれに対する反駁を書いて『講孟余話』附録とした。

この太華の論評は、松陰の熱狂を衝いた。

松陰が「癸丑・甲寅墨魯の変、皇国の大体を屈して、陋夷《ろうい》の小醜に従うに至る者は何ぞや」と慨嘆しているのに対して、太華は、

――評にいう。アメリカ・ロシアは海外の別国であり、その使臣が、主命を奉じてわが国に来たのである。両国とも、もともとわが属国ではない。だからかならずしも一々わがいうところに従うことがあろうか。彼らは利害を説いて、自分らの請うところを求めるのである。何で深くこれを怒ることがあろう。かつ、向うは大国であるのに、対等の礼をも

って、やって来ているのである。彼らに少しく不遜の形があっても、事情により寛恕してもよくはないか。どうしてかならずしも兵をもって彼らを撃つに至ることがあろう。云々。

というように、性急な攘夷的立場をいましめている。太華にいわすなら、「陋夷」なんぞといって、むげに外国を蔑視し、「華夷の弁」を立てるのには反対なのである。孟子はあくまで孔子の祖述者であり、民と共に楽しみ、王道論を説く聖人にして、奇人ではないという考えが太華には強い。まして赤子の井戸に陥ろうとする時、誰か走り寄って助けぬものがあろうかという孟子のシンパシイを尊ぶ態度が、外国を討たせてよい筈がない。

——今、海外の国は、わが国に対して世々の讐があるというのではない。どうして彼を深く憎むことがあろう。天から見給う時は、同じく人間の世界であり、厚薄貴賤の別はないことである。むろん、義をもっていえば、わが親を尊んで他人の親に及ぼし、わが君を尊んで他人の君に及ぼすのが当然のことだから、もとよりわが国を先とし、他国を後にし、わが国を親しんで他国をうとんずるのは、さもあるべきことである。しかし、そうかとて、彼を豺狼犬羊のごとく、人類でないように思うなら、それは天より人を生じ、厚薄なしとする御《み》心にはそむくことというべきだろう。云々。

こういう具合に、太華の評は冷静であり、理智的で、いうところはたしかに穏当である。松陰の攘夷論には、太華にこういわれても致し方ない一方的な敵愾心があふれ過ぎていた面もあろう。ただ、太華には、列強の植民地政策の恐ろしさはまるで感じとられていない。

太華はとくに「華夷の弁」の考え方を批判する。

——わが国の人が、漢土の言葉にならって、日本を自称して中国といい、すべての海外の国を蛮夷と称するのは、漢土での意味と違っている。漢土で昔から、中国と夷狄の別があるのは、中国は礼義をとうとぶ国であって、中国の外の国で、世々朝貢して中国の属国となっていながら遠方のため王化が及ばず、中国の礼義を守ることのできぬ国を号して夷狄といっていやしめたのである。だから、夷狄とは中国に服従した四辺の国をいうのである。わが国は、中古に三韓が服従したのみで、他には外国がわが国に服従し属国となったことがない。であるのに、漢土の例にならって、自国を中国といい、他国を夷狄といい、我れは尊とく、彼れはいやしいというべき訳がない。海外の諸国も、皆人間の国であり、禽獣虫魚とは違う。天がこれら外国の人びとに倫理・道徳の根本を与えること、皆同じである。云々。

太華は林家相伝の朱子学にのっとり、水戸流の学派や国学の徒を異端視しているから、言葉の端々に至るまで、これらの学派の用いるところは好まないのである。右のように、いわゆる「華夷の弁」をたしなめているのも、その立場に立ってのことである。時務論としては、七十歳の半身不随の老人のそれと、若い松陰のそれとが、比べればどちらが明敏であるかは別のことである。しかも、両者のもっとも相対立するは、朝廷と幕府との問題であった。

松陰が「漢土に在りては君道自ら別なり。大抵聡明睿智億兆の上に傑出する者、其の君長となるを道とす。故に堯舜は其の位を他人に譲り、湯武は其の主を放伐すれども、聖人に害なしとす。我が邦は上　天朝より下列藩に至るまで、千万世世襲して絶えざること中々漢土などの比すべきに非ず」といっているのに対して、太華は、「道は天地の間一理にして、其の大原は天より出ず。我れと人との差なく、我が国と他の国の別なし」という。堯舜が天下第一等の人ゆえ、衆人が服してこれを天下の君としたのも、わが国に神武天皇が出て天下を一統し、世々聖賢の君が出て天下を治めたのも、別の理ではないというのが、太華の考えである。したがって、鎌倉幕府が興って天子に代り、天下の大権を執るに至ったのは、後白河帝の君徳を失ったためであると考える。以後朝廷は位のみを保って、君主たるの職は失ったとするのである。君主たるの職は、和漢いずれも、君徳による。云々。

つまり太華は『孟子』の放伐論を執って、国学者や水戸学流の君臣一如、万古不易の論を排するのである。ただ、日本においては、天子が天下を治めることができなくなって、天下の権が武家に帰しても、朝廷は天子の「位」だけは保ってきた。それは、桀紂のごとき暴逆の君も出ず、また神武以来世々聖賢の君が出て世を治めた「遺徳」が民のこころに入っていたからであり、かつわが国には神道をとうとぶ風があったので、「天位」が尊崇されてきたのだ、と太華はいう。

こういう論法であるから、太華は、もちろん松陰のいう「天下は一人の天下なり」という考えを受けつけない。『講孟余話』の「毛唐人の口直似し「天下は一人の天下に非ず、天下の天下なり」などと罵り、国体を忘却するに至る。惧るべきの甚しきなり」というところをとらえて、批判の論陣を張る。

——天下とは土地人民を指していう言葉である。位をいうのではない。異国はしばらくおき、わが国についていうなら、保元・平治の変から以後、天子は衰えて、土地人民を治めたまうことができなくなった。また武士のためにしばしば凌辱されたまい、天子の御威光は地に墜ち、ここにおいて鎌倉幕府が起って天下の土地人民を治め、天下の権はまったく将軍家に帰し、天子はただ位のみを守りたまうこととなった。或る人は、武家が天下の権を専らにしていても、土地人民は天子のものではないかという。が、土地人民もまったく天子のこころのままになしたまうことができないのだから、それは天子のものとはいえない。云々。

——天子は土地人民を有したまわず、幕府の供給を受けたまうこと、わが国の人はもちろん外国の人もみな知るところである。かくのごとく国勢自然と定まり、人力でいかんともできないのは、これ天命というべきであろう。であるから、天下は一人の天下に非ず、天下の天下である理は、わが国といえども同じであると知るべきである。云々。

太華はこうも書いている。

「問。異国の人もし大日本国の主は孰《いず》れかと問う時、何を以て之《こた》れに対えん。対えて曰く。京師に　天皇あり。これ日本の大君主なりと対うべし。彼、もし国王より書を呈して請うことあらんに、其の書　天皇に呈すべしやと言わば、それは大将軍に呈すべしと云うべし。彼、もし大将軍はいかなる人ぞと問わば、方今日本の国体　天皇あり、大将軍あり。天皇は京師に在りて国政に預ることなく、大将軍は東都に在りて諸侯の主とし、事なきときは諸侯を朝せしめて天下の治を為し、事あるときは諸侯に命じて寇賊を征伐せしむる者なりと、実を以て対うべきなり。」

太華は幕府を称して覇といい、諸侯を王臣であると思う者があるが、間違いだともいっている。幕府は諸侯のうちの強大なるものというのではなく、天下の土地人民を有《たも》っているので覇ではなく、諸侯はあくまで幕府の臣であるというのである。

こういう太華の評に対し、松陰は激しく反評している。

「（太華の）大意は幕府を崇んで朝廷を抑うるに在り。朝廷の衰微未だ此の時より甚しきものあらざるに、而も太華猶《なお》以て未だ足らずと為し、之れを罵り之を誹《そし》り、唯だ人の朝廷の徳を思わんことを恐る。是れ其の志、朝廷を滅ぼして幕府を帝とするに非ざれば、則ち饜《あ》かざるなり。」

「吾れ生来未だ嘗《かつ》て幕府を軽蔑せざれども、而も独り其の甚しく朝廷を尊ぶを以て、太華の黜斥《ちゆつせき》する所となる。噫、吾れ皇道国運の為めに言を立つ、何ぞ太華の黜斥を避けん。乃ち幕府の刑辟《けいへき》と雖も、亦避くるに遑《いとま》あらざるものあり。然れども太華の論は幕府の美《び》疢《ちん》なり。吾れの言は幕府の薬石なり。美疢を進めて薬石を斥くるは少しく智識ある者の敢えて為さざる所、況んや幕府をや。夫《か》の諸侯は幕府の臣たり、天朝の臣に非ずと謂うが若《ごと》き、是の編を読む者、蓋し切歯せざるなきに似たり。然れども官あり位あり、名分截然たり。則ち余の憂うる所、是《ここ》に在らざるなり。皇道の通塞、国運の否泰、其の機微なり。深慮の人に非ざれば、其れ誰れとか之れを与《とも》にせん。」

松陰にとっては、諸侯つまり自分らの主人が、誰に官位をもらったから幕臣であるとか、どういう儀礼を執《と》り行なうから王臣でないとか、そういう名分はどうでもよいのである。松陰は、太華の名分論に、ほとんど参りながら異を立てる。

「漢土には人民ありて、然る後に天子あり。皇国には神聖ありて、然る後に蒼生あり。国体固より異なり。君臣何ぞ同じからん。先生（太華）神代の巻を信ぜず。故に其の説かくの如し。」

もっとも、松陰が『日本書紀』神代の巻の怪異をそのままアンジッヒに信じているのではない。

「論ずるは則ち可ならず。疑うは尤も可ならず。皇国の道悉く神代に原《もと》づく。則ち此の巻は臣子の宜しく信奉すべき所なり。其の疑わしきものに至りては闕如して論ぜざること、慎みの至りなり」

と附言している。神話を批判しないことが、むしろ積極的なのである。これが松陰の執る道であった。仁義の大本であったと見てもよい。

わが国で神道がとうとばれたがゆえに、天子は「位」を保つことができたという太華の説に対しては、

「太華今一層工夫して見給え。茲には何か偶然ならぬ訳があろうではないか」

と書いている。神道が尚ばれる訳を、太華は考えつめていない。それでは哲学者としてダメだというのだ。フォーマリズムだというのだ。

しかしこの「今一層の工夫」は、松陰にも十分できはしなかった。ただわが国では「神聖ありて、然る後に蒼生あり」と信仰的に断言するだけで、そのゆえんを分析はできないのである。わが国の神道の存在の「偶然ならぬ訳」は残されたのである。しかも、松陰は、

葬送は神道に従うが、日常（危機にも）神仏に頼らぬ人である。ここで神道をいっているのは、宗教としてより、「道」の「大本」としていうのである。

かくて論争は日本の本質に十分には突込めずにエクサイトした。考えてみなくてはならぬのは、論争というものは、えてしてエスカレートしてゆく点である。『講孟余話』本文中には、附録の論争における松陰の言よりは冷静な立言がみられる。

例えば、

「本朝の如きは君臣の義固《もと》より外国の比に非ずといえども、天子は誠の雲上人にて人間の種にはあらぬ如く心得るは、古道嘗《かつ》て然るに非ず。王朝の衰えてより茲に至り、又茲に至りてより王朝益〻衰うるなり。此の義詳かに明主の前に陳ずる者あらば、必ず超然として古道に進む者あらん。然れども是れ亦卒爾《そつじ》に説きがたし。卒爾に説きて卒爾に聞く時は、却って権奸の口実となり、乱臣賊子跡を本朝に踵《つ》ぐに至らん。是れ誠に恐るべし」

と書いているところがある。

天子は人間であるということこそ、古道にのっとる考え方であるが、ただこれを卒爾に云々することは危険であるというのである。乱臣賊子の口実になってはならないから、卒爾には云々しないというのである。松陰は、一部の「進歩」的人士から、天皇ファナチズムだといわれるが、ここでは天皇を人間として扱っている。ファナチズムは彼の一面でしかない。

『講孟余話』にはまた、後白河の院・後鳥羽の院が、平清盛・源頼朝・北条義時らのごとき「巨室」を怨怒するの心情のみ強く、自からの徳を明らかにするの工夫（反求・在身）がなかったがために、「巨室」のために罪せられたことについての批判がある。そしてまた、次のようにもいっている。

「天下の平かならざるは、君君たらずして臣臣たらず、臣臣たらずして君君たらざるにあり。二つの者常に相待ちて後天下平かならず。……若し君君たらずといえども臣臣たらば天下尚《なお》平かなり。臣臣たらずといえども君君たらば天下尚平かなり。此の処工夫の入る所なり。君は君の道を尽して臣を感格すべし。臣は臣の道を尽して君を感格すべし。」

ここでは、君道と臣道とを共にいっているので、臣道を論ずるならば、「君君たらずといえども、臣以て臣たらざるべからず」というほかないのである。しかし、松陰はまた、君道について、君を諫争する立場をもとる。これは、藩主・将軍に対してだけでなく、天子に対しても同じである。後に、彼は天子まず社稷に殉じたまえば、われらも皆それに従う、されば、神州左袒なんぞはないといっている。天子をかく諫めるのである。まして朝廷を形成する公家は、松陰の戦略上重んずるところであるが、つねに、彼らの蒙を啓き、良智を与える立場に立つ。彼の京都への思いは、こういったところが本質である。

このようなラヂカールな方向は、大事な附録の論争ではかえって失われてしまっている。もっともひとつ考えておかねばならぬのは、『講孟余話』の完成した安政三年六月と、太華の評に対する反駁の書かれた十月との間に、例の宇都宮默霖の萩来訪があり松陰・默霖の激しい論争があったことである。これは八月のことであった。

この論争については、河上徹太郎『吉田松陰』、市井三郎『〝明治維新〟の哲学』などがそれぞれの立場で論じている。つづめていうなら、君侯を王臣と見て、自己をまた者とし、「僕は毛利家の臣なり。故に日夜毛利に奉公することを練磨するなり。毛利家は天子の臣なり。故に日夜天子に奉公するなり。吾等国主に忠勤するは即ち天子に忠勤するなり」という松陰に対して、默霖は、自分は主人持ちではない、だから天子の直接の王臣である、と誇り、松陰が藩主の忠勤の足らなかったことを知らしめ、藩主同列の諸侯をしてその義を知らしめ、それから幕府をして前罪を知らしめて、天子への忠勤をとげさせよう、というのに対して、默霖は自分ははじめからの討幕論であり、将軍の肉を食っても食い足りないと煽動するのであった。

松陰は、「天朝の堯・舜たること征夷の莽・操（不忠の臣）たることは吾ももとより知る」といいつつ、しかも「征夷の罪悪を日夜朝暮口にせざるは大いに説あり。今幽囚して征夷を罵るは空言なり。且つ吾一身も征夷の罪を諫めずして生を偸《ぬす》む。されば征夷と同罪なり。我が主人も同罪なり。己が罪を閣《おき》て人の罪を論することは吾死すともなさず」と、実に至誠の人らしい真情を吐露している。黙霖も松陰のこころに感じ入りながら、やはり松陰の尊王討幕の不徹底に不満の意を表して萩を去った。己の責任、己の罪をいうのは、蒲生君平、藤田東湖の線の考え方である。

松陰はその後、黙霖に「終《つい》に降参するなり」と手記し、また山県太華への反論のなかでも、「ここで黙霖を思うなり」「黙霖のいう意を君公へ申上げる忠臣はおらぬか」と記している。さらに、「又七則を読む」という一文には、次のような見逃すことのできない数行がある。

「天朝を憂いて因て遂に夷狄を憤る者あり。夷狄を憤りて因て遂に天朝を憂うる者あり。余幼くして家学を奉じ兵法を講じ、夷狄の国患にして憤らざるべからざるを知り、爾後偏く夷狄の横なる所以を考え、国家の衰うる所以を知り、遂に天朝の深憂一朝一夕の故に非ざるを知る。然れども其の孰《いず》れが本、孰れが末なるかは未だ自ら信ずる能わざりき。向《さき》の八月の間一友に啓発せられて矍然として始めて悟る。従前天朝を憂い、並びに夷狄に憤をなして見を起せるは、本末既に錯《たが》い、真に天朝を憂うるに非ざりしなり。」（村上の訓により、全集普及版と異なる。）

右の「一友」とは默霖を指すものと考えられる。松陰の尊王は、徳富蘇峰が『吉田松陰』にいっているように、たしかに攘夷＝敵愾心から来ていた。松陰は安政三年秋に至ってこれが本末顚倒であったというのである。しかし、わたしは松陰のいっているのは、時務情勢論に急であって本質論＝観念論的精神を後にしていたのを、恥じたのであるととる。

右の論争後、つまりこの年秋から以後松陰は、敬幕から討幕へと動いてゆくというのが、多くの人の論である。しかし、結語だけをとるならば、この後においても、討幕論を不可とする説は、松陰の文章のなかにしばしば見えており、明らかに幕府をもって賊視するのは安政五（一八五八）年六月、井伊大老の幕閣が勅許なしに日米条約に調印してから後のことである。むろん默霖との論争は、幽囚中の松陰にとって非常な刺激であったろう。ただこれを決定的なものに考えるべきかどうかには、いささかの疑いを残しておきたい。「又七則を読む」にいう本末顚倒の自覚も、むろん默霖との論争が直接の契機であったことは松陰自身いうとおりであろうが、まずはじめに国難打開のために国体を考えるところから入って、やがて国体論の本質から国難打開へとゆく径路は、松陰のような具体的な攘夷家＝敵愾家にとって、当然経なければならぬ順序だったのではなかろうか。わたしは、感性認識から理性認識へ、そしてまたその結語を感性でたしかめるという毛沢東の素朴弁証法くらいは、松陰に用意されていたと思う。ひそかに毛は松陰を好むだろうとさえ考えている。

松陰の「国体」観念だけをとれば、すでに、「士規七則」「七生説」等に、「君臣一体」「忠孝一致」「七生報国」の言葉になって現れている。『講孟余話』に至っては、さらに体系的に叙述されている。そこでは、国を愛し国に奉仕する道を説きつつ、その国の在り方を追求しているのである。時務から本質へというのが松陰の自ずとたどった道であった。それを意識して本質からまた時務へと考えたとて、何も大々転向ではない。

もし、この時務→本質の行き方が逆であって、会沢正志斎が『新論』で行なったように、時務論が目的でありながら、まず最初に国体を論じ、その後に形勢・虜情・守禦・長計という順で時務策を立ててゆくような道をとったとしたらどうであったろうか。おそらく松陰は、会沢流の信仰的な、或いは空想的な尊王から出られなかったであろう。そして松陰の国体論も、より観念的なものに終ったであろう。松陰は生涯懸命に学問をしつづけながら、常に学者になってはいけないといい、すべてを実践躬行に結びつけて思索した。これはひとつに、あれほど孟子を愛し、放伐の論も何も知りつつ、つねに孫・呉《ご》の道でこれをチェックしたから、実践的であったのだと思う。松陰は、孔孟が己れの生国には仕えず、他国に行ったのを不忠とののしるが、孟子の場合は梁→斉→鄒→滕→魯という亡命も、松陰自からの亡命・遊歴と同じく考えるなら孟子の論にとってプラスである。斉はとくに当時の中国の学問の中心である。「魯侯に遇《あ》わざるは天なり」と孟子はいう。遊歴の果てが隠退であった人の言を、松陰はついに聞けない。

　松陰は、安政三年九月、黙霖との論争直後、外叔・久保五郎左衛門の経営する松下村塾のために、「松下村塾記」を書いている。要は「君臣の義」「華夷の弁」をもって教育の中心とする思想を吐露し、松本村こそ正気の発生する地となすべきだと述べているところにあった。このなかで、松陰はかつて叔父にして師たる玉木文之進が開き、いまや久保五郎左衛門がその名を継いでいる松下村塾を、いずれは自分が主宰するのであるということを暗示している。

　事実すでに、松陰の幽室には、親族の子弟だけでなく三無生と呼ばれるようになる足軽の子・吉田栄太郎（無逸）、魚屋の子・松浦松洞（無窮）、山代の医生・増野徳民（無咎）らが集まり出しており、松陰も小田村伊之助（松陰の妹婿）や久保清太郎（五郎左衛門の息）に向って、やがて当時の寺子屋風の松下村塾とは別の、より教育程度の高い塾を開くから協力するようにと要請している。また一方、かつての同囚・富永有隣を獄から出し、塾の師に据えようともしている。

安政四（一八五七）年になると、幽室に在る松陰の『孟子』の講義が始まり増野徳民ら五人がまず聴講したが、しだいに人数は増し、午前・午後・夜間と、教える書目も人名も分れ、二月頃には一日延十三、四人となった。三月、久保清太郎が江戸から帰ると、久保と三無生が中心となって富永有隣の出獄運動を進め、七月にはその事に成功し、富永を塾の師として迎えた。もちろん裏面の主宰者は松陰である。松陰は何しろ袴をつけることも許されぬ幽囚の身である。このやがては逃亡する容貌異体の人を師としたのであって、ここにはちょっと松陰らしい計略が匂う。既に安政三年七月、藩は家族以外との面会を許し、家学たる山鹿流兵学のみ少数者に講義するを認めたが、村塾の主宰者たることはつつしみを欠くのである。

この頃をもって、松下村塾の基礎はまったく確立し、久坂玄瑞・高杉晋作・尾寺新之丞らをはじめ、二十余人が学ぶようになる。十一月になると、杉家の邸内にあった廃屋を修理して塾舎とし、八畳一間ながら独立した塾が開かれた。十二月には久坂玄瑞が松陰の妹と結婚し、杉家に同居したので、塾の運営はさらに力を増した。塾舎はさらに翌年三月、塾生中心の力で増築され、現存のごとく計十八畳半となるのである。これは四畳半と二畳の古家を買ってきて、前の八畳にくっつけたものであるともいい、本物の大工も一日か二日は雇われてきたという。中谷正亮が工事に器用で先頭に立ち、指図した。まだ幼い品川弥二郎が、壁を塗っていて、下で泥送りをしていた松陰先生の顔へ泥を取り落し、えらいことになったこともある。松陰はむろん、こういう時に怒る人でない。

松下村塾における講義というのは、現在の学校で教師が教壇に立って全教室に向って教えるような講義ではない。多くが個別教育であり、各人がそれぞれの教材を読んでいる傍へ松陰が寄っていって、この本の著者を知っているか、ではこの字は何と読むかとか、このところを読んでどう感じたかとか、抄録の作り方を知っているか、それはこうやるのだとか、問いかつ教えるのである。むろん、一座の者が同じ書物を学ぶこともあるが、その場合は多く輪読のような形をとったと思われる。それを松陰が総括してゆくのである。また明倫館や他塾の士（多くが高い身分の者）とは会読をした。会読によって久坂や高杉を獲《え》たのである。

松陰の教育は、実物教育であり実践的教育であった。塾には「飛耳長目録」という、現在でいえば新聞の綴込みのような、風聞や聞き書きや公文書の写しなぞを集めたものがおいてあり、松陰はこれらを用いて実践的な教育をほどこした。また、塾には木版活字で、その時々の大事な問題を印刷して塾生その他に配布する設備があり、例えば安政五年四月十二日附で、「村塾策問一道」という文章を刷り、三月の勅諭をめぐり塾生や知友に策問している。

松陰の求めるところは、塾生各自が、まず算術と地理と歴史とを学び、己れの個性や境遇を十分に自省し、天下の形勢、国家の実情に通じ、非常の事態にある当時のわが国の歴史のなかで、いかに働くかを自から考究することであった。その上で、「必ずや、先ず一国を正しうして、諸侯を正しうし、而して幕府を正しうして、朝廷を正しうし、而して四海を正しうす。規模先ず己に定まり、次に仍て之を施す。是れ吾の所謂学なり」(『丙辰幽室文稿』)という順を踏ませるのである。

およそできもしないことを大言壮語するというような態度は、松陰の採るところでなかった。時務を尊ぶ松陰ではあるが、観念的に時務策を立てて論談するという風はかたくいましめている。まだ十九歳にもならぬ久坂玄瑞の文章を、松陰は厳然としていましめているが、その場合も、批判の要は実践を離れて議論を弄ぶというところにあった。塾生各人の実心実行、ならびにそれを共同討議し、力を協せて事業とするというのが、松陰の期待だった。

折から、ペルリ来航以来の国難を、とにもかくにも処理し、水戸斉昭・島津斉彬・松平春嶽・伊達宗城など雄藩の改革派大名の意見と、川路聖謨・岩瀬忠震ら新官僚の議とを綜合しつつ、幕政の改革に努めていた老中首席阿部伊勢守正弘は安政四年六月をもって病死してしまった。以後、堀田備中守正睦を中心とする幕閣は定見がなく、次々と突きつけられる外国の要求や、西力東漸の情報に動揺をきわめ、一方過激志士の入説によって勢いを得てきた京都朝廷を無視することもできなくなり、政情混沌たるきざしが明瞭にうかがわれた。とくに、この年秋は、アメリカ使節ハリスが江戸城登営を要求しており、幕閣は、親交を結んだ国の代表である以上こばむわけにもいかず、登城させる以上将軍が会わねばならない。ところが将軍家定は、廃人同様の病者であり、正常に姿勢を保つことも会話することもできない。今思うとえらく考えすぎをしたものだが、たぶんアメリカ人はかくしカメラでこの将軍の醜態を写しとるであろうというような噂まで流れ、攘夷論者はむろんこれを一大国辱と非難するし、いかにして無難にこの接見の儀式をすませるかは、幕威保持の上で大きな政治問題にまでなったのであった。これを機に、この無能な将軍の継嗣として、賢明の聞こえ高い一橋慶喜(水戸斉昭の子)を推す水戸・薩摩・越前等の諸藩は、この際将軍の代理として慶喜を押し出そうとし、活発な運動を行なっていた。橋本左内のごとき開明的な、しかも水戸とも親しい秀才が越前侯松平春嶽のブレーンとして、この運動の中心にいたのである。この運動に対立して、保守的な譜代大名家が継嗣に紀州家の少年慶福《よしとみ》を推し、その派の代表として井伊直弼らがようやくにして頭をもたげてくるのも、この年である。長州藩は、水戸における斉昭、薩摩における斉彬、越前における春嶽というような、名望ある藩主の意思において動いてはいなかったから、大藩であるにもかかわらず、まだこの政争の表面には出てきていない。

長州において、藩を主導するのは藩主とともに江戸に或いは萩に移動する行相府、および常時萩にある国相府である。したがって、この二府を掌握する官僚の傾向如何で、国是・国策が決定的に違ってくる。そして藩のしきたりとしては、行相府・国相府の中心に、革新派と保守派が交替で据わるような具合になっていた。革新派と見られるのが、松陰の旧くからの知人、益田弾正・周布《すう》政之助・前田孫右衛門・内藤万里助らである。

しかも、時勢の刺激は日本の中心から離れた萩城下にも、浸々乎として伝わってきていた。松下村塾の「飛耳長目録」も、ハリス登城について、また彼が幕府に迫っている通商条約について、記しつつあったであろう。中谷正亮・松浦松洞・久坂玄瑞らが、間もなく率先して時事に対する実践に飛び込む姿勢をとってもいるのである。松下村塾が萩城下で何となく危険思想の震源地のごとくみなされてきたのも故なしとしない。

いま幕府の迫られている通商条約の締結は、かつて野山獄にあって同囚と時事を論じた松陰の「獄舎問答」に、次のように予想されている。

――そもそも、変乱の起るきっかけというものは、いろいろあって、預言することはむずかしいが、予のおもんぱかるところをここにいってみよう。もし、外夷の通商が日々盛んになって、万国の船の帆檣がわが港口に林立し、夷人の館・寨が意のままに築造され、夷人とわが良民とが雑居するようになったらば、わが国の政令はわが国民にはよく及んでも、外夷のやからはその法外にあって、政令は及ばず、その結果、極端な場合になると、わが国民といえども政令に従わぬ者も出て来て、奸民の密買や、盗人の掠奪もこれに従って起るのである。この時になって、豺狼のごとき野心をたくましくする者が、わが国を犯してくるならば、国民の半分は夷人輩の意のままに臣従することとなろう。云々。

松陰は、先にもいうように鎖国的な攘夷家ではなかったが、日本の植民地化を憂うる念においてきわめて強かった。夷人が、わが国に貧民・乞食・病者・孤児等が多いのを見て、かならず貧院・病院・幼院等の施設を作り、民衆を手なずけるであろうということも、何度かいっている。インド・中国が西欧列強に侵略せられた例をつねに引き、松陰は米使ハリスがいかにも好意的にすすめる通商条約を、いっさい欺瞞と見るのであった。

安政五年になり、幕府が条約の勅許を得て国内の世論を統一する他なくなり、老中堀田正睦がそのため上洛する頃になると、松陰は海防僧といわれた月性に対して「幕府は弥《いよいよ》墨夷へ降参、属国を甘ぜられ候よう相見え候、云々」と書いている。六十四国ことごとくアメリカの属国になろうと、防長二国だけは守りぬくという決意で、『狂夫之言』『愚論』その他の対策を次々と藩政府へ提出するのである。

堀田正睦の上洛は成功しなかった。朝廷は、さらに衆議を尽した上で奏上せよと、暗に拒絶の態度を示した。条約勅許の問題とからむ将軍継嗣問題では、橋本左内が変名で上洛し、青蓮院宮・三条実万《さねつむ》・中山忠能らを動かし、さらに堀田正睦に従って上洛中の川路聖謨・岩瀬忠震らを一橋派に引き込み、猛運動を展開した。その結果、将軍継嗣として、暗に一橋慶喜を指す「年長・英傑・人望ある者」を立てよという勅詔が下る手筈に至る。

しかし、幕府内の旧守派もまた必死であった。堀田が上洛するについては、天皇・太閤・関白その他に一万両ずつの大金をまいないするといわれ、むりやりに幕府の対外政策を鵜《う》呑《の》みにさせる予定であった。それに失敗すると、せめても将軍継嗣だけは紀州慶福を立て通そうと、井伊直弼の派遣した長野主膳らの狂奔により、「年長・英傑・人望」の三句を勅詔草案から削り、ただ、関白・太閤の命を伝奏から幕府へ伝えるという形式とし、その内容も、「急務多端の時節、養君御治定、西丸御守護政務御扶助に相成り候わば、御にぎやかにて御宜しく思召され候」というばかりの言葉にしてしまったのであった。

ここにおいて、せっかくの橋本左内らの猛運動は最後のところで挫折し、紀州派の勝利となり、やがて井伊大老の出現を用意するのである。松陰門下からは、久坂玄瑞が当時上洛して梅田源次郎らと往復し、情報を松陰のもとへも送っていた。しかし、松陰は橋本左内のような政界中央にかかわりをもつ政治家ではないし、将軍継嗣問題についてはあまり立入って考えてはいなかったようである。その点、将軍継嗣を第一の柱として「近代」的統一国家形成の理想を立てていた橋本左内とはいちじるしく異なる。

松陰には、とにかく条約勅許を拒絶する意味の勅諭が出たことが感激であった。先にいう木版活字をもって印刷した策問を配布し、友人・塾生らに意見を問うたのはこの時である。

幕府の譜代大名や旗本硬派を中心とする旧守派にとっては、そもそも外交の事を、諸侯に諮ったり、朝廷に意思如何を問うたりすること自体不必要なのであり、事実幕府は専制的に事を運んできたのが慣例である。ところが堀田正睦の上洛が失敗し、条約勅許が得られなかった結果、これらの旧守派は切迫した情勢を乗り切るため、一挙にすべての懸案を解決すべく、最後の切札として井伊直弼を大老に立てたのである。彼こそ、「徳川幕府最後の将軍」であったという人さえある（例えば橋孝三郎『明治天皇論』）。

安政五年四月二十三日、井伊大老が就任すると、たちまち一橋派とみなされる川路聖謨らは職を奪われる。かくして幕閣内を自派をもって固めれば、井伊にとって諸藩や朝廷の意思はどうあろうと、はじめから問う気はないのであるから、事は一挙に運ばれる。六月には、水戸斉昭・松平春嶽らの不時登城を蹴って、紀州慶福の継嗣を決定し、不時登城した三家・家門の名君たちを隠居せしめ、一橋慶喜をも江戸城から遠ざけた。

橋本左内らの構想した統一国家の実現はこうしてはばまれた。名君・賢侯を押し立てての改革はついえた。と同時に、松陰らのもっとも危惧した通商条約は、勅許を経ずに調印せられるのである。時に六月十九日、萩にこの報の届いたのは七月である。松陰は直ちに『大義を議す』の上書を書いて藩政府に提出し、はじめて公然と、事実にもとづいて討幕論を展開した。「今、征夷は天下の賊なり」「勅を奉ずるは道なり。逆を討つは義なり。」

しかし松陰はあくまで尊王や討幕を売物にしようとする軽薄浪士ではなかった。『大義を議す』の結論も、長州藩が誠意朝廷・幕府の間を調停し、幕府をして恭順せしめようとするにあった。

「天朝未だ必ずしも軽々しく征夷を討滅したまわず。征夷翻然悔悟せば、決して前罪を追咎せざるなり。是れ吾、天朝・幕府の間に立ちて之が調停をなし、天朝をして寛洪に、而して幕府をして恭順に、邦内をして協和に、而して四夷をして慴伏せしむる所以の大旨なり。然れども、天下の勢万調停すべからざる者あらば、然る後之を断ずるに大義を以てせば斯《すなわ》ち可なり。」（村上の訓をもってす。）

時に、藩政府は行相府・国相府ともに改革派と目される者が要職に任ぜられており、松陰の上書も藩主の目に届いた。天下の形勢は井伊大老登場により反動化しつつあり、安政の大獄は目前であるが、長州においては逆に言路洞開し、松陰門下も政府の金をもって、用間を兼ね各地に遊学する。

安政五年八月になると、京都を中心にする志士たちの非合法的な運動は活発になってゆく。水戸藩留守居鵜飼吉左衛門・幸吉父子、薩摩藩日下部伊三次らは、朝廷に運動して水戸藩に対する幕政改革の密勅を得、これを江戸に伝えた。ついで、長州をも含む有力十三藩に、勅文と副翰が下った。長州では、これを受けた藩主が、周布政之助を上洛せしめて、公武一和のために尽力する旨の奉答を行なった。

周布らの政府は、天朝の意思に逆らわぬように努めつつ、幕府との衝突をできるだけ避けようとしていた。一応の革新的な政策は崩さないで、しかし松陰らの策が過激化すれば、巧みにこれを押えようとする用意は怠らなかった。京都における久坂玄瑞らの活動も、危険と見て、彼らを京都から離れさせた。藩政府は、他藩の動きを睨みつつ、大勢に順応しようという姿勢をとっていった。そこにはもう、ひと頃松陰が期待したような決断はない。

これより先、朝廷は違勅調印をとがめて、大老もしくは三家のうちから責任ある者を上洛せしめるよう幕府に命じていたが、井伊大老に代って老中間部《まなべ》詮勝《あきかつ》を上洛せしめ、公家の一部を懐柔しつつ、一方で断乎たる弾圧に出た。いわゆる安政戊午の大獄である。一橋擁立に動いた者、密勅降下にあずかった者は、すべて逮捕せられた。江戸においても橋本左内・日下部伊三次らが厄に遭い、逃れた西郷隆盛も月照と海に投じる。

九月（安政五年）になると松陰は、江戸に在った松浦松洞に対して、水野土佐守暗殺を示唆している。松陰が直接行動に訴えようとした最初である。水野は紀州家附家老で、慶福擁立に働いた人物であるが、松陰は井伊反動の黒幕を彼であると睨んでいた。松浦松洞は、当時幕府の遣米使節に従ってアメリカに遊びたいと希望していた。絵をよくするので写生がうまく用間にはもってこいである。彼が松陰に授かった策は、越前藩を動かして水野を倒せということであったが、これは実行に至らなかった。また、アメリカ行きも実現はしなかった。松陰も殺人に躊躇していたのであろう、又は陽動か、これ以上は水野土佐を追わない。

次に松陰が力を入れたのは、公卿中の硬派大原三位重徳に対する西下策である。大原に対しては、すでに中谷正亮と久坂玄瑞が接触をつづけていたが、九月末松陰は『時勢論』および書簡を門下の伊藤伝之助に持たせ、上洛せしめたのである。朝廷にして後鳥羽・後醍醐両帝にならう覚悟を定められるなら、勅の下り次第四、五藩くらいはたちどころに呼応するであろうから、その策を秘めて大原父子に長州に下ってほしいというのである。松陰は、万一藩政府が動かなくとも、大原父子が西下さえしてくれれば、自分門下の同志だけでも蹶起して奸賊の首二つ三つはとってみせるという覚悟であったし、九州諸藩を動かす計画も抱いていたが、この策も京都で阻止され、実現しなかった。

十月に入ると、松陰は、かつての門下でその後梅田源次郎に師事していた赤根武人が帰国して、大獄の詳細を伝えたので、彼をもう一度上洛せしめ、大和の有志を糾合して伏見の獄をこぼち、梅田らを救出しようとした。松陰は大和に遊んだ際にも梅田らの商人まがいの方法による草莽オルグを怒っており、一々梅田その人とは人間的に合わなかったが、にもかかわらず公的には、民間志士の領袖としての梅田を救出し、志士団を再建すべく計画したのであった。しかしこの策も事前に漏れ、藩政府の手で沮止された。伏見策という。

かくのごとく、松陰は幕府の違勅が明らかとなって以来、過激の行動を次々と計画し、また兵学門下の益田弾正ら藩政府当局に強硬な建策を行ない、一刻も坐視するにしのびない様子を見せていった。

松陰は、間部詮勝上洛後の、幕府の打つ強硬きわまりない策動の背後に、外国の勢力が介在していると考えていた。『時勢論』には、「幕府天勅に背き、衆議を排し、其の私意を逞しうするは、頼む所は外夷の援なり」と断定している。松陰はこれまで、内に乱を生じては外国勢力の浸透する間隙を生じるからという理由で、内治第一の策をとり、幕府を立てて政局の安定を計るべく『愚論』その他の建策を行なったが、今は幕府を許さない。井伊直弼の強硬政策の背後に、はたして松陰の断定したような外国勢力のバック・アップが存在したかどうかは十分には判っていない。しかし、井伊は極端にいうならそれこそ徳川幕府最後の将軍たる覚悟で出場してきたのである。幕府の外国勢力依存が、幕末において明瞭に現れてきたことを思うなら、松陰のように推定することは、まったく根拠がなかったとはいえまい。先に引く『幕罪略』にいう天草の例もある。だからこそ、松陰はじっとしていられなかったのである。

松陰は、十月以後も再三大原西下策を実行しようと試みた。一方、来春藩主が参勤交代のため東行するのを止めようとした。すでに藩世子が長井雅楽を従えて江戸に在り、その上藩主が行相府を率いて東下したのでは、事を挙げる妨げとなるし、また藩主が公武の間を周旋するにしても、開港和親説のみなぎる江戸に在っていわば幕府の人質でいては正論を吐くのに困難であると見たのである。藩主在萩のうちに大原重徳父子が西下してくれれば、ということからも大原策は執拗にくりかえされた。

十月下旬、越前・水戸・薩摩・尾張四藩が連合して井伊大老を暗殺する密計があり、長州にも援助を求めてきたという説が伝わった。松陰は、これはあり得ることだと判断した。事実、越前藩士を中心にして、七十名に上る決死の行動が組織され、井伊を斃し、鯖江を落し、朝廷を擁して彦根城を焼き、大義の軍を起すという計画ができていたのである。四藩連合とまではいえないまでも、薩・長・土その他の藩の有志も参加していた。長州でこの件に深く関係していたのはかの山形太華の養子となった半蔵である。

松陰は断乎としてこの計画に呼応すべく、同志に計った。諸侯が動けなくなっている以上、自分らがやらねばならぬ。しかし、四藩の後尾に附して立つのは元就以来の勤王をもって任ずる長州として面目がない。長州は井伊斬奸を他藩人にまかせて、独自に血士をつのり、間部詮勝を要撃して勤王の先鞭をつけようというのである。松陰のこの計画は十月下旬に立てられ、十一月初旬には血盟の士十七人を得ているという。但し、姓名は一部しか判らない。

十一月六日、松陰は涙をふるって父・玉木叔父・兄に宛てた永訣の書をものした。この書簡は、松陰の遺言により、愛用した硯とともに、今松陰神社の神霊として祭られているものである。もとより死は覚悟の前であり、事成ればつづいて藩主を押し立てた藩をあげての行動のきっかけとなるべく、事成らざる時は藩当局の責とならぬよう自からひとり罪に坐すつもりである。松陰としてはようやく死所を見出した気持であったろう。

しかし、松陰は行動の人たるべく、あまりにもまっ正直であった。かつて久坂玄瑞に与えて「只々公明正大十字街を白日に行き候如くにて天命に叶わば成るべし、叶わざれば敗るべし」といった松陰である。このたびの挙も、何も悪事を企んでいるのではないから、藩当局者にかくすには及ばないだろうと考えて、十一月六日、前田孫右衛門宛に忽砲《ホール》・百目銃・弾薬の周旋を依頼し、のみならず周布政之助に斬奸の事を打明け承認を求めたのである。

一驚した周布は、松陰にこの挙を思い止まらせようとして、藩当局が近々採《と》ろうとしている勤王の策を打明け、それまで待つように計らおうとした。しかし、中間に人が入っての話で、周布の言も一貫せず、何をするというのか判らなくなり、松陰は欺瞞せられているのを感じ、納得はしなかった。こうして藩当局との間は断絶し、周布は藩主に請うて、松陰の厳囚を命じた。理由は「学術不純にして人心を動揺す」というにあった。本来は、野山獄に投ずる藩当局の意向であったのを、当時厚狭《あさ》郡吉田の代官であった玉木文之進が、身をもって松陰のために図り、厳囚に変えたのであった。藩は、この名代官に辞められると、民衆が一揆を起すと思ったという。

しかるに、十二月五日、突如藩政府は松陰の父宛に命令書を下し、松陰罪あり、父より借牢の形式を願って野山獄に入れよというのであった。激昂した門人らは、周布ら当局者のもとに押しかけ、いかなる罪名をもって投獄するのかと談判に及んだが、周布らは門人たちを避け、八人の門人たちは城下を騒がした罪によってそれぞれの家に囚せられた。

松陰は、折から父の病が篤く、これを見捨て獄に下ることはできないとして、罪名論等は不問に附し、その代りに父の病の小康を待って入獄する旨願出て許可を得た。

十二月二十六日、父の恢復の見込が立ったところで、松陰は獄に下った。途中、家囚せられている吉田栄太郎・品川弥二郎・入江杉蔵・佐世八十郎らにも別れを告げ、再び野山獄中の人となったのである。

この再獄をもって松陰は第四回目の「用猛」としている。しかし、獄法は先の入獄時に比べて改善されており、司獄福川・高橋兄弟は、藩から内々の指図もあり、松陰のためを計ること多く、獄卒たちもまた松陰を尊敬し、外部の同志との連絡にも尽力した。したがって外面的には、松陰には苦痛は少なかった。しかし、切迫した時勢は、彼をして一日も休めしめず、外部との連絡を通じて対策を立てる毎日に明け暮れさせた。

だが、松陰の焦燥にもかかわらず、彼の親友・門下はしだいに挫折感に陥入り、事を計るの時ではないと考えだしていた。松下村塾の後事を託されていた小田村伊之助は、一月初め、大原策の実現不可能を表明してきていた。それより以上に重大なのは、十二月十一日附で、江戸に在る高杉晋作・久坂玄瑞・中谷正亮・飯田正伯・尾寺新之丞の五人が、連名血判して、松陰の身上を案じ、義挙の時期尚早を論じ、しばらく胸を押え鋒をおさめるよう勧告してきたことである。恐らく彼らは松陰の発狂をも憂いたのである。

連名の勧告状によると、天下の時勢も今日に至っては大いに変じ、諸藩鋒を斂め傍観状態でおること、歎息の至りであるが、将軍宣下《せんげ》も済み、人気やや静まっている折から、義旗一挙は容易でなく、かえって社稷（藩国を指す）の害を生ずるのは必然である、しかし、幕吏がさらに横暴をきわめ、有志の士のほか、諸侯が隠居させられるとか、或いは外国貿易が開けた上で混乱が起り、かならず傍観できぬ時勢になるであろうから、この時に当ってお互い国のために身を尽して努力しようではありませんか、それまでは胸を押え、鋒を斂め、何としても社稷の害を仕出かさぬよう、国のために万々祈り奉る、というのであった。これがおそらく、当時の志士たちの一般の情勢判断であったのであろう。この勧告状は周布政之助が書かせたものであるともいわれるが、五人の顔ぶれから見て、周布のいいなりになるような人たちではない。獄に下ってからこれを受取った松陰の気持はいかばかりだったろう。

だが、松陰は屈しなかった。有名な、

「江戸居の諸友、久坂・中谷・高杉なども皆僕と所見違うなり。其の分れる所は、僕は忠義をする積り、諸友は功業をなす積り。去り乍ら人々各々長ずる所あり、諸友を不可とするには非ず。尤も功業をなす積りの人は天下皆是、忠義をなす積りは唯吾同志数人のみ」

という手紙が、一月十一日附で、某（小田村か）に宛てて出されるのである。その前には、こういってもいる。

「沢山な御家来の事、吾が輩のみが忠臣に之れなく候。吾が輩が皆に先駆けて死んで見せたら観感して起るものもあらん。夫れがなき程では何方時《なんぼう》を待ちたりとて時はこぬなり。且つ今日の逆焔《えん》は誰が是れを激したるぞ、吾が輩に非ずや、吾が輩なければ此の逆焔千年立ってもなし。吾が輩あれば此の逆焔はいつでもある。忠義と申すものは鬼の留守の間に茶にして呑むようなものではなし。」

孤立しつつも、まるで片言をくりかえすように、獄中の松陰は策をめぐらしつづけた。

十二月末、水戸の密使矢野長久郎・関鉄之助が変名して萩に潜入し、かつて江戸に遊学した赤川淡水を通じて水戸老侯斉昭の密旨を藩政府へ伝えたいといってきた。水戸では先の密勅を返上するという俗論派（諸生）と、断じて返上すべからず各勤王藩に伝達せよという正義派（天狗）とが相争っており、矢野・関両士は後者の代表として遊説中であった。松陰は獄中から小田村伊之助に書を寄せ、二人の人物如何ではわが党の心事も打明けて協力すべきである（実は二人を十分知ってのことだが）といい送った。が、藩当局は政府の重役の替りとして明倫館の山県与一兵衛に二人を応待させ、水戸との提携を好まない由をいわしめた。関は山県をよく知っていたが、さもむなしげに萩を去った。

さらに一月十五日、播州の大高又次郎・備中の平島武二郎と名乗る浪士が、藩当局者に面接したいと申入れてきた。これに対しては小田村はじめ入江杉蔵・野村和作の兄弟らが周旋に努めたが、藩政府は彼らが梅田源次郎門下であるという情報を得て、幕府を恐れ、面会を拒んだ。両士は去るに当って、野村和作に書面を残し、こうなった以上は、来る三月毛利侯参勤の途上、伏見に駕を要して京都へ迎え、義挙を起すほかないと記した。両人の言葉によれば、同志三十余人あり、児島高徳の子孫と称する大商人のパトロンもあり(平野国臣関係者)、三条・大原等正義の公卿をも語らい、伏見要駕の事を計るというのである。松陰は、大原三位重徳の、すでに伏見に出て長州侯に面会する意思があることを知っていたから、大高・平島の来萩を機に、なるべく彼らを長く滞留せしめ、その間藩論を一定し、勅許を仰いで事を長州において進めるよう計った。しかしその意見も、藩政府には通じなかった。その上、門人中軽輩の入江杉蔵・吉田栄太郎・品川弥二郎・野村和作・伊藤伝之助らはまだ家囚を免《ゆる》されていず、佐世八十郎・岡部富太郎・増野徳民らは決死の覚悟がなく、思うように動かなかった。さらに桂小五郎のごときは、松陰の安全を思ってのことではあるが、玉木文之進に諷して松陰と門下生との連絡を絶たせようとした。

松陰は懊悩した。『己未文稿』は、当時の彼の苦痛をまざまざと写し出している。ついに一月二十四日、「平生の師友最も相敬信する者交々《こもごも》吾を遺棄し、交々吾を沮抑す」「吾が事已《おわ》んぬ」「吾の尊攘誠なきなり、宜《うべ》なり、人の動かざること」等の悲痛の言を綴って食を絶つに至った。生理的に、躁から鬱へ急激に傾いた様子でもある。

松陰絶食の報は二十五日、同囚から実家へ知らされ、門人も伝え聞いて杉家に集った。

父・母・玉木文之進らは事態を憂いて手紙を書き、母のととのえた食事を添えて獄中に送った。松陰はこころ動き、一椀の水と釣し柿一個を食したが、なお常食はとらなかった。ところが、その日家囚せられていた門人入江・野村兄弟ならびに伊藤伝之助・品川弥二郎が免された。松陰は二十六日これを聞いて喜び絶食を中止した。ハンストは松陰の得意とするところで、これもいわば上兵は謀を伐つ筆法の平和闘争である。鬱的傾向の時はこれがよい。

その故か、この絶食について、松陰はその後もこれを短慮であるとか無益であるとかいって止めさせようとした人の言は肯定していない。しかし、二月になって小田村伊之助に与えた書簡では、李卓吾の「逆《さか》らえば則ち相反し、順《したが》えば則ち相成《たいら》ぐ」の八文字を得て反覆ますます喜び、これまではすべて逆であり反であったと反省している。投獄されたのも、友人が己れと絶ったのも慈計であり、頑弟が友兄に保護されているようなものだともいっている。

その頃、松陰のこころを励まし、また慰さめるのは、この李卓吾の『焚書』であった。李卓吾は明の人、泉州の回教徒の家に生れたが、その学は陽明学派に近く、また禅宗的な色彩をも帯びていた。後に僧的生活に入り、獄中に自刎して死んだ。松陰はこの書を抄録し、批評を加え、「其の言往々僕の心に当り、反覆甚だ喜ぶ」といっている。また、「面白き事沢山ある中に童心説甚だ妙」とも書いている。童心の率直な疑問の表明、ういういしいこころが松陰の思いに通《かよ》ったのだ。

「夫れ童心は真心なり。もし童心をもって不可とせば、これ真心をもって不可とするなり。夫れ童心は、絶仮純真、最初の一念の本心なり」

と『焚書』には書いてある。「真」は「仮」に対していう。童心＝真心を失うことは真人を失うものとするのである。ところが、道理によって童心が失われることがある。書を読んで童心を失い、書を読まずして童心あり。「畏るべきは書なるかな」ともいっている。

なお、当時交りを絶つとまでいっている高杉晋作のために、松陰は『焚書』の抄録を作り、己れの所懐を附記して、半紙罫紙九十四枚の冊子としたのであった。これは五月、東送される前に久坂玄瑞に託される。松陰は、これで鬱状を克服しつつあったのだろう。

すでにいったように、「草莽崛起」の語を松陰が用い始めるのは、この年二月始め頃からであるが、それを悟ったのも『焚書』を読んでのことであった。

「吾藩当今の模様を察するに、在官在禄にてはとても真忠真孝は出来申さず候。尋常の忠考のつもりなれば可なり、真忠孝に志あらば、一度は亡命して草莽崛起を謀らねば行け申さず候。」（二月九日頃、佐世八十郎に与う）

「只今の勢にては、諸侯は勿論捌けず、公卿も捌き難く、草莽に止るべし。しかし草莽

も亦力なし。天下を跋渉して百姓一揆にても起りたる所へ付け込み奇策あるべきか。」（三月二十六日、野村和作に与う）

「愚按は事敗れ罪を蒙れば、人の心堅まり罪廃の人は他日の用に立つべくと存じ、頻に激論したるなり。著眼は実に草莽崛起にあり。」（三月末頃、小田村伊之助・久保清太郎に与う）

この小田村・久保宛の書簡には、「神州の陸沈を坐視してはどうも居られぬ故、国家へ一騒乱を起し、人々を死地に陥れ度く」大原策・伏見策等々にも苦心したのだといっている。一国を危地におく、水戸学に学んで以来の思想が、この、人びとをして「死地に陥れ」絶体絶命の立場において勇進せしめようとする実践となったのである。もちろん自分もまた、孫子のいう「死地に陥りて而して生く」の覚悟である。

この頃、松陰は最後の一策として、伏見要駕策に熱中していた。先の大高・平島二浪士の言葉もあり、大原重徳らの公卿が伏見に毛利侯を要して大義を説き、京都へ迎え入れるという事はあり得ることである。これは松陰としてはぜひ成功させたいところであった。しかし藩主の駕に従って行くのは、俗吏ばかりである。松陰としては松下村塾の同志から人を派して周旋せしめ、事を成功に導かなければならない。

しかしながら、門下生も友人たちも、藩政府に人がいないのに、藩主の駕を要しても無駄であろうとして、賛成しない。江戸から帰ってきた久坂玄瑞も松浦松洞も同意見であった。しかし松陰は「余が意は則ち然らず、政府人あらば何ぞ必ずしも駕を要せん、唯だ其れ人なし、ここを以て駕を要す」(『要駕策主意』上)として敢えて断行しようとした。この時松陰に従って決死の行を肯んじたのは、軽卒の入江杉蔵・野村和作兄弟であった。

彼ら兄弟は、松陰に就いて学ぶこともっとも晩く、かつ貧窮にして五十五歳の老母と十二歳の妹とをかかえる足軽の身である。松陰は兄の入江杉蔵に東行せしめることとし、策を練って二月初旬、ほぼ計画が決った。入江兄弟は家財を売り、また質にして上洛の費用を調達し、いよいよ出発となったが、にわかに母の行末が心配になり、ついに兄の杉蔵は止まり、弟の野村和作が当時十八歳の身で、代って二月二十四日萩を発足した。

ところが、この密計は佐世八十郎・岡部富太郎を経て小田村伊之助の耳に入り、小田村は藩主発駕を前にこの事あるを憂いてついに政府員に告げるに至った。藩はただちに野村和作を追捕《ついぶ》し、兄の入江杉蔵を岩倉獄に投じた。彼の、母への孝行もむなしかったのである。

松陰はこの報を聞いて、要駕策の成功のおぼつかなくなったことを嘆くとともに、同志の結束のかくも不甲斐ない結果となったのに憤慨した。松門内からの密告や裏切りは初めてである。

「諸友或は言う、「吾が公尊攘の旨、或は已《すで》に折《くじ》くるに似たり、公旨已に折く、臣子何をか為さん」と。噫《ああ》、是れ何の言ぞや。古《いにしえ》云えらく、「吾が君能わずとする、之れを賊と謂う」と。平生の所謂同志、今は乃ち国賊なり。悲しいかな、悲しいかな。」（『要駕策主意』下）

かくて松陰は、小田村・桂・久坂・岡部・松浦・佐世らもっとも親しかった友人・門下と義絶するに至った。鬱はまた躁に転位するのか。

三月五日、萩を発した藩主の行列は、予定によれば三月十九日夕伏見に宿ることになっていた。松陰は「厳に酒肉を絶ち、菜蔬を減じ、口に言笑を少なくし、日に書史を読み、以て誠意を積み、一報の聞あるを待つのみ」（『要駕策主意』下）という厳粛な態度で万一の成功を祈っていた。そして岩倉獄に入った入江杉蔵には「此般の挙、和作果して死すれば、僕と足下と万々生を偸《ぬす》むの義なし」と三人共に死んで義を天下に遺《のこ》そうと書く。

しかし、三月二十二日に至って、案じていた和作は萩へ護送されて帰り、岩倉獄の兄の隣房に投ぜられた。彼が泣く泣くいうところによると、追捕の手を逃れて大高・平島二士と京都で落合い、ともに大原卿に謁して松陰の書を呈し、松陰にさずかったままに要駕の策を献じたのであるが、卿は時機熟せずとして決行をことわり、大高らもこれに同意したので、致し方なく大阪に下ったが、藩吏のすすめにより自首して西送されたという。

松陰はさすがに落胆して、この人にしては珍しく、ただ食っては寝、食っては寝、書物一枚もめくることなく三日ばかり送ったと、二十六日の入江兄弟宛の書簡で記している。この落胆の極に、松陰が思ったのは、もはや門人・友人を動かすのではなしに、自からの死をもって後につづく者たちを覚醒せしめようとする一途《いっと》であった。彼は、入江兄弟の投獄によって藩の裁判が開かれることを予想し、そこで自からが首謀者であることを切言し、死罪になろうとするのである。死諫の極である。

しかし、入江・野村兄弟と三人で義死しようとする考えは、入江杉蔵が母を思うのあまり、尊王攘夷の論を捨ててでも免獄されたいと願うのを見て変らざるを得なかった。彼もまた自分を離れてゆくのであるとして義絶するには、彼の孝心はあまりに純である。松陰もついに入江の免獄の周旋を友人たちに依頼し、自分ただ一人の賜死を希望するようになる。さては、賜死の機会がなければ縊死しようとまで迷うのである。これは鬱か躁か？

しかしながら一面では、「要駕策を題にして死を請う説、思って見るに微功を書き立てて上進を求むると同様なり」（四月七日、野村和作に与う）という反省も生じる。三月末から四月にかけて、野村和作や品川弥二郎と生死についての意見の交換がつづき、ついに死に急ぐことの無意味を悟ってゆくのである。四月十四日の野村和作に与える書簡では、「吾輩程に志を篤くし時勢を洞観したる人はなし。然れば、うぬぼれながら吉田義卿神州のために自愛すべし」と自信のほどを示し、かつ同時に、「今迄の所置遺憾なきこと能わず。夫れは何かと云うに、政府を相手にしたが一生の誤なり。此の後は屹《きつ》と草莽と案をかえて今一手段遣《や》って見よう。然れば五年は十年繫せられても吾尚お四十歳のみ、足下更に弱《わか》し。只今の縊死せようとまで思いたる志を終身忘れさえせねば、事必ず成るべし」という決意を見せるのである。草莽崛起の論はいよいよ強調されてゆく。

すでに触れたように、孫子のいう「死地に陥りて而して生く」という命題は、若き日以来の松陰の主持するところである。死地におかれて、かえって人のこころは堅固となり、一国は興るのであると松陰は信じてきた。そして最後に、己れそのものを死地において、かえってそこに活路を見出すに至ったのである。この死地的実践に、当時の友人・門下が同調できなかったのも無理のないことであったかもしれない。桂小五郎のその後の処身なんぞ見れば、これは明らかであろう。

しかも、常に「狂」とされる松陰の策に、終始行を共にする者は、先に金子重輔あり、最後に入江・野村兄弟あり、また別に伊藤伝之助あり、いずれも軽輩の士である。またかつて、松陰に熱烈な影響を与えた月性や黙霖も、草莽の論客であった。松陰が、もう後何カ月も生きてはいない最後の春に、「草莽崛起の英雄」を待望し、しかしなお草莽に力なしと見て、百姓一揆でも起ったならと思い当ったのは故なきことでない。

松陰は、ついに民衆の何たるかを知らなかった人であるともいわれる。百姓一揆でも起ったらそれに「付け込み」と考えるのは、兵学者としての死地論から来る観念であったに違いない。彼は百姓仕事はしても、百姓にはなれなかった。草莽崛起論も、また一の危計であって、大衆蜂起論ではないのである。それほどにまた、松陰らは、体制からも疎外せられ、常民的日常のいとなみからも疎外せられていたのである。或いはいいかえるなら、体制のなかにも、常民的日常のなかにもこういう政治論はないのである。政治論をする限り、人びとはインテリである。だから草莽である。そして松陰は亜インテリでなく大インテリであった。

であるから松陰はついに最後は孤絶した一人《いちにん》であり、己れのみが草莽として崛起せんという自任にゆきつく他はない。

「恐れ乍ら、天朝も幕府・吾藩もいらぬ。只六尺の微軀が入用。されど義卿、あに義にそむくの人か。御安心御安心。」「義卿義を知る。時を待つの人に非ず。草莽崛起、あに他人の力をからんや。」「足下いわく、往く先崛起の人あるかなきか考えてみねばならぬ云々。是は勢を計り時を観るの論なり。時勢こそとまれ、かくまれ、義卿が崛起の人なり。」（四月頃、野村和作に与う）

このような断然たる決意・自任とともに、思いつめた死は、自然に従って可なりという自然説に溶け込んでゆく。

「義卿は命が惜しいか、腹がきまらぬか、学問が進んだか、忠孝の心が薄くなったか、他人の評はともあれ、自然ときめた。死を求めもせず、死を辞しもせず、獄に在っては獄で出来る事をする。獄を出ては出て出来る事をする。時は云わず、勢は云わず、出来る事をして行き当つれば、又獄になりと首の座になりと、行く所に行く。」（四月二十日頃、入江杉蔵に与う）

今からは、人が温言して来ればこちらも温言して答える、怒声して来れば黙然して居る、ともいっている。誰をも当てにしないと同時に、義絶の何のということも超えるのである。かくて生死観の苦闘を経、唯一人にてもなお崛起すべく社稷のために自愛しつつ、一度絶交した門下・友人とも互いに相許し合うようになった松陰は、前年ほぼ完成していた『孫子評註』を補筆・浄書した。『講孟余話』に比し、語られること少ない書であるが、さすがに一生を通じて愛読した兵書中の兵書であるだけに、その評註は独往のところが見られ、各篇の編成について孫子の配意を忖度しているあたりは妙である。

いわばこうして持久戦に入った松陰に、最後の「用猛」の機が強いられた。四月十九日、幕府は松陰の東送を藩に内命し、その命を伝える長井雅楽らは五月十三日萩に帰り、翌日松陰の父にこれを内示したのである。長井・周布らにとっては、松陰が幕吏の訊問に対して藩の大事を暴露することのみが恐れられた。松陰はこれに対し、前々から長井・周布らを罵ったのは皆藩国を思ってのことで私忿ではなく、けっして禍いを転嫁することはないと誓い、父をはじめ親族一同にも訣別の書を送って決意のあるところを示した。霹靂に打たれたように驚き悲しむ知友・門人にも、過去の感情のもつれを忘れ、後事を託し、とくに高杉・久坂・入江・佐世・久保らの協力を望んだ。松浦松洞の描いた自からの肖像八幅に賛《さん》を記したのもこの時である。松下村塾門下には、すべてを小田村伊之助に一任する旨を告げ、「至誠にして動かざる者はいまだ之あらざるなり」の孟子の言を贈った。自分は学問すること二十年、齢また而立《じりつ》に達して、しかもいまだにこの一語を身をもって体得していない、ここに関東に赴き幕吏と対決するに当って、はたしてわが至誠他人を動かし得るか否か、身をもって実験してみよう、生死の大事のごときはしばらくこれを置く、というのである。実験尊重は『幽囚録』以来の持論である。

心あれや人の母たる人達よかからん事は武士《もののふ》の常（または「いましらよ」）

妹たちに贈る一首である。

内示があってから約十日、藩政府の正式の支配書が父に下り、翌日をもって東送と決した。しかるに、司獄福川犀之助は、久坂玄瑞に示唆されてではあったが、自分の一存で松陰を一夜杉家へ戻したのである。藩も後に同情したのか、福川は軽いとがめで済んだが、この思いもよらなかった恩情に、松陰も家族も門人たちも無量の感慨をもって喜び合い、最後の一夜を語り合い、母は風呂をたてて子の背を流したのであった。

明ければ五月二十五日、松陰は神仏に頼らぬ人であったが、母が無事に帰るように仏前に灯明をあげて拝むようにうながすのを静かに聴入れ、合掌して、門に立った。一度野山獄に戻り、改めて腰縄つきで錠前きびしい網掛りの駕籠に乗せられ、五月雨の中を護送されて東へ去った。途中の詩歌八十二首、護送の下役人で文字を解する者が、口写しに記してくれ、『縛吾集』『涙松集』として遺った。「正気之歌」もこのなかに含まれる。

六月二十四日江戸着。桜田の藩邸内の牢に入れられ、邸吏の取調を受け、藩当局ならびに門人・知人に累の及ばぬよう用意の上、七月九日はじめて幕府の評定所の呼出しを受けた。寺社奉行・大目付・町奉行ら列座の取調である。

訊問点は二カ条、安政三年十二月梅田源次郎来萩の際、何を密議したのかという点と、京都御所内に落文あり、筆跡が松陰に似ていると梅田らが申立てたが覚えがあるかという点とである。二点とも、松陰にとっては問題のないことであった。第一については、梅田と時務について語ったことはなく、また彼の人柄とも合わぬので、事を同じくする気はまったくなかったと答えた。第二に対しては、全然覚えのないことであり、落文のごとき手段を自分はとらないと答え、用紙や文体について反問し、まったく違う旨を述べた。これで幕吏の用意した嫌疑はすべてとけたことになるのであるが、松陰はこの場を借りて幕吏に所信を披瀝し、感悟せしめようとする念に駆られ、ペルリ来日以来の国策と自己の信念とを述べ始めた。幕吏は、幽囚中の者が時局に通じているのに一驚しつつ、当方の審判には関わりないが、汝一個の真心であるなら詳細に聴こうといった。ここで松陰は、相手の気持にもまた真心はあると信じ、縷々として日米両使の応答を弁駁し、ついに、自分には死罪に当るものが二件ある、しかし他人に累が及ぶのを恐れて敢えていわぬと附言した。幕吏は昨年以来の松陰の策を何も知らなかったので、内心驚きながら、自白したとて大罪ではないから、陳述せよとすすめた。松陰は「奉行も亦人心あり。吾欺かるるも可なり」として、間部詮勝要諫策（要撃とまではいわなかった）、および大原重徳父子西下策とについて語った。幕吏は大いに驚き、「汝の心、誠に国のためにす。然れども間部は大官なり。汝之を刃せんと欲す。大胆甚し。覚悟しろ。吟味中揚屋入を申付る」と宣告したのであった（七月九日頃、高杉晋作〔当時在江戸〕に与う）。

松陰はこの日の取調に、むろん満足はしなかった。いいたいことの半分もいえなかったし、幕吏は十分に記録もしてくれなかった。だがいずれもっと詳細の究明があるであろうから、そうすればたとえ自分は死んでも、委細の口書《くちがき》が天下に流布するだろう、と高杉に書いている。そして、その日の松陰の結論は、

「奉行もし聴を垂れて、天下の大計・当今の急務を弁知し一、二の措置をなさば、吾死して光あり。「もし一、二の措置をなす能わずとも、吾が心赤を諒し一死を免ぜば吾生きて名あり。」もし又酷烈の措置に出て、妄りに親戚・朋友に連及せば、吾言うに忍びずとも、亦昇平の惰気を鼓舞するに足る。皆妙。」（同右書簡。村上訓。）

というにあった。結果は、松陰の思ったように口書も残らず、以後の取調もあまりなかったから、今日わたしらはこの裁判というべくあまりに暗黒な裁判の内容を、松陰自身の書簡と『留魂録』によって知るしかない。松陰は死ぬまでまっ正直で無策であったといえばいくらでもいえる。しかし、こういう生き方・死に方のみが、彼の至誠の実験であり、「用猛」であったのである。いな、私《ひそ》かに想う、これ松陰に限らず、幕末に限らぬ道《ことば》ではないか。

伝馬町の獄に繋がれた松陰は、高杉晋作や飯田正伯が用意した金のおかげもあって、西奥揚屋の牢名主沼崎吉五郎（元福島藩士）のもとに「上座の隠居」という形で納まり、「殊のほか安楽世界にて」、沼崎とともに、暗記している『孫子』や『孟子』の講習を始めている。「これ消日の一適なり」。その上、獄内での同囚との手紙のやりとり、詩・歌の贈答なぞは自由であったらしく、「在獄の愉快は天下の事能《よ》く相分るなり。徳川の衰もっとも能《よ》く相分るなり」といっている（八月十三日、久保清太郎・久坂玄瑞に与う）。この頃までは、機密の漏れる恐れもあったのか、もはやいうことなしと思ったのか、萩宛の書簡はなく、もっぱら高杉と飯田に書いているが、八月半ばからは久保や久坂にも宛てて書いている。とくに高杉は、獄中の師のために極力奔走したし、かつては松陰をして「頑質あり」と評せられた彼が、謙虚に教えを乞う態度をとってきたので、松陰としては満足して、彼に頼りもし、教えられるだけのことを教えようと努めたのである。とくに、七月中旬の高杉宛の手紙では、高杉が丈夫の死所如何を問うたのに対し、先にいう李卓吾の『焚書』を引き合いに出して、

「死は好むべきに非ず。亦悪《にく》むべきにも非ず。道尽きて心安し。すなわち是死所なり。」「死して不朽の見込みあらばいつでも死ぬべし。生きて大業の見込みあらばいつでも生くべし。僕が所見にては生死は度外におきて、ただ言うべきを言うのみ。」

等々とさとしている。野山獄に入ってからの三カ月ほど、孤立して生死観に苦しみつつ、求死・縊死まで計った日の焦躁も分裂心理もない。この手紙では、時務に関しても、

「幕府初めは墨夷を倩て諸夷を制し諸侯を抑えんと欲す。而して今は何となく悔悟の色あり。……はたまた京師の一条も幕府最初の思過ぎにて、追々糺明あれば左《さ》まで不軌を謀りたる訳にこれなく候えば、今亦少しく悔ゆ。是を以て、以今諸侯に於て誠に大切の時なり。今正義を以て幕府を責むるは宜しからず候えども、上策は彦根（井伊）・間部

等の所は誠実に忠告するにしかず。中策は隠然自国を富強して、いつにても幕府の倚頼となる如く心懸くべし。云々」

と、これはむろん諸侯の心得をいっているのではあるが、井伊・間部をさえ誠実に説得するという柔軟な、かつ理想的な「上策」を説いている。兵学者のいう「上策」とは、大体において不可能な理想を掲げていうのであって、ここのところを例えば中沢護人の『幕末の思想家』のように、松陰が江戸に来て多くの情報を得、獄中他藩人とも接触して眼界が広くなり、『幽囚録』の頃の開明・進取の思想に帰ったのだ、と解釈することはむりである。同じ手紙の中で、高杉が『下学邇言《じげん》』を読んでいるのをほめているのでも、松陰の「華夷の弁」や「天下は一人の天下なり」の思想は変ってはいまい。ただ、かつて日本の前途もきわまったと思いつめた頃の考えを翻えし、「天下の事追々面白くなるなり。挫《くじ》くなかれ。折るるなかれ。神州かならず不滅なり」(八月十三日、久保清太郎・久坂玄瑞に与う)という、ゆとりを得たのは事実である。とくに草莽の崛起をのみ空想してきたこの数カ月を経て、牢内に水戸義民の消息を知って、「右四人皆百姓なり。常陸の国風何と感心なものではないか。もっとも是を以て食禄の人たのむに足らざる事着眼すべし」(前出、八月十三日、久保・久坂に与う)といっているあたりの筆づかいは、自分の思想の展望が開けてゆくような喜びにあふれている。生死を超えた心境と、自己の思想はかならず勝つのだ、少なくも死なないのだという自任とが合致して得られた表現であろう。

獄中で手紙をやりとりしているのは、水戸の堀江克之助・鮎沢伊太夫（元治元年天狗党挙兵の蔭の指導者となる）、京都の小林民部なぞであるが、堀江との交流が深かったらしく、松陰の死後、堀江が入江杉蔵（岩倉獄にあり）に宛てた手紙も残っているから、互に同志の住所や氏名も知らせ、己れの死後、または出牢後の活動に備えること細密であった模様がよく判る。しかも、大体において死罪はまぬがれるという予想が、松陰には立ってきたようである。とくに、七月九日以来二カ月も呼出しがなかったのに、九月五日、十月五日と両月の取調がつづき、その扱いは寛大に思えたらしく、十月六日附の飯田正伯宛書簡では、「間部要駕」の件も「只一命を棄て諫争」という記載になり、十七人の血盟なぞについては何も調べはなく、この分では死罪はまぬがれ、遠島にさえならぬだろうと記している。同囚の人びととも、一緒に遠島になるなら楽しみだとか、出獄したらどうしようなぞという交信がある。これをもって、またしても現れた松陰の人のよさを云々する人もあるが、それは獄中の心理を知らぬ者の勘ぐりである。死はとうに覚悟はしているのだ。しかし、同囚同士がしゃばに出たらどうしようと夢のごとく語り合い、獄外の、心配をかけた人たちにも軽くて済みそうだと、半ば相手をなぐさめるようにいってやる気持は、常人が考えるようなものではない。わたしは、入獄直後の高杉への手紙（前出、七月九日頃）の気持でほぼ一貫していると思う。むろん、助かる可能性がなくはなかったことも、幕吏中にも奉行板倉周防守のごとく京都および水戸関係の囚人は一々糺明せず、大赦を行なうべしと建議して大老から罷免を受けたような人もあったのだから、松陰が自分を調べた幕吏の寛大さや好意を認めたのも当然であることは、実証しようとすればいくらでもできる。しかし、それは根本のことではない。松陰の十字街を白日に行くという生き方は、万一この時死ななかったにしても、間もなく死地に陥るに違いなかったのだし、第一己れを死地におかずに、他人をして起義せしめるようなものではない。

十月十六日、口書を読み聞かせられた時、松陰は自己の陳述した時務策がほとんど書かれていないことに第一に絶望した。その上、間部「要諫」の一件が、もし相手である間部が諫言を容れぬ時は刺し違えるとか、警衛の者が妨害した場合は切り払うとか、自分の告白していない風に書かれていることに対して松陰は抗議した。奉行は罪科の結果は同じであるからとて、刺し違えや切り払いの文字は消し去った。が、松陰は死罪の予感を受け、また幕吏の好意にだまされた点にも気づいた。翌日、尾寺新之丞に与えた手紙には、幕吏が間部一件を「不敬」といっているところからも、首を斬られるのは覚悟せねばならぬと述べ、「鵜飼や頼・橋本なんどの名士と同じく死罪なれば小生においては本望なり。昨日(幕吏との)弁争に付いてはずいぶん不服の語も多けれども、是を一々云っても面白からず。只天下後世の賢者、吾が志を知って呉れよかし」と結んで、あとは淡々と事務的な用事を列記し、また十日を出でずに処刑されるであろうと書いている。

十月二十日、父・叔父・兄に簡潔な永訣書を書き、またその前後に「諸友に与う」の一文をも草した。入江杉蔵には別に二通の手紙を送り、入江が松陰の東送前、「死」の一字を贈ったのに対し、自分は「誠」をもってするといったが、あれはまだ命が惜しかったからのことだろうと自己批判し、託するに天朝を中心とした学校・出版の事業その他の計画を詳述して遺言とした。至誠にして動かざる者はない、と信じてそれを「実験」すべく東送された自分であるが、ついに至誠は貫徹し得なかったとする松陰の心事は謙虚かつ悲壮である。この最後の自己認識は、純正な理想主義人――よしこれを観念主義人といってもよい――のみの抱き得る心情である。或いはまた、とくに日本の理想主義人――または観念主義人――のもっとも純正なる者の最後に到り着く達成の最高のものであるというべきかもしれない。十月二十五日起筆、翌日朝擱筆の『留魂録』はかくて成る。

沼崎（前出、福島の士）が、この『留魂録』の一冊を抱いて島流しとなり、明治新政府のもとに神奈川県令たりし野村靖（和作）の庁舎に現れて手交した佳話は、人も知る。

かくて、松陰三十年の事は終った。木枯しの小塚原に、知友たちは師の屍を受取り、橋本左内の隣りに葬り、巨石を立て二十一回猛士と記した。屍を「未解放部落民」に渡さぬよう扱わせるためのまいないは（松陰は「部落民」の中の志ある者を愛していたが）、当時としては大金だったが、逆縁の旧友・周布政之助が、藩政府の金庫から支出した。

〔校正追記〕

安政五年十一月六日附、松陰より周布政之助、および前田孫右衛門に宛てた書簡（公文）は、誤解されているところが多い。多くの人が、これを松陰の明けっぴろげな、無策なこととる。しかし、わたしは異を立てたい。前田に借りたいと申入れた「クーホール三門」は忽《こつ》ホール銃で、これはヤーケル中当時世界最高水準の銃である。（忽とはホイッスルをいう。）また百目玉筒は、口径四〇ミリメートル。重さ十余キログラム。合薬とは黒色火薬である。この松陰の計略は、水戸・越前等の井伊斬奸を蔽護する陽動作戦であったと思う。従って十七血士の名も判らぬのが当然である。そんな血盟は、あまり問題とならない。また、松陰が安政六年はじめ、もっとも悩んだ頃の大事な手紙は亡失している。

第六の章　松陰以降——コノこまり物

君主に良兵のあるところ、良友はかならず見出されるものだ。

（マキャヴェリ）

九ツトセ、このまま捨て置く事ならば、そろそろむほんもおこります。コノこまり物。

（瓦版のはやり歌）

わたしは、御殿山焼打ちなぞに騒いだり、塙保己一の子を斬った松陰門下をはじめ、主として文久・元治・慶応に「志士」ぶった働きをする連中を、あまり好んでいない。「文の玄瑞・武の東行」、ともに好きではない。玄瑞の歌もよいと思えない。長州以外で、真木和泉守なぞも谷川健一のいうごとくもともとは北面武士のようなあら玉のこころがあったのだろうが、どうも狂妄のイデオローグと化していった感じで拙著『非命の維新者』でもあまり高く評価しなかった。水戸派の人びとも、わたしは橋川文三のように「南発」を「いやな気がする」とは少しも思わぬが、桜田門の事件後は理論的に後退し、元治の挙は三家こそが主導してやるのだという立派な面や前記の誅幕思想が輝いているのみである。会沢正志斎が鎮派・柳派と近くなったのもこのためかもしれない。もっとも、鎮派というのは相当に激派なのだが――。東湖の妹をもらった久木直次郎なぞである。東国草莽としては、むしろこの後に東湖直系以外の、また水戸系以外のところから起義していった人びと(筑波一党も最後にはこれを含む)の群に、挫折しまたは転身しつつ、自由民権につらなっていった傾きのあるのをよみしたいのである。これはけっして水戸学系の先輩、とくに郷校周辺の人びとを傷つけるつもりでいっているのではない。自我―「これ」の意識の発展の上で、個を個たらしめるものの思想上の確かさを検証するいとまなしに、自から死んでゆき、かつ戦友をも殺してしまった人びとを悲しんでいるのである。ことわっておくが、たとえば天狗党を見て、彼らがただいたずらに暴虐であったとするのではない。わたしは、暴力を否定する考えはまったくない。ただ、田中愿蔵式の暴力がすぐれて討幕的・革命的でありつつさらに仁義的であるためには、当然ながら武は道であり、理でなくてはならず、たたかいの目的＝済民から、始計―用間を一貫して脈絡あらしめねばならなかった。その仁義に欠けるところある暴力は、ゲルマン肉食人種の林間に狩猟するところから生じたごとき即自的《アンジッヒ》ゲバルトに傾いてゆくところばかりあり得ても、日本人の尚武からは程遠くなる。尚武とは「あはれ」ふかいこころであり、「古道顔色を照らす」決意にもとづいて、二千年・三千年のオーダーで人類が人類的に問題とせねばならぬテーマである。これは日常坐臥、言語・信仰・地形・地物・気象・気温・海深・波浪・博物・造形・礼楽・風俗・道徳・遊跡・伝承・方言・薬葉・民話・悲唱・讃歌なんぞのもの（物とこころ）に対決していなければ己れのものとはなすことができない。当然自立的自己の変革をもってテコとしつつ、生理的に死すともなお、万古の魂魄をもって生きぬく七生観を知情《シェンス》から精神《コンシエンス》へエクササイズして見るべきものである。ここにいう精神とは物をして物たらしめるこころをふくむ。自我とは、わたしらにとっては、ヘーゲルが、イッヒからダス・ディーゼル（ダス・ディーゼス）へといっているようなものに止まるのでなく、人間と自然とを包み、ついにしょせんは喩的・抒情的にしかいえないわれらであり、吾人であり、俺らである。だから己れとは、アダム・スミスがシンパシイの理をもってモラル・センチメントといった、そのセンチメントに近いといってもよいであろう。これが文武両道のベースである。ドイツ流にいうなら、ズブエクティヴィテート（主体性）なんぞというより、マルクスのいわゆるヴェーゼンスクラフト（本体力）といったほうが近い。本体力が文を文たらしめ武を武たらしめるのである。ただし、わたしはイスト（ist）をつかむ力が弱く、全国の五万分の一地図をいつも睨んでいながら、吉田松陰のように地図が使えず、空間的であるよりも時間的・継時的な傾向が勁いので、武的空間としての地図読みが下手であり、文久・元治・慶応の戦略地図についても、把握に欠けるところがあるかもしれない。それが、例えば、西の国をとると、坂本竜馬をつかみそこねている所以となるかもしれない。

わたしは少年の日、和田勝一作の『海援隊』(新築地劇団)を観て、その批評(久保栄『古典と現代劇』所収「海援隊のドラマトルギー」)を知り、坂本竜馬の一隊の性格を考えさせられた。その体験が『坂本竜馬関係文書』なんぞへ赴き維新史を見なおすひとつのよすがともなったのだ。にもかかわらず今また平尾道雄の所論や芳賀徹の新しい論文なんぞ読み直してみて、感心するのだが、しかし竜馬はどこか無責任でけっして一草莽の人士として評価できない。それは、わたしにとってかの無礼きわまるアーネスト・サトウよりも遠い存在であり、竜馬の師・勝海舟は判っても、海援隊の思想と行為は理解しがたい。行動家はあれでいいのだと、杉浦明平のようにはいえないし、中沢護人の『幕末の思想家』における坂本竜馬評価なんぞからは、わたしは遠い遠いところにいる。ただ、明治の末まで生き残って放埒のかぎりを尽し、横須賀市で病死した竜馬の妻・お竜は「あはれ」に思っている。老女になってからも、土瓶の酒をぐい呑みし、片肌ぬいで、あたしゃあ明治維新の坂本竜馬の女房だわ、といいばったそうである。桂小五郎の妻は、芸妓から侯爵夫人になったが、お竜はついに巷間に窮死し、一生を通じての定まった亭主とてなかった。彼女は明治の「聖代」にかく強いられて生き、可哀そうに海軍工廠工員の妻となった妹を頼って、東国に死んだ。

「聖代」が確立するとひどいものである。明治十年代の各県別の修身書なんぞは、孝行なぞといってもまちまちで面白いが、二十年代後半はもういけない。『聖旨道徳・尋常小学修身書』第一巻なんぞというものが、明治二十八年教育学館の「敬撰」によって作られているのを見ると、「兄弟《けいてい》ニ友《ゆう》ニ」を解説するに、かわいそうにも、「いちばん、ちひさきおとうと、いちばんちひさき、なしをとる」の図を掲げている。またこれも不思議だが、「恭倹《きょうけん》、己レヲ持《じ》シ」とは、「われらは、つねに、てんわうへいかをうやまひ、たてまつるべし。／てんわうへいかの、みえいを、はいするときは、りゃうてを、ひざにさげて、かしらを、たるべし」ということであると説いている。恭倹持己とは、明治大帝の意思では、こういうことをいうのではなかった筈である。もしそうなら、「爾臣民父母ニ孝ニ」の前に、「爾臣民、君ニ忠ニ」と入れればよかったのだ。これを入れないところに「聖旨」のおもんぱかりがあったのに、「恭倹」のところで、この教科書は「聖旨」をとりちがえたようである。「博愛、衆ニ及ボシ」も、鳥けだものを愛することだと解いて、「蒲生氏郷、かごのうぐひすを、はなたしむ」の図解を添えている。こまったことに、かかる書物が国家権力の検定済となっている。

こういう始末に、なぜなったかについて、深い責任を背負っているのは、いうまでもなく、長州・薩州・土州を中心とする西国雄藩の外夷と結びついた日本資本主義の推進の仕方にかかわっている。諸家それぞれに説のあるところであるが、これら三州が、かならずしも産業上の先進地域であったという証拠はない。しかし、開けた明るい風の吹くところではあった。そこに外国植民資本と結ぶベースがあったかもしれなかった。そして、むろんのこと、外国人と交際して悪いいわれは昔も今もない。ただ、長・薩・土の西洋との結びつき方は、実にけしからぬと思われるところがある。産業革命も自己変革である筈だのに、haecceity に欠けるところが多いからである。thisness なしに、強国主義に赴いたのである。

吉田松陰が死所に就く前に、長井雅楽や周布政之助の悪口はいったが、それは私怨からすることではなかった、故に公儀に対し、長井に陥れられたと告げたり、藩の秘密を売ったりはしないと誓ったことは前に書いた。が、その後の松門の人びとはどうであったか。松陰のファナチズムの一面だけを継承した趣もあるが、彼ら自身大いに学ぶべき者を殺している。

周布については、「わたしの萩・わたしの津和野」(「歴史と人物」誌、第三号、昭和四十六年六月号) に書いたのでここには略す。が、とにかく周布は松陰の死後の始末をつけ、一時俗論党に職を追われたが、なお高杉晋作ら上士をも含め、松門の軽輩をとくに庇護しつつ、後久坂玄瑞らの真木和泉守・来島又兵衛らと共にする元治兵諫の挙を押えんとして成らず、清水清太郎らと事後策を講じ、藩内恭順派に押し返され、絶食数日の後、山口の矢原吉富の家で自刃した。行年四十二歳。時に元治元(一八六四)年九月であった。かくて、青年の声に耳を傾け得る雅量をもった村田清風以来の一大大衆政治家は、禁門の変の暴発を原因として、あたら憤死して果てた。長井雅楽とは最後には合わなかったが、もし両者生きのびて協力し得たら、松門その他長州の人士の外国資本との結び方は、よりましなものとなり、産業革命が日本人のものになったかもしれない。

長井雅楽は前述のごとく、もと在郷願の大組士から世子広封の近侍。大獄の年、安政五年、直目付となり、松陰東送の際もっとも怨まれる役を買い、その故もあって松門の一党に殺されかける。彼は貧しく育ったとはいえ、八組本禄百五十石の士、名は時庸、姓は大江。才気英発、弁論さわやかな長身の美丈夫であったという。

松陰死後の桜田事件を経て、本来は外夷に辱しめられぬ統一国家を目ざす公武合体の思想が表面化する頃、長州のイニシャティヴで航海遠略策を主張し時局を打開せんとした。藩主毛利敬親はこれを是とし、ここに藩の大方針を定め、長井に命じて公武間を周旋せしめる。長井はこの命をかしこみ、自己の政治生命をこの大役に賭け、文久元年五月上洛して山県半蔵起案といわれる建白書を提上、西三条実愛に公武合体を説き、翌六月江戸に下って閣老を説得、さらに八月京都に復命、藩主の名により萩製のガラスのチョコ等献上、帰国して藩主に報告した。藩主はこれを嘉納し、九月長井を従え下府、航海遠略の建議書を久世《くぜ》老中に呈せしめた。かく東奔西走して長井の主張した藩の大方針たる航海遠略策とは、公武合体して統一国家形態をととのえ、尊攘から開国に転換する富国政策であるが、万一外夷の軽侮を受けた際における対策が不十分なところから、周布の批判を受けた。周布は、開国を是とするも、アヘン戦争なぞの戦訓もあり、万一の際は外夷の出方次第で開国の前に攘夷もあり得るとしたのである。長井も一時は周布の修正案を納得したが、幕府は長州のこの政策を利用するのみで真に事を外様に託そうとはせず、和宮降嫁を条件に朝廷に十カ年以内に攘夷という勅許（幕府延命策）を乞おうとした。長州の主張する公武合体とは、かくのごとき幕府の補強ではない。長井は文久二（一八六二）年、家禄百五十石から三百石の中老格に昇進し、華美な供廻りを従え、さらに藩主の委任によって三月上洛、滞在一カ月に及んで公武周旋に努力した。時に、周布は長井と反対の側に廻り、他の事件もあって逼塞。松門では高杉がつとに上海に渡って太平天国の乱を調べている。土佐の坂本竜馬が剣道修業（かつての斎藤門下へ）を名として来萩したのもこの年一月である。だが、二月松門の士は久坂玄瑞を中心に攘夷血盟を行ない、長井の開国策に反対を唱え、上洛して長井を要撃せんとした。長井は、三月十八日改めて航海遠略策を朝廷に建白したが、長州以外の尊攘志士も彼をもって幕府に対する佞人として猛反対を展開し、しかも不思議なことに、同じような思想と政策をもつ島津三郎久光が、一千の兵を率いて上洛してくるのに期待を寄せた。この真木・有馬らの期待はみごとに裏切られ寺田屋の変となるが、一方長井は、京都の説得に絶望し、なおも江戸において事をなそうと試みたが、五月五日久坂らの必死の働きで、藩の大方針であった筈の航海遠略策は取下げられ、長井は六月免職の上帰国せしめられた。六月下旬、わびしく長州へ戻る途中の彼を、斬殺せんとして未遂に終ったのは、久坂を盟主とする松浦松洞ら松門の一党であったが、彼らの兇手を借りるまでもなく、長井の命は窮まった。すなわち、藩論の即時攘夷への転換(七月六日)により長井の一党は藩政府を追われ、長井自身は幽囚され、翌文久三(一八六三)年二月六日土原山中丁の自宅において自刃を命ぜられたのである。辞世に、

今さらに何をか言はん代々を経し君のめぐみにむくふ身なれば

君がため捨つる命は惜しからでただ思はるる国の行くすゑ

後者は、長州一藩のみならず日本の行く末をいい当てていた。切腹は、私人の任意には行なわれても、正式のそれは絶えてないことであったから、用意は大仰な騒ぎをひきおこした。やがて自からも切腹する運命の国司《くにし》信濃を検死頭とする十余人が出張、罪状をいいわたし(「暴辞」ありという罪名で、朝廷に不敬だというのである)、長井は裃でそれを受けてから平服に着かえて再び現れ、申し置きたいことがあるといった。そして公武周旋・

航海遠略の藩の大方針となった次第を述べかけたところ、目付役の糸賀外衛がさえぎって、もはや時刻が移るから、いい置くことは家人に伝えておいたらよかろうと発言を許さなかった。長井は無念そうに退って衣服を改めた。白装束となるわけであるが、純白でははばかりありとて、水色がかった装束であった。恩命により、介錯人として長井が自分の一族の中から選んだのは、松陰門下（つまりもともとは反対派）の福原又四郎（後の又一）であったが、長井はこの人に介錯人を頼む際、腹は自分で切るから介錯はするな、ただ万一のため介添を頼むのだといい含めた。又四郎時に二十一、二歳。松陰の罪名論で青年が騒いだ時佐世と周布の家へ乗り込んだ元気な男で、長井に見込まれただけの人物であった。かくて、国司以下十余人居並ぶ方面に向うと、長井は三方の上の短刀をとり、「弓八幡」の謡を戸外まで聞こえるほど高らかに謡い、腹をくつろげて左から一文字に切り裂いた。深腹であったという。深腹の場合、当然つらくて前へ倒れるものだが長井は落着いて短刀を逆手に持直し、咽喉に当てて刎ねたまま切先を畳へ突込んで首をもたげ、国司らの顔を睨みつけた。しかし、刃は気管をはずれたのか、どくどくと血があふれるのみで、呼吸が止らない。福原又四郎は、万一の際と頼まれていたのはこの時と考え、やおら長井の右手に自身の手を添え再び短刀を咽喉へ突込ませようとすると、長井は左手を振ってそれをやめさせようと努めた。しかし、いくら己れひとりで死ぬるといっても、もはや不可能である。又四郎は無理に手を添え、刃を頸骨まで突込んだ。長井は左手でそれを前へ刎ねたので、又四郎は後から頭を前へ俯せさせ、ようやく絶命せしめた。検死の報告には、実にみごとな最後だったと記された。行年四十五歳。周布は明治二十年代に松陰と同じ正四位を贈られたが、長井は大正年間贈位の沙汰が出たのに、山県有朋にはばまれた。わずかに井上馨が、長井一族の面倒を見たといわれる。

長井は藩の方針として動いたのであるから、あたかも橋本左内が自己の有罪を不思議としたように、あまりにも急転直下の破滅にとまどったかもしれない。しかし、一方ではこのような急変が、「武士《もののふ》の常」となり、尊王は手段視され、攘夷は口実となってきていたのが、草莽の形のみ勇躍する文久の時代であった。

が、初め京都で正親町三条家に提出した建白書を起草したという山県半蔵は、己れの文章の「暴辞」によって長井が怨みを買い、ついに賜死せしめられたことを苦しみ、その後死処を求めてやまなかったが、この人も数奇の運命を辿った人物である。もと安田直温の第三子で、吉田松陰の近所に住む友人。しかるに、松陰の論敵・山県太華の養子となり、しかも養父の理論にはそむいて尊攘の論を持し、越前を中心とする井伊大老襲撃・彦根城奪取の計に関わった。にもかかわらず、又長井のために尽し、その後、慶応元（一八六五）年に及んで国老・宍戸備前の後嗣となり（むろん藩命であるが）、名を備後助と改めて、長州征伐の幕府方問罪使・永井主水正らと広島で応接した。このいきさつは微妙で、サトウも書き残しているが、備後助としては、死処を得たつもりで、長井への気持を遂げるべく、水盃して任に赴いたのである。この時『長防臣民合議書』なるビラを大量に藩内にばらまき長州再征のいわれなきことを宣伝したのは、彼の挙である。しかるに、この時もわずかに命は助かり、九ヵ月目に長州へ戻った。明治に及んで清国公使や貴族院議員を歴任し、正三位勲一等子爵宍戸璣《たまき》として死んだ。

一方、長井の介錯人をつとめた福原又四郎は、松門の人びとが立身出世する中で、明治になってもさしたる官に就かぬのみか、山口の税務署の一吏員として終った。萩の史家・松本二郎は、明治三十四年（松本四歳）に又一に逢ったという。松本の祖母の親族であったからである。しかし、この人は萩でなく、山口市御堀に住み、ために松本家とも連絡が絶え明治末年に歿した。思索社の『吉田松陰』（奈良本辰也・杉浦明平・橋川文三のシンポジユウム）にも、又一の生歿年不明となっているのでとくに記しておく（この書物では杉浦の発言がおもしろい。しかしさすが明平もワルツを逆からは踊れまい）。歿後、正六位か従六位を贈られたとかいうが、これも定かでない。おそらく長井との関係もあり、一方で木戸孝允とも近い親族であったりして、世の変転をいやというほど見きわめた上で、松門の人らしく淡々と長生きをして死んでいったのであろうか。この人らの心境を思うと、松門で出世した者のバカらしさが痛恨される。（六位は高等官の貰う位。軍人だと中・少佐。福原は判任官。）

福原の家はまた、来原良蔵の実家でもある。良蔵は福原市左衛門（福井村在郷八組士、八十三石）の家に生れ、来原氏（八組士七十三石）を継ぎ、明倫館に学んだ。松陰とは松本に居住した関係もあり、旧くから親しく、松陰の東北亡命にも連座し、譴責帰国せしめられている。下田踏海事件に関わったことも前述のとおりである。松陰・太華論争後、太華に『講孟余話』への批判を改めよと申し入れ、拒まれて、太華の門に出入するをやめた。松陰歿後、長井雅楽の航海遠略論当時、長崎に留学してオランダ人に学んだこともある良蔵はこの藩公認の政策論に従って奔走したが、藩論一変して長井が親類預けになると、責任を感じ、文久二（一八六二）年八月暴発して攘夷の先鋒と称し横浜の外人を斬るべく脱走した。事現れて藩世子に慰留され、泣謝して退き、八月二十九日江戸桜田の藩邸に自刃した。遺書には、

「私儀かねて尊王攘夷の志不行届よりして従来忠義と相考え候事すべて不忠不義と相成り自らあやまり人をあやまるの罪のがる所なく割腹仕り候。死後の余罪なおさらに恐入候。以上」

とあった。辞世は、

雲霧を払へる空にすむ月をよみぢに早く見まほしきかな

伊藤博文を松陰門下ならしめ（博文は来原家附の足軽）、松陰死後、彼を桂小五郎（自分の義兄）に依頼したのも良蔵であった。養家の来原氏は佐世八十郎の前原一誠とも親類。前記福原又四郎は良蔵の実の甥に当る。また松門の高弟の一人・岡部富太郎は、母が良蔵の姉であるから、これも甥である。禄の多少はあるが、福原・来原・桂・長井・前原・岡部は、等しく八組士で、同格である。八組士はまた大組ともいう。お馬廻りと他藩でいうのに等しい。軍隊の位でいえば少佐・中佐クラスとよくいうがしかし貧富の差ははなはだしく、月給や月収の上では少尉クラスのが多い。ただ、少しく頭を出せば、政務の要職に就ける可能性がある。これら中士の、しかし系図上名門の子弟が、何人か松門に関係したのは、吉松淳蔵塾なぞから松陰の会読（他流試合式のゼミナール）に参加してきたからであった。高杉東行がそうである。もっとも、桂（木戸）なぞは、明倫館での兵学門下。家老の益田弾正らといわば同門で、これは門下というより友人といえるのである。松陰が、死ぬ年の二月、前原（佐世）に一度は家禄を捨て草莽になり下れとさとしたこと前述のとおり。

このように、長州だけとって見ても、長井の航海遠略論——即時攘夷への転換——イギリス資本等との結合による海軍・砲台の充実——富国のため山口への政庁移動——伊藤・井上らのイギリス留学——文久三年の光明寺党結集・馬関攘夷戦争——同年八月十八日政変による「大挫折」——天忠組崩壊・七卿落——椋梨《むくなし》藤太らの擡頭——尊攘・俗論両派下士・兵の争闘——洋学奨励——卒族の明倫館入学許可——商人の革新派への接近——筑波一挙との呼応不成立——元治元年甲子七月兵諌——久坂・入江らの死——四国連合艦隊の来襲・長州藩主処分——俗論の擡頭——国司ら三家老・山田亦介ら十一烈士の死——高杉らの蹶起・脱走——慶応元年の高杉ら新地会所襲撃——挙藩少壮藩士・処士の起義による俗論党排撃——椋梨藤太らの亡命——藩論「武備恭順」に決定——三家老・十一烈士の名誉恢復——討幕の準備、等々いわゆる奇兵隊等諸隊の実力を発揮するに至るまでも、曲折ははなはだしく、その間長州の遅れを取戻す製鉄・造船・台場建造・海軍整備・陸軍兵制改革・藍玉や製糸等の国産拡張その他の工作は詳述しきれない多くの問題をはらんでいる。軽卒で非命に倒れたもの、また多く、池田屋事件の吉田稔麿（栄太郎）・杉山松介、禁門の変の入江九一ら、京の粟田山に自刃した松浦松洞（根来主馬家臣）、その他数多い。久坂玄瑞ももと禄高二十五石の貧しい藩医・久坂良迪の子であり、杉文子と結婚しても家はもてず、死ぬ少し前までは坊主頭であった。妻以外の女ができたのも死ぬ直前である。桂小五郎も、九十石（もと百五十石）の桂家を嗣《つ》ぐまでは、二十石の藩医和田家の子だった。草莽の間に出たといってよいが、生き方は自ずから松陰とは異なる。考え方は「進歩」的で明治「元勲」中でも先へ行っていた。大村益次郎は松門でなく緒方塾出であるが、世にいう戦略戦術家ではなく、むしろ軍制家だと思う。将帥・軍師ではない。（部隊を率いては、山田顕義・三好軍太郎が強かった。）

智者は惑わず、勇者は懼《おそ》れずというけれども、久坂のごとく智者ほど惑い多く、高杉・桂ら勇者ほど巧みに亡命・潜居しつつ時を待つような文久・元治の状況のもとで、長州のイニシャティヴによる討幕への踏切りは準備されたのであるが、その間、平野次郎国臣らの白石家を根城とする山陽筋への商業ルート設定のもくろみ、対薩通商工作、最後には白石兄弟を頼みとする生野《いくの》義挙等も行なわれ、また一方、八月十八日政変を予知せず、生野より先に起義しこれと呼応しかけた松本奎堂らの大和天忠組の挙もあった。伴林光平ら天忠組「外様」と中山公子の「旗本」との疎隔いたましく『南山踏雲録』に残っている。天忠組の十津川籠城工作と青蓮宮の令旨により天忠組を拒んだ十津川郷の方針との間に板ばさみとなり、身命を致した郷士のことも思われる。これらについては、『非命の維新者』にも書いたし、保田與重郎の『南山踏雲録』や佐佐木信綱編の『伴林光平全集』によって知られればよいであろう。平野国臣については、最近森田芳雄の『革命の旅人——平野国臣の生涯』が出版されている。子供らしいといえば皆子供らしい企てに倒れているが、何が子供らしいか、具体的に謀をめぐらし「上兵伐謀」が成らず、次善・三善を採ってみた体験のない人には、どんな学者にも判りっこない。これが革命というものである。

高本紫溟や宮部鼎蔵らの流れを汲む肥後勤王党の志士の行く末は、薩・長・土・肥の下風に立ち、明治となってかの有名な神風連となって散華するが、これについては橋川文三の言及はもちろん、荒木精之の『神風連実記』や谷川健一の『最後の攘夷党』があり、また河上彦斎について沢田和一の『死もまた愉し』がある。人斬りの名人としてもだが、学者としての彦斎は注目してよい。また神風連といえば旧いことになっているが、斎藤求三郎の洋学勉強なぞについて、もっと注目されてよかろう。「横ッ井平四郎さんな、実学なさる。学に虚学があるものか。キンキラキン、キンキラキンノ、ヨコバイバイ」、学に虚実はあってはならぬが、実学党またけっして今日のとうとうたるプラグマティズムの風をもって類推してはならなかった。前原一誠の萩の乱もまた、開明の人びとを含んでいたと思う。これについては「わたしの萩・わたしの津和野」にも記しておいた。肥後はもっとはっきりと、横井平四郎―徳富蘇峰―宮崎滔天という位《くらい》どりもあったのである。これと頭山満らとのいきさつもまた、草莽論の後史でなければならない。黒竜会と孫文らとの関係も、今日葦津珍彦らにのみまかせておいてよいことではない。佐々友房の日記や黒竜会の出した川崎紫山編『西南紀伝』に西郷の乱について詳述してあることを、今日わたしらは考えねばならぬ。西郷をしてかく在らしめたのは明治四年からの草莽の解体（広沢兵助ら高官まで含む）であるとも思う。

東国においては、安井息軒門下を挙げて起義せんとして梟首《きようしゆ》された雲井竜雄らを生む東北地方について、安藤英男や後藤嘉一の研究を、参考書目にあげておいた。からす組や額兵隊の仙台、二本松や三春や守山や会津について、拙著『東国の人びと』（理論社）、拙編著『戊辰戦争』（「明治の群像」）を見られれば幸いである。山川浩や柴四郎兄弟もまた注目される。関東において、渋沢兄弟や相楽総三や根岸友山やが、宇都宮・黒羽・下館・笠間などの人びととともに注目されだしているありさまは、明治百年の空騒ぎのなかで、せめてものことであるが、三多摩の『指田日記』のようなものがもっと発掘・公刊されて、司馬遼太郎の『燃えよ剣』のごとき優れた小市民文学の裏づけにならないとなるまい（新選組についていうなら、よい軍師がいなかった。軍師は隊長をも更迭《こうてつ》し得るのである）。『指田日記』は天保から明治三年にいたる村山村・指田摂津藤詮の所記であり、ただならぬ風雲のうちにあって刻明に記された淡々たる日録で、データにもゆたかである。ただに経済史家やマルクス主義史家のみのものであってはならない。こうした状況のもとに、明治の志士が挫折し、または渋沢栄一のごとく転身し、或いは困民党や加波山一挙のごとく民権激派を形成したのである。加波山のごときも、山麓に竹槍を用意して一挙の大衆蜂起指導を待っていた百姓がたくさんいたのを忘れて、対三島通庸県令の暴発とのみみなしてはなるまい。この前に、茨城一帯、かの天保以来の「義民」の地に大一揆が起って地租を負けさせた壮挙を併せ考えるべきなのである。八王子困民党、秩父事件等も、『ドイツ農民戦争』の類推ではなしに考え直さるべき時にあり、維新草莽と自由民権と、その後の社会主義との関係は、田岡嶺雲や近時の北村透谷研究等とからめて集大成さるべき秋《とき》である。中江兆民・丑吉父子、幸徳秋水、奥宮健之らの関係も、この集大成のなかで問い直さるべきことである。岩田正の『釋迢空』(紀伊國屋新書)によって知ったのだが、折口信夫は或る時、車中で長谷川伸と乗り合わせ、一面識もないこの年長作家につかつかと歩み寄り、名刺を出して、「よいものを書いて頂いてありがとうございました」とていねいにお辞儀をしたそうである。よいものとは、『相楽総三とその同志たち』のことであった。折口の久坂玄瑞の歌に対する渇仰は知られているが、東国草莽への想いも、ひとかたならぬものがあったことを知り、わたしは折口信夫を少しく好きになったのである。

わたしは、幼時蓮田市五郎の遺書・遺詠を謹写せしめた母を思い出しつつ、ここに筆を擱《お》く。思うに、草莽とは、いまさらながら、成らざりし人びと、在らざりし日々への想い社稷の像である。在ったのは多く「草莽の臣」のみだった。これをヴィルクリッヒに在らしめるのは、わたしら一億の今日のこころである。五月十五日の日は沖縄の返される日として、今後人びとに記憶されよう。しかし、喜びあふれてこの日を迎えられぬのが、今日の社稷の在りようである。草莽廓清の日は、なければならない。さばえなすやからうからを打ち払うこころにおいて、右の左のセクトのということは狭すぎる。少なくも精神の上において、今日 haecceity の在りようを念《おも》わねばならぬ者にとって、革命とはしかく狭いものではなく仁義の大本の道に及ぶものでなければならない。本質的にもっとも人類的なものでなければならない。

参考書目

権力！　大したものですよ。
愚者の尊敬、子供たちの感嘆、
金持連中の羨望、賢者の軽蔑。
（パルナーヴ。小林正訳『赤と黒』エピグラム）

参考書目一般（順不同）

『孫子』（岩波文庫旧版・山田準、阿多俊介編。）（他に『春秋繁露』『墨子』『易経』）

『野外令第一部・第二部』『師団』『野外幕僚勤務』（以上、合本。改訂新版。昭和四十三年九月刊。米式の昭和三十二年一月、三十四年九月の改訂を経し点検討すべし。『孫子』の思想をも収入。いうまでもなく陸上自衛隊教範。学陽書房。）（本令中、集中・分散および情報大切なり。）

『普通科連隊』『空てい団』（陸上幕僚監部。昭和四十一年五月、同右社。）（独断および情報、通信が大切。）『陸上自衛隊・幹候・3尉候受験の参考』（学陽書房刊。）

『外哨および斥候』（陸上幕僚監部。同右社。）（戦術単位以下の「用間」に注意。）

『アメリカにおける軍人教育—軍人と学問』（マスランド・ラドウェイ共著、高野功訳。同右社。アイゼンハワーを範としてマカーサー・ニミッツ等は低しとす。大部の書にて戦訓にとむ。）

『明治維新』（遠山茂樹著。昭和二十六年。岩波全書。）（井上清の諸駄作よりかは可。）

『海戦史論』（ダリュー原著。加藤・松宮沢。興亡史論刊行会。）（この軍事哲学はデカルトに出で、ミリタリズムとは何かを考う。）

『海戦要務令』『艦船職員服務規定』（旧帝国海軍。）『海軍諸例則』『金銭経理』（これが海軍のすべてにて、唯一の基本なり。）（阿川弘之、防衛庁戦史室は所持の筈。）

『中等教科・漢文読本』（宮本正貫編。文学社刊。巻五を中心とす。明治三十年。）（日清・日露両役間のものの見方を反映す。）

『高等小学読本巻之七』（文部省編輯局。明治二十年。文部省大臣官房図書課蔵版。）（文部省直編なることに注目。）

『国語読本・高等小学校用・巻二』（普及舎編輯所。普及舎刊。明治三十三年。）

『支那古代の祭礼と歌謡』（グラネー。内田訳。）（社稷について小島佑馬諸著も示唆あり。）

『近世日本国民史』（とくに天保以降。）『蘇峰叢書』（六冊）（徳富蘇峯著。各版あり。）

『古代中国』（世界文化社刊。）『東洋史・古代』（鎌田重雄著。研究社。）

『兵法・六韜三略』（北村佳逸著。立命館出版部。昭和十七年序文。昭和十八年二月刊。）

『作戦要務令』『作戦要務書』『戦闘綱要草案』『図解・作戦要務の研究』（これのみ兵学研究会編。）『軍隊内務書』『軍隊内務書の研究』その他旧典範令（旧帝国陸軍。）

『陸軍刑法』『海軍刑法』『軍事行政法』（議会を経たる法律。他に勅令〔懲罰令等〕あり。）

『暗い波濤』（阿川弘之作。「新潮」誌。）

『文論』『鉄坊主伝』『北潜日誌』その他（安井息軒著。各版あり。国会図書館蔵。）

『尉繚子』（公田訳、大場弥平講。「兵法全集」第三巻。中央公論社。昭和十年。）（将帥論など必読のこと。）

『呉子』（竹中労・北川衛・村山孚共訳。経営思想研究会発行。昭和三十八年。）（多少の俗流的見解あるも、遺憾乍ら他に原文とともにやさしく読めるものなし。）

『戦国策』（松林茂夫・竹内好監修。守屋洋訳。経営思想研究会発行。昭和三十九年。）（原文味読のこと。）

『ロシヤに於る広瀬武夫』『アメリカに於る秋山真之』（島田謹二著。朝日新聞社刊。）（二将ともに、用間は上智を用いる典型か？）

『日本海海戦の意義』（三好喜太郎著。三笠保存会刊。）（同海戦は、世界戦史上稀なるコンプリート・トライアムフにして、その要因は広瀬中佐、八代大将らの用間・内外各新聞の協力、その他による。本書は前記ダリューの書とともに読むべし。）

『改訂・新体読本・尋常小学用・巻八』（金港堂書籍株式会社編輯所。金港堂刊。明治二十七年。）（日清戦前の日本人の理解せる明治維新を見るべし。）

『実業・国華修身書』（田中寛一著。帝国書院刊。昭和十二年。）（右との比較をなすべし。）

『漢文階梯』（清川初一著。修文館刊。昭和五年。）（水戸学入門書となる他、維新時につき若干の益あり。）

『小学読本、高等科用・巻二』（金港堂編輯所編。金港堂刊。明治二十九年。）（「兵卒の服を御

す」「野中兼山」他。歌多し。以て日清戦後の、本書テエマに関する扱いを見る。）

『近代日本のなりたち』（服部之総著。昭和二十四年。日本評論社。）

『封建社会における資本の存在形態』（堀江英一著。『社会構成史体系』第一部。日本評論社。）

（明治を絶対主義とみる戦後の代表的労作。意見反対なるも掲ぐ。）

「東京空襲の記録と文学」（一色次郎稿。東京新聞。昭和四十六年三月六日夕刊。）（用間・争闘による怨恨の招来、他。安田武によれば、東京空襲手記一万枚以上蒐集せられたり、と。）

『罹災日録』（永井荷風稿。「新生」誌、昭和二十一年三—六月号。）（但し、当時米軍軍政下にあり検閲きびし。全集にて復元せられたりと思料するも未見。）

『尋常小学読本巻之七』（文部省編輯局蔵版。明治二十年四月。）（明治十年代に編集せられるものと思料す。徳川慶喜および江戸幕府の取扱い、明治維新の解釈、「国王」巡幸（日本の国王には非ず）等を見るに足る。）

『最後の攘夷党』（谷川健一著。明治四年の久留米・肥後・長州等にかかわる。三一書房刊。）

『日本歴史・全』（棚橋一郎述。金港堂刊。発行年月不明なるも、印刷日より推定するを得べし。）（孝明天皇御宇慶応三年までの「政治史」なり。第十七章（明治大帝）以下目次になきも内容にあり。検定用の仮印刷物か？）（砂糖普及をもって、国家の大事なる幸福とす。）

『日本軍隊史—成立時代の巻—』（田中惣五郎著。理論社刊。昭和二十九年刊。）（「古典」的労作として掲ぐ。）

『幕末愛国歌』（川田順著。第一書房刊。昭和十七年。）（選歌、ならびに表記その他多少の無理あるも。）

「行動的徂徠派の群像――十八世紀日本精神史の一章――」（芳賀徹稿。「歴史と人物」誌、昭和四十五年十二月号。）（近頃秀抜の論なり。）

『明治維新史研究』（服部之総著。三和書房刊。昭和二十二年。）（「諸階級」の分析、カテゴリッシにして『ドイツ農民戦争』に依るは不満なるも、「古典」として掲ぐ。山田盛太郎『日本資本主義分析』を読みて後、読むべし。）

『自由民権の先駆者たち・明治叛臣伝』（田岡嶺雲著。熊谷元宏編。大勢新聞社刊。昭和四十二年九月。）（西田勝・解説。青木文庫版と対照のこと。）

『燃えよ剣』『坂の上の雲』『峠』（司馬遼太郎作。）

『明治前期ナショナリズムの諸相』（前田愛稿。「社会思想」誌、第一巻、第四号。昭和四十六年。）

『山鹿素行全集』（岩波書店刊。十五冊本。広瀬豊編。）（とくに第一、第二、第十四巻を見よ。）

『五・一五事件』（陸海軍編）」（佐藤眠洋編。日本国防新聞台北支局発行。昭和八年十一月刊。）

（『五・一五事件の真相』（警察思潮社）等三、四書と対照して読まるべし。三上卓は公判闘争において「遺言書」について詳述し、権藤成卿を反駁。山岸宏は権藤を礼賛。北一輝を将来〝清算〟するつもりなりし旨をいう。三上と対立の点明らかにして社稷観異なるなり。この点、台北は言論自由。××少し。）「新勢力」誌「三上卓追悼号」（昭和四十七年二月も参照すべし。）

「幕末志士――秩序変革型人間の登場」（源了圓稿。「歴史と人物」誌、昭和四十六年九月号。）

『維新前夜の文学』（杉浦明平著。岩波新書。昭和四十二年。）（もちろん、『小説・渡辺崋山』を重要なる歴史上の文献として推挙するにやぶさかならず。）

『山片蟠桃』（亀田次郎著。全国書房発行。昭和十八年。）（とくに五四―五七頁。九四―九九頁。）（大槻家の蘭学、吉田松陰らの漢学との関係!!）

『石原莞爾資料』（原書房刊。）（とくに石原の『世界最終戦論』（同漢訳）の窮究戦への道。）

「追記・〝諫争〟の思想」（葦津珍彦稿。「新勢力」誌。禁門の変一〇〇年特集号。昭和三十九年七月。）

『長藩奇兵隊名鑑』『高杉東行関係資料』（合冊）（小林茂ら下関郷土会編。東行庵発行。昭和四十一年。）

『慶喜公烈公御問答書』（安政二年六月十九日認、潜龍老人。写本、菅渡徳士。）（西洋陣法につきいかに採長するかの問答。優秀なり。細字十二丁。）

『福沢諭吉全集』（岩波書店刊。とくに第二巻。）（第二巻を読む人少なきを怨むなり。）（『三兵タキチーク』を高野長英訳し、大鳥圭介ら実用す。以後、南北戦争の戦訓入り、福沢これを採長し、東北軍・西軍ともにこれを学ぶ。）

『海軍主計科士官物語―短現総覧―』（浴恩出版会刊。昭和四十三年。）（とくに戦訓にとむは、昭和十九〜二十年段階にして、「草莽崛起」の投機点到来せるも、吾ら不敏にして「あ号作戦」後の殿戦を革命に転化しえず。いたずらに多くの若き将兵・人民男女を殺せり。嗟乎！）

『戦藻録』（宇垣纒著。原書房刊。昭和四十四年。）（右にもかかわり、さらに考うるに太平洋戦争全般の国際的一等戦史なるか。）

『兆民を継ぐ者』（阪谷芳直編。村上一郎編集。中江会刊。限定版。昭和三十五年。）（中江丑吉・鈴江言一らのマルクス・ヘーゲル及び軍事学、見るべし。）

『維新史料綱要』（維新史料編纂事務局。昭和十二―十四年。）

『砲術――その秘法と達人』（安斎実著。雄山閣刊。）

『水戸藩史料』（吉川弘文館刊。復刻。）

「茨城県史研究」誌（茨城県史編さん委員会で継続発行中。発行所県庁内。編集者塙作楽。）（同県発行の『茨城県史料』〔維新編〕は『水戸藩史料』とともに基本文献なり。）（「渡辺崋山と徳川斉昭」佐藤昌介、山川菊栄の発言等、右誌に収む。）（「義民」殉難者・参加者名簿の未完成なるを惜むなり。鹿島神社でも発行しあるも。）

『古代芸術と祭式』（ハリソン著。佐々木理訳。筑摩叢書。）

「歴史研究」「歴史読本」誌各号（新人物往来社。）

『日本政治思想史研究』（丸山眞男著。東大出版会。）

『戦争論』（英訳 On War〔Vom Kriege〕;〔by C. von Clausewitz, 1952 年版〕; trans. by Colonel J. J. Graham, 1908, Kegan Paul Co. Ltd（英訳は一橋大学図書館。NG47号。）（原典は東京大学教養学部蔵。）

『総力戦論』（ルーデンドルフ著。原典は東京大学教養学部蔵。）（とくに「ヴァス・イスト・クラフト」の節、大切と覚ゆ。）

「紅軍大学講義」(毛沢東著。『戦争論』所収。彰考書院刊。)(一九三〇年代の、毛沢東の軍事的見解はよし。但し、戦術的。)(例、原典「中国革命战争的战略問題」一九三六年他。)

『慊堂日暦』(平凡社刊。山田訳。東洋文庫。)(前出、杉浦明平ニ著とチェックのこと。)

『勤王文庫』(大日本明道会発行。序文は大正八年、阪谷芳郎。)(若干の欠所、出典不確実等あるも必読部分あり。首編・御聖徳集等は回省すべし。)

ヘーゲル『精神現象学』(樫山欽四郎訳〔中央公論社〕と中江丑吉ノートを参照。)(直接知→意識の発展。)

マルクス『資本論』(とくに商業〔人〕資本、資本主義成立過程の貨幣でない物による投下過程。)

マルクス・エンゲルス『資本論書簡』(岡崎次郎訳。大月書店刊。)

『大言海』『日漢辞典』『詳解漢和辞典』『康熙辞典』『字源』『辞源』『増補故事熟語辞典』(三島中洲監修。)天保より明治の『武鑑』。各種地図(とくに国郡別の五万分の一)。『社会科学年表』(高島・山田編、同文館。)

『剣道集義』(正続)(山田次朗吉著。大正十一年、東京商科大学剣道部発行。)

参考書目各章

蒲生君平

「九志」誌(宇都宮市、蒲生神社刊。継続発行中なるべし。)

村上喜彦『明治百年・野州百年史』（下野新聞社。）

庄司吉之助『世直し一揆の研究』（昭和三十一年、著者発行。）

徳田浩淳編『史料・宇都宮藩史』（柏書房。）

滝沢馬琴『蒲の花かつみ』（または『蒲の花かたみ』）

『蒲生君平遺稿』（県六石編。上中下。鏡池書屋刊。明治十二年。）

『蒲生君平全集』（岡田・三島編。明治四十四年。東京出版社。）

石村貞一（長州士族）纂輯『皇朝名家史論』（明治十一年。東京・吉川半七、同・坂上半七出版。）

杉山素輔（山口県士族）編輯『続皇朝名家史論』（明治十二年一月刊。出版人は同右。石村貞一序文。川田剛（甕江）「高山正之論」、岡千仞「吉田矩方論」、松林漸（飯山）「林子平論」、馬杉繋「島津久光論」「毛利慶親論」「徳川氏興亡論」「王政復古論」、石川鴻斎「維新論」などを含む。なお製本上（背革、金箔押等）注目さる。）

平田篤胤『古史徴開題記』（岩波文庫。山田孝雄校訂。）『古道大意』（改造文庫。山本信哉校註。）

竹岡勝也執筆・文部省教学局編『創学校啓―国学の建設』（昭和十五年。内閣印刷局発行。）

高山彦九郎

頼山陽「高山彦九郎伝」（旧制中等学校各教科書参照。）

藤森大雅「書柴栗山贈高山仲縄序後」(同右。)

三上卓『高山彦九郎』(井上農夫協力)(平凡社。昭和十五年。)

『高山朽葉集』(附・日豊肥旅中日記)(福井久蔵校註。矢島行康編集。山一書房。昭和十九年。)

『贈正四位高山彦九郎・京日記』(高山彦九郎先生頌讃会編。参竜閣刊。昭和六年。)

『肥後文献叢書』第二巻(武藤ら編。陸文館。明治四十二年刊。「紫溟先生詩集」「紫溟先生遺稿」「高本大人家集」等を含む。)

林子平

松林漸(飯山。肥前人)「林子平画像記」(旧制中等学校各教科書。)

斎藤馨「林子平伝」(同右。)

『海国兵談』『三国通覧』(文庫本、その他。)

普及舎編『国語読本』高等小学校用、巻七(明治三十三年。普及舎蔵版。)

頼山陽

富士川英郎「菅茶山の東遊」(「歴史と人物」誌。昭和四十六年四月より。)『江戸後期の詩人』(麦書房刊。)(天明以降の劃期をいう。)

中村真一郎『頼山陽とその時代』(中央公論社刊。)(諸書の集大成というべし。)

高峰博「頼山陽の病蹟」(「国文学解釈と鑑賞」誌、昭和三十三年九月号。)(初期山陽の病蹟。

すぐれたものだが、中・後期は未し。）

安藤英男「頼山陽の生涯と詩業」（『歴史残花』第四巻、時事通信社刊。）

塩谷弘「請修史書」（各教科書。）

西田森三標註『標註山陽遺稿』（文三。）

頼成一他訓『日本外史』（岩波文庫。）

頼成一他訓『頼山陽詩抄』（岩波文庫。）

伊藤誠哉『北海詩談』（札幌市北海詩友社限定出版。昭和二十九年二月。）

文化の三蔵

森銑三『おらんだ正月』（平凡社「教養全集」。）

佐藤垣『伊能東河墓碑銘』

高野明『日本とロシア』（紀伊國屋新書。）

『日本庶民生活史料集成』（三一書房刊。）

（松浦武四郎についても注目のこと。）

久保栄『五稜郭血書』（とくに平山金十郎の件。）

長谷川清悦編・函館市外七飯資料館発行パンフ『蝦夷地の千人隊』『峠下村塾とその変貌』

石橋絢彦『回天艦長・甲賀源吾伝』（駒込・光源寺蔵版。）

大山柏『戊辰役戦史』（時事通信社刊。上・下。）

片山楽天『五稜郭史』（大正十年。懐旧館。）

竹内運平『函館海戦史話』（若桜書房刊。）

加茂儀一『榎本武揚』（中央公論社刊。）

大鳥圭介述『幕末実戦史』（宝文館刊。）

北海道総合開発企画本部『北海道開発白書』（とくにその「総論」のI。昭和三十一年五月発行。）

高橋邦太郎『維新の裏方』（昭和四十年六月二十八日より朝日新聞連載。）

子母沢寛『お茶の間放談』（とくに「その二・実説＝維新幕臣伝」等。昭和四十年「文藝春秋」誌連載。）

北海道教育委員会『北海道文化財』（昭和三十六年刊。）

慶留間知徳『琉球祖先宝鑑』（琉球史料研究会刊。）

慶留間知徳『琉球千草之巻』（琉球史料研究会刊。）

谷川健一『埋もれた日本地図』（筑摩書房刊。）（とくに南島についてくわしい良書であり先島の「あはれ」が想われる。）

中島九郎『札幌九十年』（札幌デーリィタイムス社。昭和三十三年刊。）

高野長英

太田砲兵少佐講述『砲兵戦術の図上研究』（成武堂。大正十五年。）

高野長運『高野長英伝』（岩波書店。）

杉浦明平『小説・渡辺崋山』（前出。「朝日ジャーナル」誌連載後、単行本となり発行。朝日新聞社。）（杉浦は蘭学者という「進歩的」集団のあったことを否定する。）

藤森成吉『渡辺崋山』（角川文庫。）

杉田玄白『蘭学事始』（岩波文庫。緒方富雄校註。）

高橋磌一『洋学論』（昭和十四年。三笠書房。）（杉浦明平の右作の所説と対照的なところあり。）

山崎有信『大鳥圭介伝』（大正四年。北文館。）（緒方―坪井塾と廻り橋本左内の耳目となる。）

〔文化文政時代をめぐって〕

柳生四郎「常総の狂歌」（「茨城県史研究」誌、十四号。）

『新群書類従』第十「狂歌」（幸田露伴序・編。）

荻生徂徠『政談』（雄山閣文庫。昭和十二年「雑誌・古典研究」第二巻第四号附録。）

会沢正志斎

『水戸藩史料』（前出）
山口宗之「晩年の会沢正志斎」（香川大学紀要「経済論叢」昭和三十一年五月。）
関川延編『水戸学精髄』（菊池謙二郎校閲。誠文堂新光社刊。）

『新論・迪彝篇』(岩波文庫。)

『新論講話』(会沢原著。高須芳次郎解釈。平凡社刊。)

藤田幽谷(藤田三代については拙著『非命の維新者』を見よ)
関戸正克『水戸城』前篇
『藤田幽谷全集』
百川元『水戸論語』(教材社。昭和十五年。)
熊沢蕃山『集義和書』(とくに「義論」における文武兼備、仁と武の湊合点。)

藤田東湖
『回天詩史』他『藤田東湖全集』(高須芳二郎編および菊池謙二郎編あり。)

深作安文・文部省蔵版『弘道館記述義』(社会教育会発兌。)

中村徳五郎『島津斉彬公』(文章院出版部刊。)

『吾妻鏡』(日本古典全集。与謝野寛・正宗敦夫・与謝野晶子編纂・校訂。)(水戸烈公の愛読し、臣下に読ませた典型的和漢混淆文体。『常陸帯』に関わる。)

藤田小四郎
西村文則「藤田小四郎の人物」(「新勢力」誌、昭和三十九年七月号。)

西村文則『藤田小四郎』（国会図書館蔵。）

芳賀登『幕末志士の生活』（雄山閣刊。）

関山豊正『元治元年』（上巻「筑波挙兵と禁門戦争」非売品。二百部限定。昭和四十三年。那珂湊市にて印刷。同市元町・関山豊正発行。中巻「那珂湊の大戦」五百部限定。一五〇〇円。昭和四十七年。発行人同上。）

山口武秀『水戸天狗党物語』（三一書房。田中隊、鯉淵勢について。）

高知聡『水戸天狗党』（大和書房刊。）（藤田小四郎は斬られる前に、「田中愿蔵の方法をとるべきであった」と語った、という。但し、文書なし。田中の斬られた代官所（安井息軒遥任）のあった塙町等に伝わる口伝による。）

高木俊輔「水戸藩尊王攘夷運動の村落出身犠牲者」（「茨城県史研究」誌。昭和四十四年三月。）

茨城県『茨城県史料・維新篇』（水戸市県庁内茨城県史編さん委員会取扱い。）

石井孝「幕末開国期の政治家たち」（「歴史と人物」誌、昭和四十六年九月号。）

『那珂湊』（昭和四十五年版。根本商事発行の地図。）

（水戸党争の最後については山本秋広『紀山荘夜話』、山川菊栄『おんな二代の記』なぞ参照。）

吉田松陰

武藤厳男・宇野東風・古城貞吉編『肥後文献叢書』第二巻（隆文館発行。明治四十二年。）（高山彦九郎にも深く関係す。高本紫溟「詩集」「歌集」その他。）

『奥州道中本陣の図』（行軍上必須なり。写本。）

大月明「阪谷素とその交友関係について」（「人文研究」第十八巻、第三号。昭和四十二年三月。）（同人稿、同誌、第十四巻、第六号。昭和三十八年七月「明治期における阪谷素の思想について」をも参照。）

河上徹太郎『吉田松陰』（文藝春秋社。）（「儒」の解釈としてすぐれたものあり、ただし、「武」のほうは如何？）

「皇室典範」（明治二十二年。同四十年増補。）（松門の天皇人間論・君臣交遊論に関わる。）

松本二郎『維新殉難の人々と萩』改訂四版（萩郷土文化研究会。昭和四十一年九月。）（松本二郎は老来いよいよ健祥なり。）

松本二郎私信（村上宛。昭和四十七年一月八日発とその附信。）（福原又一、長井雅楽の件。）

古川薫『走狗』（柏書房刊。昭和四十二年。）

杉浦重剛『倫理御進講草案』天之部（猪狩又蔵編。同上書刊行会。）（乃木希典の山鹿流、山鹿素行と『中期事実』の関係その他。）

前田恒治『山鹿素行とその誕生』（培風館刊。昭和十六年。）

カッテンディーケ『長崎海軍伝習所の日々』（水田信利訳。平凡社。東洋文庫。）（『幽囚録』を読む上で必須。）

『本朝歌人集』（田中編。国風会発行。明治三十三年七月。）

村山村郷土資料第一集『指田日記抜萃』（指田摂津藤詮記。）（村山村郷土史編纂委員会。昭和二十六年。非売品。）

サンデー毎日編『藩精神』（全国書房。昭和十七年。）

稲津孫曽『先覚詩人・梁川星巌』（梁川星巌研究所刊。昭和三十三年。）

『土井利忠公と大野藩』（土井利忠公百年祭奉賛会。一五〇部限定。昭和四十一年。）

葦津珍彦「明治維新と国体意識」（「新勢力」誌。昭和三十七年六月。「明治維新研究」第一集。）（とくに、〝尊王〟の概念について。）

金谷治『孟子』（岩波新書。）

しまね・きよし『転向―明治維新と幕臣』（「激動期の生き方」。三一書房。）（とくにその第一章を読め。）（同人の『明治の群像』（三一書房）『戊辰戦争』他への執筆文参照。）

安藤英男『日本における陽明学の系譜』（新人物往来社刊。）（松陰を陽明学の系譜に入れるには一段の慎重を要す。）

中里介山『吉田松陰』（昭和十八年、春秋社版によるも、原著は昭和初年か？ もっともすぐれたる書物の一にして、村上の採るは、主として蘇峰、介山、山口県教育会広瀬豊らの伝記なり。）

大平喜間多『佐久間象山』（人物叢書。吉川弘文館刊。）（奈良本辰也の、象山が、吉田松陰なら捕まっても惜しくないからとて金をやって密航させんとしたの説に村上は反対。大平説をとる。）

尾佐竹猛『国際法より観たる幕末外交物語』（文化生活研究会発兌。大正十五年。）

渡辺幾治郎『大隈重信』（照林堂刊。昭和十八年。）（肥前・肥後の関係について。）

市井三郎『〝明治維新〟の哲学』（講談社現代新書。）（高杉晋作の写真は、実は近藤勇。）

市井三郎他『共同研究・明治維新』（思想の科学研究会編。徳間書店刊。）

奈良本辰也『吉田松陰』（岩波新書。第二十六版を所持するも単純なるミス多し。奈良本の兵学については疑問多し、例えば、軽舸《けいか》により敵砲の火門に釘する戦術のごとき、古いことでなし。）

奈良本辰也・杉浦明平・橋川文三『吉田松陰』（「批評日本史・政治的人間の系譜」第六。思索社刊。）（湊川の戦争や北越の戦史等は「嘘」ではない。兵棋演習を行ないし例あり。）

大塚孝明「佐賀藩海軍小史」（「歴史研究」誌、昭和四十六年十二月号。新人物往来社刊。）（反射炉については河井継之助が後に注目。）

徳富蘇峰『吉田松陰』（明治二十六年版を主とし、後年の版を参考するが可なり。民友社刊。）

下程勇吉『吉田松陰』（アテネ新書。弘文堂刊。）

橘孝三郎『明治天皇論』（神田須田町都ビル靖国会発売。）

中沢巠夫『幕末暗殺史録』（雄山閣刊。）（関鉄之助について知るべし。長州で彼に会いし佐久間佐兵衛は、水戸に留学し、会沢門下に居ること三年。松陰門下ともいわる。故に、替玉を使って関をだましたのでない。）

後藤三郎『吉田松陰とその教育』（玉川学園出版部刊。昭和六年。）

吉野浩三『宇都宮黙霖畧傳』（吉野浩三発行・印刷。昭和十二年。）

景岳会『橋本景岳全集』(畝傍書房刊。)(とくに将軍継嗣問題について。)

山口宗之『全集未収・橋本左内関係史料研究』(著者発行。久留米プリント社印刷。)(同右。)

北島正元『梅田雲浜』(「維新勤王遺文選書」。他人書院刊。)(雲浜については、山陰・大和・長州等への商業ルート設立=処士横議の網の目の張りようを見るべし。)

東行先生五十年祭記念会編『東行先生遺文』(高杉春太郎発行。発行所民友社。大正五年。)(新たに三一書房より二巻本の高杉晋作全集出版の予定あり、収録ひろがると聞く。)

上原専禄『中世レーン法における主人の誠実義務』(「一橋論叢」昭和十七年九月号。)

秋山四郎『吉田松陰先生御遺稿集』(松陰遺墨展示館。昭和三十八年。萩市。)

村岡繁編『松下村塾と松陰遺墨展示館』(同右展示館発売。昭和四十年。萩市。)

村岡繁『吉田松陰と僧黙霖—思想の対決』(松陰遺墨展示館発行。昭和四十三年。萩市。)

村岡繁編著『松陰吉田寅次郎伝』(松陰遺墨展示館発行。昭和四十一年。萩市。)(高須久子との関係を小説化し、附録的にのせている。)

村岡繁『吉田松陰を語る』(著者発行。昭和四十六年。萩市。)

松本二郎『護国山東光禅寺』(史都萩を愛する会発行。昭和四十二年序文。萩市。)

松本二郎『萩の乱真相—前原一誠と一党の人々』(昭和四十四年。史都萩を愛する会発行。萩市。)

松本二郎『萩城を語る』(昭和四十五年。しらがね白石書店発行。萩市。)

萩市教育委員会・松陰遺墨展示館『吉田松陰年譜略』(発行年月不明。)

萩市郷土博物館編・萩市教育委員会発行『萩市の文化財』（昭和三十八年。印刷、下関市。）

村岡繁編『殉国の歌―吉田松陰百首撰』（昭和四十三年。響海館印行。松陰遺墨展示館発行。）

弘松宣枝『坂本竜馬』（明治二十九年。民友社刊。）

沖本常吉『津和野藩』（「津和野ものがたり」㈠。津和野歴史シリーズ刊行会。防府市印刷。昭和四十三年。津和野町。）

福本義亮《ぎりよう》『下田に於ける吉田松陰』（誠文堂新光社刊。昭和十七年。）（必読文なり。）

福本椿水『松陰余話』（山口県人会発行。昭和四十年。東京。）

和田健爾『吉田松陰・殉国の精神』（京文社書店発行。昭和十七年。東京。）

妻木忠太『前原一誠伝』（昭和九年。積文館発行。）

妻木忠太『吉田松陰の遊歴』（昭和十六年。泰山房発行。）

丹野清秋「農本主義と戦後の土着思想」（「現代の眼」誌、昭和四十七年三月号。）

末松謙澄（著者代表）『修訂・防長回天史』（柏書房（復刻）。）

平尾道雄「富永有隣の逃亡と潜伏」（「歴史と人物」誌、昭和四十五年十二月号。）

「吉田滝子刀自」（『新編・修身教典』高等科。合資会社・普及舎蔵版。）（明治維新にもっとも功労ありしは長州藩なり、とはじまる。刀自歿後の発行。）

鳥羽正雄博士古稀記念論文集編纂委員会編『日本城郭史論叢』（雄山閣刊。）

文部省教学局『日本諸学研究報告』第八篇（昭和十八年刊。）

加藤周一『芸術論集』（岩波書店。）（とくに「日光東照宮論」。）

井上哲次郎『日本陽明学派之哲学』（明治三十三年。冨山房発兌。）

長藤蔵『承久の乱に於ける順徳天皇と佐渡』（昭和八年刊。佐渡真野村佐々木栄吉出版部発行。）

渡井量蔵校閲・中田幹母編輯『鼇頭集説・四書字解大全』下巻（明治十八年版権免許、別製本御届。明治十九年出版。この間の事情はつまびらかでないが、届けた結果、出版を遠慮せしめられたものとも考えられる。東崖堂発兌。）（『孟子』解釈につき、『講孟余話』と対比することが必要であり、かつ面白い。）

鈴木虎雄『中国戦乱詩』（筑摩叢書。）（とくに文天祥について。）

朱熹編『宋名臣言行録』（各版あり。）

松陰以後

アーネスト・サトウ、坂田精一訳『一外交官の見た明治維新』（岩波文庫。上・下。）

サラクルー『地球は丸い』（サヴォナローラの狂について。）（多摩芸術学園発行。）

判沢弘「明治維新と国家神道」（「歴史と人物」誌、昭和四十六年十月号。）

手塚竜麿『東京の英学』（昭和三十四年。都政資料館刊。「東京都市紀要」第十六。）（明治政府の私塾弾圧を知る。中江兆民らの仏語塾、中村敬宇の英学塾等。）

平尾道雄『海援隊始末記』（万里閣刊。）

芳賀徹「坂本竜馬から福沢諭吉へ」（「歴史と人物」誌、昭和四十七年三月号。）（文章論として卓抜。）

細川潤次郎『軍艦法則』（明治二年。東京・和泉屋。）（アメリカ艦隊の教範の翻訳にして、よく艦船勤務の詳細を説く。）

『明治文化全集』（昭和二—五年。日本評論社刊。）（とくに、その「正史篇」、指原安三「明治政史」は、太政官成立から自由民権運動に向っての貴重な資料を含む。「軍事篇」も大切。）

板垣退助監修『自由党史』（明治四十三年。岩波文庫。）

「太陽」特集「江戸城と東京」（昭和四十五年六月号。）、「明治維新」（昭和四十六年十月号。）、「明治は遠く……」（昭和四十三年十二月号。）

河野磐州述『河野磐州伝』（同書刊行会。）

高橋哲夫『福島自由民権運動史』（理論社刊。昭和二十九年。）（福島事件関係者のその後。）

野呂栄太郎『日本資本主義発達史』（岩波文庫。）（もっとも早く、もっとも基本的なマルクス主義史論。）

沢本幸南編『坂下義挙録』（昭和六年。坂下事件表彰会刊。）

山口且訓「プチャーチンの贈りもの」（「歴史と人物」誌、昭和四十七年四月号。）

平野義太郎『ブルジョア民主主義革命』（昭和二十三年。日本評論社刊。）（講座派歴史観の悪しき典型であり、例えば秩父事件をエンゲルスの『ドイツ農民戦争』の類推で片づけたつもり。）

服部之総・信夫清三郎『日本マニュファクチュア史論』（昭和二十二年再版。日本評論社。）（いわゆる「天保厳マニュ説」の延長。この誤りを克服すべし。）

仙台郷土研究会「仙台郷土研究」誌。各号。

羽鳥卓也『近世日本社会史研究』（未來社。昭和二十九年。）（羽鳥には、他に藤田五郎との共同研究『近世封建社会の構造』があり、また『商学論集』誌第二十巻第三号で自由民権の郷士・郷農をとらえている。）

井上清『日本現代史』第一巻（昭和二十六年。東大出版会刊。）（東国のことに関してはほとんど無知である。一時は、歴史学研究会の牛耳を執った井上の、昭和二十年代初めにおける日本共産党「民主民族統一戦線」「平和と独立」のテーゼから類推したイデオロギー的書物の代表である。）

青木虹二『百姓一揆総合年表』（三一書房。）、『明治農民騒擾の年次的研究』（新生社。）（この調査の及んでいない地帯・時点もまだある。）

山田盛太郎『日本資本主義分析』（昭和九年。戦後、岩波書店より復刊。キイ産業・軍事産業・プロレタリアートの造出。他に海賊版多し。）

ノーマン、大窪訳『日本における近代国家の成立』（時事通信社。昭和二十二年。）

尾佐竹猛『明治維新』（白揚社「近代日本歴史講座」）（通史として総合的である。だが、この総合とはトータルであり、ジンテーゼでない。）

神山茂夫『天皇制に関する理論的諸問題』（昭和二十二年初版。三一書房より増収復刊。）（いわゆる軍・封論争の日共による禁圧を惜しむ。）

加波山事件調査パンフ（昭和二十六年。早稲田大学歴史研究会学生の報告。指導・永井秀夫。）

稲葉誠太郎編『加波山事件関係資料集』(三一書房刊。)

遠藤鎮雄『加波山事件』(三一書房刊。)

松下芳男『徴兵令制定の前後』(偕行社。昭和七年。)(趣旨は松下の『日本軍制史論』に生きている。)

家永三郎『日本近代思想史研究』(昭和三十八年。岩波書店。)、『植木枝盛』(岩波新書。)

江藤淳「勝海舟」(「毎日新聞」昭和四十三年十月二十二、二十三日。)

村上一郎編『戊辰戦争』(三一書房『明治の群像』第二巻。とくに赤報隊〈しまね・きよし〉、凌霜隊〈藤田清雄〉、からす組〈浜田隼雄〉の各章について読まれたし。)

橋川文三・後藤総一郎編『権力の素顔』(三一書房、同右シリーズ第四巻。村上はここで山県軍閥の成立について試論を展開したが、そこに引用した明治初年刊の渡六之助の『法普戦争誌略』では、パリ・コンミューンの徒を「草莽」と訳している。)

福井光編輯、川島楳坪刪定『訂正・修身叢語』(埼玉県発行。明治十四年。重野安繹序文。)(とくに面白きは、母子間の「孝」の解き方なり。)

元田永孚《えいふ》編『幼学綱要』(宮内省。)(全国民をして浴恩、「開明の民」たらしむるため全国学校に下賜。)

仲村研『山国隊』(学生社。昭和四十三年。)

沢田和一『死もまた愉し――勤皇志士河上彦斎の生涯』(長谷川書房。昭和十七年。)

森田芳雄『革命の旅人――平野国臣の生涯』(新人物往来社。)

荒木精之『神風連実記』（新人物往来社。）

土屋喬雄『澁澤榮一傳』（改造社。昭和六年。）

幸田露伴『澁澤榮一傳』（岩波書店。昭和十四年。）

安藤英男『雲井竜雄詩伝』（明治書院。）

後藤嘉一『やまがた明治零年』（山形市郁文堂。）

村山村郷土史資料『指田日記』（前出。）（火炎ビン時代の日共三多摩地区委員会が指導（?）したもっともまともな仕事として、ガリ刷で出された。おしむらくは抜萃である。）

棚谷元善（笠間の士）編輯『国史擥要』（明治二年刊。万蘊堂、魁文堂発兌。十六巻。とくに第十一巻以降を参照。著者は笠間天狗のひとりならん。）

『明治大帝』（附・明治美談（幕末を含む）。『キング』附録。講談社刊。昭和二年。）

草森紳一『日本ナンセンス画志―恣意の暴逆』（大和書房刊。）

前田愛「明治立身出世主義の系譜―『西国立志編』から『帰省』まで」（「文学」誌、昭和四十年四月号。）（福沢論、蘇峰論等に発展する芽を含む。）

岸田英治ら『大支那大系』（万里閣書房発行。昭和五年前後。非売品。）

伊達源一郎編輯・徳富蘇峰監修『新支那』（民友社発行。大正三年。）

正木直彦『回顧七十年』（学校美術協会刊。昭和十二年。）（鳥羽伏見の役、堺事件、廃仏毀釈、寺子屋の学校への編成替え等の思い出よりはじまり、中村敬宇、加波山事件、保安条例等に及び、天心の大和調査、美校分校設置案にも触れる。）

軍事史学会「軍事史学」各号。
大町雅美『草莽の系譜』（三一書房刊。）
良永・玉丸『有馬藩・村上守太郎刃傷事件」（「病跡学」昭和四十五年三月号。）
三井甲之『三条実美伝』（昭和十九年。講談社。）
『南狩録』（上・下）（味地修居著という。）

おわりに

クラス会の席なんぞで、自己紹介をさせられる時、開業医をしていますとか、高校の教師ですとかいう人びとの間に混って、自分を何といってよいのか判らぬので、半ばたわむれに「草莽の一文人でございまして」なんかという体裁にしていたのがたたったのか、『草莽論』という書物を書くようにという次第になった。こまってしまって、草莽の字義から、改めて学び直す他なかったが、しらべればしらべるほど、下手するとミイラ取りがミイラになりかねないと、筆つきはおぼつかないものになった。またしても糞土の垣を築くのかという文筆業者特有のバカな悲しい想いも去来したが、やっと半年ほどをついやして、見られるようなものを作った。お蔭を蒙った人びとも多いので、とてもここにお名を記し切れない。

もっと書くつもりでいた人物群、もっと掘り下げねばと思っていた段階・局面——それらを思うと、わたしの心身の力量不足がくやまれるし、書きつつある状況もうらめしいし、何より本質的に原理・原則の喪失にかかわる日本人全体の責任――むろんわたしにとっては自責が第一であるが――を後代の人びとに対して痛感する。さもあらばあれ、この書物一冊でどうなることでもない。いまは、なるべく謙虚に、人びとをして語らしめるほかない。

上木に当って、この書物の出版者・編集者・造本者・装丁者、ならびに印刷・製本・販売・広告なんぞに当られる人びとにあいさつを贈る。小林伸一、南暁両氏および秋山法子氏、磯辺泰子氏にはとくにお世話になった。ここに謝意を表し、同じ出版社による『吉田松陰全集』のみごとな完成を祈念する。

昭和四十七年子歳睦月念九夜

村上一郎

〔校正中追記〕

本文の校正中、あたかも彼岸に当る日、わたしは寸暇をさいて、故贈従六位海軍主計少佐相浦忠雄氏の霊位を拝しに行った。カトリックの信徒であられたので、ことさら彼岸の行事もなく、位牌もないが、十字架の壇に焼香し、『相浦忠雄遺稿集』(同刊行会発行。代表小川政亮氏。昭和二十六年刊)を拝借して帰った。カトリックのお家らしく弟さんのお子さんがたくさん出て来られ、わたしはボケやレンギョウが咲きほこり、キジバトの飛ぶその辺りで、しばらくそのお子さんたちと遊んだ。家に着いて、開いてみる『遺稿集』はわたしを慟哭せしめてやまず、ついに全文二七五頁のコピイをとらしていただいた。相浦少佐は品川に在った海軍経理学校補習学生隊のはじめは庶務主任として、後には分隊士として、わたしら短期現役十期(御楯会)の訓育に当られ、とくにわたしは隊全体の記録係見習尉官として、いかなるオフ・レコードの戦訓や講義をもノートすることを特認され、一切を記録して相浦大尉(当時)に提出した。昭和十九年三月一日、わたしらが主計中尉に任官した日、氏は航空母艦雲鷹《うんよう》主計長となられ、昭和十九年九月十七日、南支那海において船団護送中敵潜により被雷、沈没。さいごまでブリッジに立たれ、戦闘記録をとり、それをビール瓶につめて海中に浮かし、艦と共に死なれた。その次第は、便乗していたわたしの同期の桜、土田国保氏が名文で記録し、『海軍主計私物語』に載せている。カトリックの平和主義者、昭和十四年十九歳の東大生で日米学生会議に出られた相浦少佐は、かくて二十四歳十ヵ月で戦死され、土田大尉は主計長に早く脱出せよといわれ、泳いで助かったのであった。

これらを思い、かつわたしの関係で死を賭して働いて殉職した山田善一大尉、マル呂の飛山整備兵曹、死なかったが死に近く在った防空隊員並びに佐々木兵曹、水口書記、星川・神戸・斎藤・渡辺・柿沼・榎本・秋元・井上・安藤・山岡・神山・増子・村松・小林・伊藤・穂本・後藤・桜井・本間・和田各理事生ら、また相原三郎学生、井上祭《すすむ》・吉岡裕各中尉らを思い、わたしは維新から昭和に至る長い「参考書目」を作製した。しかし、都合でのせられなかった。せめてものことに、これだけを記し、思いを残すのである。これらの旧い長い思いを逆手にとって、わたしは庇真深に面《おもて》を上げて闘ってゆく。

（昭和壬子卯月中旬）

著者

村上一郎『草莽論』解説

桶谷秀昭

㈠

「草莽《さうまう》」といふ言葉が、人の口にあるいは筆に登るやうになつたのは、いつごろなのか正確なことはわからないが、そんなに古いことではなく、幕末、維新の頃ではなからうか。武士も町民も口にしたわけではなく、それはある階層の人たち、下級武士、士族にかぎられてゐたやうに思はれる。さらに範囲をひろげれば、維新以後の士族から、昭和初年のマルクス主義運動にかかはりをもつたインテリゲンチャに及ぶ。そしてこの場合、コミンテルンの支配下にあつたマルクス主義運動において使はれた「プロレタリアート」といつた普遍的（?）な概念にたいする批判が、こめられてゐたと思はれる。

革命一般といふものはない。実存するのはフランス、プロイセンの十八世紀末の革命であり、あるいはそれから影響を受けた日本近代の革命である。

(二)

「草莽」といふ言葉の本来の意味に、革命あるいは変革にかかはるニュアンスは何もない。草むら、といふ意味があるだけである。せいぜい比喩的な意味として、中央にたいする辺境、都市にたいする田舎である。

しかし、「草莽」は、幕末、維新の黒船の渡来によつてひきおこされた日本の国外、国内のあわただしい不安な状況のなかであらはれた言葉なので、ある激しいひびきを帯びてゐる。それは、たとへば尊皇攘夷といふイデオロギイ用語とおなじ含意をもつ言葉としてひろがつた。ただ、「草莽」は、尊皇攘夷とくらべたとき、何となく茫洋とした感じを受ける。

激しい風が吹いて、草むらが伏せるやうになびかうが、起きあがらうが、それはそれだけの自然現象にすぎない。

ところで「草莽崛起《くつき》」といふ言葉がある。これも自然現象を言ふにすぎないであらうか。いや、そんなことはない。「崛起」の「崛」といふ字は、辞書によると「高く、短かい」といふ意味ださうで、何だかよくわからないが、「草莽」が「崛起」するといへば、わからないことはない。

草莽が崛起するやうに、人間もまた崛起するのである。もちろん、崛起しない人間、生涯に一度も崛起しないで人生を終へる人間もゐる。たくさんゐる。

(三)

村上一郎は、崛起する人間であつた。しかし、崛起しない「草莽」をも愛した。彼はこの彼自身の生涯の最後の著書で、「草莽」人の典型として吉田松陰の人間像を描き、論じてゐる。

村上一郎は、松陰のほかにも草莽人と呼ぶにふさはしい幾人もの人間像を描き論じてゐるが、松陰には格別の想ひを抱いてゐたであらうことがわかる。自分もまた、そのやうに生きてきたといふ自覚を、自刃して果てた生涯のをはり近くなつて抱いてゐたやうに思はれる。

(四)

「第五の章　吉田松陰」の冒頭に次のやうな一節がある。

「わたしは子供の頃、吉田松陰先生について不思議で不思議でならないことがあった。それは、よく知られている松陰の座像が、剛直ではあるが、実にさびしげに描かれていることについてであった。またなぜ、謹厳に描かれているのに袴をつけていないのかも妙だった。」

私はこの一節を眼にしたとき、ほとんど感嘆の声を発するところだつた。

村上一郎の記憶喚起力に、格別驚く程のことは何もない。むしろ平凡に近いと言つていいくらゐである。しかし松陰のこの座像を「実にさびしげに描かれている」といつた評言を、これまで他に聞いたことがないのも、確かである。村上一郎よりも十二年ひとまはりほど年下の私は、昭和十三年から十九年まで、東京は下町の小学校の生徒であつたが、毎朝、朝礼のとき、話下手の癖に話がながい校長先生の訓話をぼんやりと聞いてゐた。その学校の校庭は、朝礼台にむかつて右手に柴を背負つて読書してゐる二宮金次郎の全身像があり、左手に和服に袴をつけずに端座してゐる吉田松陰の銅像があつた。

二宮金次郎はわかる。「柴刈り縄なひ、わらぢをつくり、親の手を助け、弟を世話し、兄弟仲よく孝行を尽す　手本は二宮金次郎」といふ頌歌を、皆が知つてゐた。

しかし吉田松陰は知らなかつた。わからなかつた。松陰が偉い兵学者であるといふことは、仄聞して知つてゐたが、それ以上のことは何も知らなかつた。校長さん以下ひら教員の先生たちも何も知らなかつたのではないかと思はれる。そんな雰囲気が、大東亜戦争直前と戦時中を支配してゐた。敗戦後、アメリカ製民主主義が、敗戦国日本の国内に、戦後民主主義の名のもとに容易に浸透することができた理由であらう。

㈤

村上一郎は栃木県宇都宮市近傍の農村を出生地とする。幕末維新の精神史を語るときに、水戸と水戸学の精神風土を抜きにすることはできないが、そのことをいふとき、独特の含羞をあらはすのが、異様に感ぜられる。水戸と水戸学は村上一郎の精神史の主題に避けて通れないといふ当り前のことが、どうしてあのやうな含羞を生むのであらうか。

その父親は、ホーリネス派のキリスト教信者であつた。若い頃に米国に留学し、帰朝後は何もしなかつた。宇都宮の師範学校出身の女と結婚し、女は一子一郎を生み、教員をしながら子を育て、父親は毎日、朝から聖書を音読し、太鼓を叩いて讃美歌を歌ひ、感昂じると家を飛び出して、遊行し、河でも沼地でも踏み込んで歩いた。先祖代々から譲り受けた土地は次つぎに手放して、死んだ。

さういふ身上話を、憤怒を帯びた口調で語るのを聞いたことがある。遺伝といふものはどう仕様もないのか。村上一郎は県立宇都宮中学校を好成績で卒業し、東京商大（現、一橋大学）予科に進学するが、大東亜戦争のさなか、海軍短期現役士官になり、敗戦を迎へる。

三菱化成株式会社の経理部に就職する。その頃結婚した夫人の思ひ出話によれば、毎朝刑場に曳かれてゆく囚徒のやうに、うつむいて重い脚をひきずるやうに出勤してゐた。長くはつづかず、退職した。大学時代のゼミナールの恩師高島善哉教授の世話で日本評論社の編集部に入社、雑誌「日本評論」にルポルタージュ「時の動き」を連載執筆し、好評を得たが、やがてアメリカ占領軍よりプレスコード違反によつて執筆禁止、退職を余儀なくされた。

以後、村上一郎は、米軍占領下はもとより、日米間に講和条約が結ばれた以後も、常勤就職の口はなく、多摩美術大学、桑沢デザイン研究所といつた大学あるいは研究所の非常勤講師の収入と、文筆の仕事から得た原稿料によつて生活した。

人生において、人と人との出会ひほど大事なものはない。私は、右のやうな経歴をもつ村上一郎と出会ひ、学問、藝術において多くの貴重な事をまなんだ。

草莽論といつた主題を語るのに、村上一郎ほどふさはしい人を、私は周囲にみいだすことができない。「草莽崛起」は吉田松陰が言つたが、現代の日本において、村上一郎はそれを言ふにもつともふさはしい人なのである。しかし、その村上一郎はすでにゐない。

本書は、一九七二年五月、大和書房より刊行された。文庫化に際しては、『村上一郎著作集　第三巻　思想論Ⅰ』（国文社、一九七七年三月刊）を適宜参照した。

現代小説作法　大岡昇平

西欧文学史に通暁し、自らの作品においては常に事物を明断に観じ、描き続けた著者が、小説作法の要諦を論じ尽くした名著を再び。（中条省平）

日本人の心の歴史（上）　唐木順三

自然と共に生きてきた日本人の繊細な季節感の変遷をたどり、日本人の心の歴史とその骨格を究明する。上巻では万葉の時代から芭蕉までを扱う。

日本人の心の歴史（下）　唐木順三

日本人の細やかな美的感覚を「心」という深く広い言葉で見つめた創見に富む日本精神史。下巻は西鶴の時代から現代に及ぶ。（高橋英夫）

日本文学史序説（上）　加藤周一

日本文学の特徴、その歴史的発展や固有の構造を浮き上がらせて、万葉の時代から源氏・今昔・能・狂言を経て、江戸時代の徂徠や俳諧まで。

日本文学史序説（下）　加藤周一

従来の文壇史やジャンル史などの枠組みを超えて、幅広い視座に立ち、江戸町人の時代から、国学や蘭学を経て、維新・明治、現代の大江まで。

源氏物語歳時記　鈴木日出男

最も物語らしい物語の歳時の言葉と心をとりあげ、その洗練を支えている古代の日本人の四季の自然に対する美意識をさぐる。（犬飼公之）

江戸奇談怪談集　須永朝彦編訳

江戸の書物に遺る夥しい奇談・怪談から選りすぐった百八十余篇を集成。端麗な現代語訳により、古の妖しく美しく怖ろしい世界が現代によみがえる。

江戸の想像力　田中優子

平賀源内と上田秋成という異質な個性を軸に、江戸18世紀の異文化受容の屈折したありようとダイナミックな近世の〈運動〉を描く。（松田修）

頼山陽とその時代（上）　中村真一郎

江戸後期の歴史家・詩人頼山陽の生涯は、病による異変とともに始まった——。山陽や彼と交流のあった人々を活写し、漢詩文の魅力を伝える傑作評伝。

頼山陽とその時代(下) 中村真一郎

江戸の学者や山陽の弟子たちを眺めた後、畢生の書『日本外史』をはじめ、山陽の学藝を論じて大著は幕を閉じる。芸術選奨文部大臣賞受賞。（揖斐高）

平家物語の読み方 兵藤裕己

琵琶法師の「語り」からテクスト生成への過程を検証し、「盛者必衰」の崩壊感覚の裏側に秘められた王権の目論見を抽出する斬新な入門書。（木村朗子）

定家明月記私抄 堀田善衞

美の使徒・藤原定家の厖大な日記『明月記』を読みとき、大乱世の相貌と詩人の実像を生き生きと描く名著。本篇は定家一九歳から四八歳までの記。

定家明月記私抄 続篇 堀田善衞

壮年期から、承久の乱を経て八〇歳の死まで。乱世を生きぬき宮廷文化最後の花を開いた藤原定家の人と時代を浮彫りにする。（井上ひさし）

都市空間のなかの文学 前田愛

鷗外や漱石などの文学作品と上海・東京などの都市空間――この二つのテクストの相関を鮮やかに捉えた近代文学研究の金字塔。（小森陽一）

増補 文学テクスト入門 前田愛

漱石、鷗外、芥川などのテクストに新たな読みの可能性を発見し、〈読書のユートピア〉へと読者を誘なう、オリジナルな入門書。（小森陽一）

後鳥羽院 第二版 丸谷才一

後鳥羽院は最高の天皇歌人であり、その和歌は藤原定家の上をゆく。「新古今」で偉大な批評家の才も見せる歌人を論じた日本文学論。（湯川豊）

図説 宮澤賢治 天沢退二郎／栗原敦／杉浦静編

賢治を囲む人びとや風景、メモや自筆原稿など、約250点の写真から詩人の素顔に迫る。第一線の賢治研究者たちが送るポケットサイズの写真集。

初期歌謡論 吉本隆明

歌の発生の起源から和歌形式の成立までを、『古事記』『日本書紀』『万葉集』『古今集』、さらには平安期の歌論書などを克明に読み解いていたどる。

宮沢賢治　吉本隆明

生涯を決定した法華経の理念は、独特な自然の把握や倫理に変換された無償の資質といかに融合したのか？　作品への深い読みが賢治像を画定する。

東京の昔　吉田健一

第二次大戦により失われてしまった情緒ある東京。その節度ある姿、暮らしやすさを通してみせる、作者一流の味わい深い文明批評。（島内裕子）

日本に就て　吉田健一

政治に関する知識人の発言を俎上にのせ、責任ある市民に必要な「見識」について舌鋒鋭く論じつつ、路地裏の名店で舌鼓を打つ。甘辛評論選。（苅部直）

甘酸っぱい味　吉田健一

酒、食べ物、文学、日本語、東京、人、戦争、暇つぶし等々についてつらつら語る、どこから読んでもヨシケンな珠玉の一〇〇篇。（四方田犬彦）

英国に就て　吉田健一

少年期から現地での生活を経験し、ケンブリッジに進んだ著者だからこそ書ける極めつきの英国文化論。既存の英国像がみごとに覆される。（小野寺健）

私の世界文学案内　渡辺京二

文学こそが自らの発想の原点という著者による世界文学案内。深い人間観・歴史観に裏打ちされた温かな語り口で作品の世界に分け入る。（三砂ちづる）

平安朝の生活と文学　池田亀鑑

服飾、食事、住宅、娯楽など、平安朝の人びとの生活を、『源氏物語』や『枕草子』をはじめ、さまざまな古記録をもとに明らかにした名著。（高田祐彦）

現代語訳　信長公記（全）　太田牛一　榊山潤訳

幼少期から「本能寺の変」まで、織田信長の足跡をつぶさに伝える一代記。作者は信長に仕えた人物で、史料的価値も極めて高い。（金子拓）

雨月物語　上田秋成　高田衛／稲田篤信校注

上田秋成の独創的な幻想世界「浅茅が宿」「蛇性の婬」など九篇を、本文、語釈、現代語訳、評を付しておくる〝日本の古典〟シリーズの一冊。

古今和歌集
小町谷照彦訳注
王朝和歌の原点にして精髄と仰がれてきた第一勅撰集の全歌訳注。歌語の用法をふまえ、より豊かな読みへと誘う索引類や参考文献を大幅改稿。

枕草子(上)
清少納言
島内裕子校訂・訳
芭蕉や蕪村が好み与謝野晶子が愛した、北村季吟の注釈書『枕草子春曙抄』の本文を採用。江戸、明治と読みつがれてきた名著に流麗な現代語訳を付す。

枕草子(下)
清少納言
島内裕子校訂・訳
『枕草子』の名文は、散文のもつ自由な表現を全開させ、優雅で辛辣な世界の扉を開いた。随筆文学屈指の名品は、また成熟した文明批評の顔をもつ。

徒然草
兼好
島内裕子校訂/訳
後悔せずに生きるには、毎日をどう過ごせばよいか。人生の達人による不朽の名著。全二四四段の校訂原文と、文学として味読できる流麗な現代語訳。

方丈記
鴨長明
浅見和彦校訂/訳
天災、人災、有為転変。そこで人はどう生きるべきか。この永遠の古典を、混迷する時代に生きる現代人ゆえに共鳴できる作品として訳解した決定版。

梁塵秘抄
植木朝子編訳
平安時代末の流行歌、今様。みずみずしく、時にユーモラス、また時に悲惨でさえある、生き生きとした今様から、代表歌を選び懇切な解説で鑑賞する。

藤原定家全歌集(上)
藤原定家
久保田淳校訂・訳
『新古今和歌集』の撰者としても有名な藤原定家自作の和歌約四千二百首を収録。上巻には私家集『拾遺愚草』を収め、全歌に現代語訳と注を付す。

藤原定家全歌集(下)
藤原定家
久保田淳校訂・訳
下巻には『拾遺愚草員外』『同員外之外』および「初句索引」等の資料を収録。最新の研究を踏まえ、現在知られている定家の和歌を網羅した決定版。

定本 葉隠〔全訳注〕(上)(全3巻)
山本常朝/田代陣基
佐藤正英校訂
吉田真樹監訳注
武士の心得として、一切の「私」を「公」に奉る覚悟を語り、日本人の倫理思想に巨大な影響を与えた名著。上巻はその根幹「教訓」を収録。決定版新訳。

定本 葉隠〔全訳注〕(中)　山本常朝/田代陣基　佐藤正英校訂　吉田真樹監訳注

常朝の強烈な教えに心を衝き動かされた陣基は、武士のあるべき姿の実像を求める。中巻では、治世と乱世という時代認識に基づく新たな行動規範を模索。

定本 葉隠〔全訳注〕(下)　山本常朝/田代陣基　佐藤正英校訂　吉田真樹監訳注

躍動する鍋島武士たちを活写した聞書八・九と、信玄・家康などの戦国武将を縦横無尽に論評した聞書十、補遺篇の聞書十一を下巻には収録。全三巻完結。

現代語訳 応仁記　志村有弘訳

応仁の乱──美しい京の町が廃墟と化すほどのこの大乱はなぜ起こり、いかに展開したのか。室町時代に書かれた軍記物語を平易な現代語訳で。

古事記注釈 第二巻　西郷信綱

須佐之男命の「天つ罪」に天照大神は天の石屋戸に籠るが祭と計略により再生する。本巻には「須佐之男命と天照大神」から「大蛇退治」までを収録。

古事記注釈 第四巻　西郷信綱

高天の原より天孫たる王が降り来り、天照大神は伊勢に鎮まる。王と山の神・海の神との聖婚から神武天皇が誕生し、かくて神代は終りを告げる。

古事記注釈 第六巻　西郷信綱

英雄ヤマトタケルの国内平定、実は父に追放された猛き息子の、死への遍歴の物語であった。神功皇后の新羅征討譚、応神の代を以て中巻が終わる。

古事記注釈 第七巻　西郷信綱

大后の嫉妬に振り回される「聖帝」仁徳。軽太子の道ならぬ恋は悲劇的結末を呼ぶ。そして王位継承をめぐる確執は連鎖反応の如く事件を生んでゆく。

万葉の秀歌　中西進

万葉研究の第一人者が、珠玉の名歌を精選。宮廷の貴族から防人まで、あらゆる地域・階層の万葉人の心に寄り添いながら、味わい深く解説する。

日本神話の世界　中西進

記紀や風土記から出色の逸話をとりあげ、かつて息づいていた世界の捉え方、それを語る言葉を縦横に考察。神話を通して日本人の心の源にわけいる。

米・百姓・天皇　網野善彦／石井進
日本とはどんな国なのか、なぜ米が日本史を解く鍵なのか、通史を書く意味は何なのか。これまでの日本史理解に根本的転回を迫る衝撃の書。（伊藤正敏）

列島の歴史を語る　網野善彦　藤沢・網野さんを囲む会編
日本は決して「一つ」ではなかった！　中世史に新次元を開いた著者が、日本の地理的・歴史的な多様性と豊かさを平明に語った講演録。（五味文彦）

列島文化再考　網野善彦／塚本学／坪井洋文／宮田登
近代国家の枠組みに縛られた歴史観をくつがえし、列島に生きた人々の真の姿を描き出す、歴史学・民俗学の幸福なコラボレーション。（新谷尚紀）

日本社会再考　網野善彦
歴史の虚像の数々を根底から覆してきた網野史学。漁業から交易まで多彩な活躍を繰り広げた海民に光をあて、知られざる日本像を鮮烈に甦らせた名著。

図説　和菓子の歴史　青木直己
饅頭、羊羹、金平糖にカステラ、その時々の外国文化の影響を受けながら多種多様に発展した和菓子。その歴史を多数の図版とともに平易に解説。

今昔東海道独案内　東篇　今井金吾
いにしえから庶民が辿ってきた幹線道路・東海道。日本人の歴史を、著者が自分の足で辿りなおした名著。東篇は日本橋より浜松まで。（今尾恵介）

今昔東海道独案内　西篇　今井金吾
江戸時代、弥次喜多も辿った五十三次はどうなっていたのか。二万五千分の一地図を手に訪ねる。西篇は浜松より京都までに伊勢街道を付す。（金沢正脩）

物語による日本の歴史　石母田正／武者小路穣
古事記から平家物語まで代表的古典文学を通して、国生みからはじまる日本の歴史を子ども向けにやさしく語り直す。網野善彦編集の名著。（中沢新一）

増補　学校と工場　猪木武徳
経済発展に必要とされる知識と技能は、どこで、どのように修得されたのか。学校、会社、軍隊など、人的資源の形成と配分のシステムを探る日本近代史。

泉光院江戸旅日記　石川英輔

文化九年（一八一二）から六年二ヶ月、鹿児島から秋田まで歩きぬいた野田泉光院の記録を詳細にたどり、描き出す江戸期のくらし。（永井義男）

居酒屋の誕生　飯野亮一

寛延年間の江戸に誕生しすぐに大発展を遂げた居酒屋。しかしなぜ他の都市ではなく江戸だったのか。一次資料を丹念にひもとき、その誕生の謎にせまる。

すし 天ぷら 蕎麦 うなぎ　飯野亮一

二八蕎麦の二八とは？　握りずしの元祖は？　なぜうなぎに山椒？　膨大な一次史料を渉猟しそんな疑問を徹底解明。これを読まずに食文化は語れない！

増補 アジア主義を問いなおす　井上寿一

侵略を正当化するレトリックか、それとも真の共存共栄をめざした理想か。アジア主義を外交史的観点から再考し、その今日的意義を問う。増補決定版。

たべもの起源事典 日本編　岡田哲

駅蕎麦・豚カツにやや珍しい郷土料理、レトルト食品・デパート食堂まで。広義の〈和〉のたべものと食文化事象一三〇〇項目収録。小腹のすく事典！

たべもの起源事典 世界編　岡田哲

西洋・中華、エスニック料理まで。バラエティ豊かな食の来歴を繙けば、そこでは王侯貴族も庶民も共に知恵を絞っていた。全一二〇〇項目で読む食の世界史！

士（サムライ）の思想　笠谷和比古

中世に発する武家社会の展開とともに形成された日本型組織。「家（イエ）」を核にした組織特性と派生する諸問題について、日本近世史家が鋭く迫る。

東京の下層社会　紀田順一郎

性急な近代化の陰で生みだされた都市の下層民。落伍者として捨て去られた彼らの実態に迫り、日本人の人間観の歪みを焙りだす。（長山靖生）

土方歳三日記（上）　菊地明編著

幕末を疾走したその生涯を、綿密な考証で明らかに。上巻は元治元年まで。新選組結成、芹沢鴨斬殺、池田屋事件……時代はいよいよ風雲急を告げる。

土方歳三日記（下）　菊地明編著

鳥羽伏見の戦に敗れ東走する新選組。近藤亡き後、敗軍の将・土方は会津、そして北海道へ。下巻は慶応元年から明治二年、函館で戦死するまでを追う。

江戸の城づくり　北原糸子

一大国家事業だった江戸城の天下普請。大都市・江戸の基盤はいかに築かれたのか。外堀、上水などインフラの視点から都市づくりを再現する。（金森安孝）

増補 絵画史料で歴史を読む　黒田日出男

歴史学は文献研究だけではない。絵巻・曼荼羅・肖像画など過去の絵画を史料として読み解き、斬新な手法で日本史を掘り下げた一冊。（三浦篤）

滞日十年（上）　ジョセフ・C・グルー　石川欣一訳

日米開戦にいたるまでの激動の十年、どのような外交交渉が行われたのか。駐日アメリカ大使による貴重な記録。上巻は１９３２年から１９３９年まで。

滞日十年（下）　ジョセフ・C・グルー　石川欣一訳

知日派の駐日大使グルーは日米開戦の回避に奔走。下巻は、ついに日米が戦端を開き、１９４２年、戦時交換船で帰国するまでの迫真の記録。（保阪正康）

東京裁判 幻の弁護側資料　小堀桂一郎編

我々は東京裁判の真実を知っているのか？ 準備されたものの未提出に終わった膨大な裁判資料から18篇を精選。緻密な解説とともに裁判の虚構に迫る。

頼朝がひらいた中世　河内祥輔

軟禁状態の中、数人の手勢でなぜ源頼朝は挙兵に成功したのか。鎌倉幕府成立論に、史料の徹底的な読解から、新たな視座を提示する。（三田武繁）

一揆の原理　呉座勇一

虐げられた民衆たちの決死の抵抗として語られてきた一揆。だがそれは戦後歴史学が生んだ幻想にすぎない。これまでの通俗的理解を覆す痛快な一揆論！

甲陽軍鑑　佐藤正英校訂・訳

武田信玄と甲州武士団の思想と行動の集大成。大部から、山本勘助の物語や川中島の合戦など、その白眉を収録。新校訂の原文に現代語訳を付す。

機関銃下の首相官邸　迫水久常
二・二六事件では叛乱軍を欺いて岡田首相を救出し、終戦時には鈴木首相を支えた著者が明かす、天皇・軍部・内閣をめぐる迫真の秘話記録。（井上寿一）

増補 八月十五日の神話　佐藤卓己
ポツダム宣言を受諾した「八月十四日」や降伏文書に調印した「九月二日」でなく、「終戦」はなぜ「八月十五日」なのか。「戦後」の起点の謎を解く。

考古学と古代史のあいだ　白石太一郎
巨大古墳、倭国、卑弥呼。多くの謎につつまれた日本の古代。考古学と古代史学の交差する視点からその謎を解明するスリリングな論考。（森下章司）

江戸はこうして造られた　鈴木理生
家康江戸入り後の百年間は謎に包まれている。海岸部へ進出し、河川や自然地形をたくみに生かした都市の草創期を復原する。（野口武彦）

お世継ぎのつくりかた　鈴木理生
多くの子を存分に活用した家康、大奥お世継ぎ戦争の行方、貧乏長屋住人の性意識。性と子造りから江戸の政に迫る仰天の歴史読み物。（氏家幹人）

戦国の城を歩く　千田嘉博
室町時代の館から戦国の山城へ、そして信長の安土城へ。城跡を歩いて、その形の変化を読み、新しい中世の歴史像に迫る。（小島道裕）

性愛の日本中世　田中貴子
稚児を愛した僧侶、「愛法」を求めて稲荷山にもうでる貴族の姫君。中世の性愛信仰・説話を介して、日本のエロスの歴史を覗く。（川村邦光）

琉球の時代　高良倉吉
いまだ多くの謎に包まれた古琉球王国。成立の秘密や、壮大な交易ルートにより花開いた独特の文化を探り、悲劇と栄光の歴史ドラマに迫る。（与那原恵）

増補 倭寇と勘合貿易　田中健夫　村井章介編
14世紀以降の東アジアの貿易の歴史を、各国の国内事情との関連で論じたグローバル・ヒストリーの先駆的名著。（村井章介）

世界史のなかの戦国日本　村井章介

世界史の文脈の中で日本列島を眺めてみるとそこには意外な発見が！　戦国時代の日本はそうとうにグローバルだった！　（橋本雄）

増補 中世日本の内と外　村井章介

国家間の争いなんておかまいなし。中世の東アジア人は海を自由に行き交い生計を立てていた。私たちの「内と外」の認識を歴史からたどる。（榎本渉）

増補〈歴史〉はいかに語られるか　成田龍一

「国民の物語」としての歴史は、総動員体制下いかに機能したか。多様なテキストから過去／現在を語る装置としての歴史を問い直す。（福井憲彦）

日本の百年（全10巻）　鶴見俊輔／松本三之介／橋川文三／今井清一編著

明治・大正・昭和を生きてきた人々の息づかいが実感できる、臨場感あふれた迫真のドキュメント。いま私たちが汲みとるべき歴史的教訓の宝庫。

御一新の嵐　日本の百年1　鶴見俊輔編著

一八五三年、ペリーが来航し鎖国が破られた。日本の歴史は未曾有の変革期を迎える。時代に先駆けた人、取り残された人、そこで何が達成されたのか。

わき立つ民論　日本の百年2　松本三之介編著

帝国憲法制定に向けて着々と国の体制を整える明治国家。しかし、政府に対する不満の声は、近代日本最大の政治運動自由民権運動となって高まる。

強国をめざして　日本の百年3　松本三之介編著

一八八九年二月十一日、帝国憲法発布、国民の意識は高揚した。外に日清戦争に勝利し、内に産業革命進展のなか、近代日本は興隆期を迎える。

明治の栄光　日本の百年4　橋川文三編著

日露戦争に勝利した日本は世界から瞠目されたが、勝利はやがて侵略の歴史へと塗り替えられ、大逆事件の衝撃のうちに、時代は大正へと移ってゆく。

成金天下　日本の百年5　今井清一編著

第一次世界大戦の勃発により、日本は軍需景気に沸き立った。すべては金、金の一方で、民衆は生活難を訴え、各地にデモクラシー運動の昂揚をみる。

震災にゆらぐ 日本の百年6　今井清一編著

一九二三年九月一日、大地震が関東を襲い、一挙に帝都が焼失。社会の基盤をもゆさぶった未曾有の体験は、さらに険しい昭和への前奏曲だった。

アジア解放の夢 日本の百年7　橋川文三編著

内に、東北の大凶作、権力による苛烈な弾圧、昭和維新の嵐。外に、満州国の建設、大陸戦線の拡大、抗日の激流。不安と退廃によどんだ昭和時代前期。

果てしなき戦線 日本の百年8　橋川文三 今井清一編著

日中戦争から太平洋戦争へ戦線は拡大。日本は史上最大の賭けに一切の国力を傾け、そして敗れた。民族の栄光と悲惨、苛酷な現実と悪夢の記録。

廃墟の中から 日本の百年9　鶴見俊輔編著

特攻隊の生き残り、引揚者、ヤミ屋、戦災孤児。新たな明日を夢み、さまざまな思いを抱いて必死に生きた、敗戦直後の想像を絶する窮乏の時代。

新しい開国 日本の百年10　鶴見俊輔編著

一九五二年四月、占領時代が終り、日本は国際社会に復帰。復興の彼方に、さまざまな矛盾と争点を抱える現代日本の原型が現出。（全10巻完結）

明治国家の終焉　坂野潤治

日露戦争後の財政危機が官僚閥と議会第一党の協調による「一九〇〇年体制」を崩壊させた。戦争を招いた二大政党制の迷走の歴史を辿る。（空井護）

近代日本とアジア　坂野潤治

近代日本外交は、脱亜論とアジア主義の対立構図により描かれてきた。そうした理解が虚像であることを精緻な史料読解で暴いた記念碑的論考。（苅部直）

増補 モスクが語るイスラム史　羽田正

モスクの変容――そこには宗教、政治、経済、美術、人々の生活をはじめ、イスラム世界の全歴史が刻み込まれている。その軌跡を色鮮やかに描き出す。

古代の朱　松田壽男

古代の赤色顔料、丹砂。地名から産地を探ると同時に古代史が浮き彫りにされる。標題論考に、「即身佛の秘密」、自叙伝「学問と私」を併録。

横井小楠　松浦玲
欧米近代の外圧に対して、儒学的理想である仁政を基に、内外の政治的状況を考察し、政策を立案し遂行しようとした幕末最大の思想家を描いた名著。

古代大和朝廷　宮崎市定
記紀を読み解き、中国・朝鮮の史料を援用して、日本の古代史を東洋と世界の歴史に位置づける、壮大なスケールの日本史論集。（砺波護）

増補 海洋国家日本の戦後史　宮城大蔵
戦後アジアの巨大な変貌の背後には、開発と経済成長という日本の「非政治」的な戦略があった。海域アジアの戦後史に果たした日本の軌跡をたどる。

日本の外交　添谷芳秀
憲法九条と日米安保条約に根差した戦後外交。それがもたらした国家像の決定的な分裂をどう乗り越えるか。戦後史を読みなおし、その実像と展望を示す。

古代史おさらい帖　森浩一
考古学・古代史の重鎮が、「土地」「年代」「人」の基本概念を徹底的に再検証。「古代史」をめぐる諸問題の見取り図がわかる名著。

江戸の坂　東京の坂（全）　横関英一
東京の坂道とその名前からは、江戸の暮らしや庶民の心が透かし見える。東京中の坂を渉猟し、元祖「坂道」本と謳われた幻の名著。（鈴木博之）

明治富豪史　横山源之助
維新そっちのけで海外投資に励み、贋札を発行してまで資本の蓄積に邁進する新興企業家・財閥創業者たちの姿を明らかにした明治裏面史。（色川大吉）

北一輝　渡辺京二
明治天皇制国家を批判し、のち二・二六事件に連座して刑死した日本最大の政治思想家北一輝の生涯。第33回毎日出版文化賞受賞の名著。（臼井隆一郎）

民衆という幻像　渡辺京二コレクション2 民衆論　渡辺京二　小川哲生編
生活民が抱く「前近代」と、近代市民社会との軋み。著者生涯のテーマ「ひとりの小さきものの実存と歴史の間の深淵」をめぐる三九篇を収録。（髙山文彦）

ちくま学芸文庫

草莽論《そうもうろん》　その精神史《せいしんし》的自《てきじ》己検証《こけんしょう》

二〇一八年二月十日　第一刷発行

著　者　村上一郎（むらかみ・いちろう）

発行者　山野浩一

発行所　株式会社　筑摩書房
東京都台東区蔵前二―五―三　〒一一一―八七五五
振替〇〇一六〇―八―四一二三

装幀者　安野光雅
印刷所　株式会社精興社
製本所　株式会社積信堂

乱丁・落丁本の場合は、左記宛にご送付下さい。
送料小社負担でお取り替えいたします。
ご注文・お問い合わせも左記へお願いします。
筑摩書房サービスセンター
埼玉県さいたま市北区櫛引町二―六〇四　〒三三一―八五〇七
電話番号　〇四八―六五一―〇〇五三

ISBN978-4-480-09846-7 C0112